全球治理

保护的责任

Global Governance : Responsibility to Protect

第六届全国国际关系、国际政治专业
博士生学术论坛论文集

贾庆国　主编

新华出版社

图书在版编目（CIP）数据

全球治理：保护的责任/贾庆国主编
北京：新华出版社，2014.6
ISBN 978－7－5166－1038－1

Ⅰ.①全… Ⅱ.①贾… Ⅲ.①国际政治—文集 Ⅳ.①D5－53

中国版本图书馆 CIP 数据核字（2014）第 117777 号

全球治理：保护的责任

主　　编：贾庆国

出 版 人：张百新	责任编辑：张　程　张永杰
封面设计：一术三恒	责任印制：廖成华

出版发行：新华出版社
地　　址：北京石景山区京原路 8 号　　邮　　编：100040
网　　址：http://www.xinhuapub.com　http://press.xinhuanet.com
经　　销：新华书店
购书热线：010－63077122　　中国新闻书店购书热线：010－63072012
照　　排：新华出版社照排中心
印　　刷：北京文林印务有限公司

成品尺寸：160mm×240mm	字　　数：200 千字	
印　　张：17.5	插　　页：4	
版　　次：2014 年 6 月第一版	印　　次：2014 年 6 月第一次印刷	

书　　号：ISBN 978－7－5166－1038－1
定　　价：35.00 元

图书如有印装问题，请与出版社联系调换：010－63077101

2013博士生论坛大合影

主编：

➡ 贾庆国，北京大学国际关系学院教授、院长，主要研究：国际政治、中美关系、中国外交、台海两岸关系、中国的崛起与中国外交的调整。

编委：

⬅ 陈昌煦：北京大学国际关系学院2011级博士研究生，研究方向为地缘政治、中国外交思想、东亚国际关系

⬅ 孙天旭：北京大学国际关系学院2012级博士研究生，研究方向为当代中国外交、对外政策分析

⬆ 张春平：北京大学国际关系学院贾庆国教授助理，国际项目办公室主任

➡ 钟潇：北京大学国际关系学院2012级外交学专业硕士研究生

⬅ 李思雪：北京大学国际关系学院2011级外交学专业硕士研究生

《察哈尔外交与国际关系丛书》
编辑委员会

察哈尔外交与国际关系丛书

总　序

中国共产党的十八大报告强调，全党要坚定"道路自信、理论自信、制度自信"。"三个自信"既是中国执政党自我认知的跃升，同时也是经济持续发展和国力提升背景下中国对外政策走向自信的标志。"道路、理论、制度"方面的自信，只能在特定的国际大背景下才能得以体现，只有民众对国内外的道路、理论、制度有较客观、全面的认知后才能被认可。

在国际格局和中国社会结构发生深刻变化的当下，外交与国际关系问题研究的重要性日益凸显。首先，中国在国际事务中的重要性空前提高，受到的尊重和指责同时增多。2010 年中国成为全球第二大经济体之后，与很多国家的外交活动都迎来"阵痛期"。朝鲜局势、领土争端等国际热点问题不断考验中国的民众理性和外交智慧。其次，国内问题与国际问题联动，国际问题对策影响世界局势和国内稳定。受国际局势变化和突发事件影响而引发国内动乱的例子不胜枚举，足以为鉴。对决策者来说，提高应对国际局势和处理国际事务的能力十分迫切，其中，外交与国际关系问题的学术研究不可或缺。再次，社会化媒体的快速发展史无前例地提高了民众对公共事务、国际事务的参与度，无序快速的内容传播模糊了国家界线、文化差异和价值观区别。从此，外交与国际关系不只是政治家、外交官、学者等少数精英参与的"专业学问"，而是呈现明显的"平民化"

特征。

所以，民众的国际问题素养的提升十分迫切。2012年因钓鱼岛问题而引发的反日游行中，许多过激行为导致无关人员的个人财产和公共利益受损。"砸车事件"等过激行为爆发有媒体报道、媒体引导、暴力泄愤等诸多复杂的背景，但民众国际问题素养问题引人关注。应当看到，在因国际问题而引发的抗议活动中，绝大多数人是怀有爱国热情的，非理性的暴力行为主要原因是对国际问题全貌和本质的不了解。当前国内民众对国际问题的偏见和非理性关注影响、牵制了国家层面的外交决策，甚至影响国家利益。国际问题往往盘根错节，十分复杂。而在关系到本国国家利益的国际问题上，普通民众往往只看到问题的一方面，难以理性对待。在这种背景下，尽最大努力提升民众的国际问题素养显得十分迫切，尽最大可能让民众情绪与国家整体外交方针基本吻合，而不是相反。

国际问题与国内问题的联动效应满足民众对国际问题的信息需求，媒体的国际报道迈出可贵一步。近两年，细心的观众会发现一个有趣的现象：无论是中央电视台还是地方电视台，节目中国际问题评论员明显增多。在网络世界，越来越多的外交官和国际关系学者走入人们视野，为大家分析国际局势和中国作为。这一方面反映了国内民众对国际局势信息的巨大需求，同时是中国加强民众国际素养教育工作的表现之一。

相应地，外交与国际关系学者的研究成果的出版、普及也显得十分重要。由于时效性的要求，媒体的国际报道往往注重现象描述而缺乏背景解读，甚至不乏"不实消息"。外交与国际关系学者长期观察、深入研究所得的研究成果恰好可以弥补这个不足。在这个意义上说，外交与国际关系学者研究成果的出版和普及显得十分迫切。新中国成立尤其是改革开放后，中国大陆成长起一批优秀的外交与国际关系学者，他们精通国际规则、知晓中国国情，很多成果在国际学术舞台上很受关注，国内民众却知之甚少。向国内民众普及国际关系知识、提高民众的国际问题素养，已经成为国际关系学者和相关机构的社会责任之一。"道路自信、理论自信、制度自信"需要外交与国际关系学者拿出更多更好的研究成果。

　　察哈尔学会是一家非官方、无党派的独立思想库，自 2009 年 10 月成立以来，汇聚了一批优秀的外交和国际关系问题专家，组建了一支具专业精神、本土情怀和国际视野的国际问题研究团队。目前，学会与全国政协外事委员会共同创办了中国第一本公共外交杂志《公共外交季刊》，邀请外交与国际关系领域具有深入研究的知名专家学者作为学会的高级研究员，每年主办察哈尔公共外交年会，还推出了我国第一本公共外交教科书——《公共外交概论》（第一、二版），编辑出版了我国第一套公共外交丛书——"察哈尔公共外交丛书"（已出版 7 部专著）。

　　今后，察哈尔学会将继续秉承"前瞻性、影响力、合作共进"的理念和原则，为政府、研究机构、企业、社会公众之间构建一个沟通、交流的平台，主办、协办一些外交与国际关系研究、传播与实践活动。

　　此次推出的"察哈尔外交与国际关系丛书"就是这种努力的重要一环，也是继"察哈尔公共外交丛书"后的第二项丛书计划。

　　察哈尔学会将继续努力，推出中国外交与国际关系学者最新成果，同时激励中国社会各界对国际问题展开理性的建设性辩论，不断推陈出新，把中国的外交与国际关系研究推向一个更高的水平。

　　欢迎国内外有识之士与我们合作，为中国和国际社会的和平、稳定和和谐发展作出贡献。

全国政协外事委员会副主任

察哈尔学会主席

韩方明

2013 年 6 月

3

目　录

序

贾庆国

  2013 年 11 月 16—17 日，第六届"全国国际关系、国际政治专业博士生学术论坛"在北京大学国际关系学院举行。作为我国研究生教育创新工程的重要项目之一，"全国国际关系、国际政治专业博士生学术论坛"由国务院学位委员会办公室和教育部学位管理与研究生教育司共同发起，旨在更好地贯彻全国人才工作会议精神，培养高层次的创新性专业人才，为全国国际关系、国际政治专业的优秀学子、青年才俊提供一个立足中国、放眼世界的学术交流平台。本届论坛由北京大学国际关系学院和察哈尔学会联合主办。

  本届论坛的题目是"全球治理：保护的责任和发展援助"。为什么现在要讨论全球治理问题？一个原因是国家利益要求我们关注全球治理。经过 30 多年的改革开放，中国与外部世界关系越来越密切，世界上的事情怎样处理，对中国的利益影响越来越大，要想更好地维护中国的利益，中国就必须积极参与全球治理。另一个原因就是国际社会的需要。随着中国综合国力的增强和在世界上影响力的上升，没有中国的参与国际上许多事情就无法得到有效地解决和管理。所以，国际社会要求中国更积极地参与全球性问题的解决进程，我们有必要回应这方面的需求。第三个原因就是在全球治理问题上我们还没有准备好。中国发展之快、中国与外部世界的关系变化之快，以至于我们在全球治理的思考上还处于初级阶段。记得几年前，全国政协外委会在讨论全国政协"21 世纪论坛"会议主题时，我曾建议讨论"全球治理"问题。当时就有人反对，反对的理由是全球治理是西方的。他的反对很有效。今天不一样了，这个概念已经得到广泛的认可。十八届三中全会决议中多次使用治理这个概念，国内问题需要治理，国际问题也是如此。当然，尽管如此，人们对全球治理的内涵和外延的了解还很肤浅。既然我们无法回避这个问题，我们就需要深入探讨它。

如果说全球治理意味着对全球性问题的处理和管理的话，那么这次论坛我们为什么选择讨论"保护的责任"和"发展援助"这两个问题呢？一个是因为全球治理涉及的问题太多，而我们的能力和时间都有限，必须有所选择；二是因为我认为我们对这两个问题的回答对中国和世界来说太重要和太紧迫了。

2005 年，联合国世界峰会正式将"保护的责任"写入会议文件，正式提出国际社会有责任依据联合国宪章，采取必要手段，协助保护平民不受种族灭绝、战争暴行、族群清洗以及其他反人类罪行的伤害。2006 年 4月，联合国安理会对"保护的责任"这个原则加以确认。2009 年 7 月，联合国秘书长潘基文发布《保护的责任实施报告》。此后，"保护的责任"成为国际社会的新的共识。然而，尽管国际社会在这个问题上有了共识，但在如何落实这个共识方面却存在着较大的分歧。突出表现在叙利亚问题上，主张维护叙利亚国家主权和主张保护叙利亚平民的意见针锋相对，使得任何有实质意义的国际行动都难以实现。在这种情况下，如何理解"保护的责任"？怎样看待"保护的责任"和反对干涉内政之间的关系？国际社会应当怎样履行保护的责任？在这方面，中国应当发挥什么作用？对于这些问题，我们无论从利益还是良心上讲都不应回避。

同样，国际发展援助也是国际社会关注的焦点。多年以来，不少国家出于各自的考虑，对发展中国家进行了大量的援助，并形成了一些不同的机制和模式。济贫扶弱本是人类良心的体现，但在实际操作过程中却问题重重。一方面，援助国国内不少人对本国政府对外援助颇有诟病，有的认为国家对外援助过于吝啬，没有体现人与人之间应有的关爱，有的认为国家应该优先考虑国内百姓利益，不应为了沽名钓誉牺牲国内的需求，也有不少人认为政府受某些利益团体左右，外援成了这些利益团体牟取私利的手段。另一方面，受援国对发展援助也颇有微词，如认为援助国动机不纯，效果不佳，甚至通过援助干涉本国内政。此外，宣扬的美丽的动机和援助的实际效果形成强烈对比，自国际发展援助出现以来，尽管援助国在发展援助上进行了大量投入，但没有几个发展中国家在得到援助后真正发展起来。这些和其他问题需要进一步理清和分析。

随着中国的崛起，中国对外援助规模迅速扩大，对推动发展中国家的发展产生了越来越大的影响，成为国际发展援助中的重要角色。在此背景下，中国在对外援助问题上坚持不干涉内政的原则和不附带条件的做法对传统的国际发展援助模式产生重要冲击，迫使人们重新审视过去的做法，但也因此引起不少新的争议。如何评价中国的对外援助？如何在现有的基础上进行改进？鉴于中国对外援助正处于快速增长阶段，对这些问题的探讨对中国乃至世界具有十分重要的意义。

在为期两天的论坛中，参会博士生们围绕"保护的责任：起源与理念""保护的责任：良心与现实""保护的责任：目标和手段""保护的责任：中国的作用""全球治理：对发展援助的回顾与思考"五个议题交换了看法并提交了论文。外交学院副院长郑启荣教授，中国国际问题研究所副所长阮宗泽教授，北京大学国际关系学院罗艳华教授、丁斗教授，对外经济贸易大学国际关系学院国际政治经济学系主任、外交学系主任檀有志副教授，中国社会科学院西亚非洲研究所袁武副研究员，察哈尔学会秘书长柯银斌等专家学者参加了论坛并对参会论文进行了深入细致的点评。

通过认真和深入地讨论，大家对上述议题有了更加全面和深入的认识。会后同学们根据会上的评议和在进一步思考的基础上修改了论文，现汇集成册，奉献给大家，希望对学术界在相关问题上的讨论作出贡献。

经过本届论坛学术委员会的匿名评审，北京大学的顾炜获一等奖；吉林大学的金新和北京大学的张旗获二等奖；中国人民大学的王聪悦、北京大学的刘毅和复旦大学的燕玉叶获三等奖。在此我向他们表示祝贺！

人民网、新华网、光明网、中国网、凤凰网、中国社会科学报等多家媒体对本论坛进行了报道。在此我想对他们卓有成效的工作表示感谢！

最后，我想借此机会再次向撰写论文的同学、参加评议的老师表示衷心的感谢！向支持和赞助我们这次论坛的北大研究生院、察哈尔学会、察哈尔学会秘书长柯银斌老师、特别是察哈尔学会主席韩方明先生表示衷心的感谢！向论坛组委会的每一位成员：张春平、陈昌煦、孙天旭、钟潇、李思雪表示衷心的感谢！也向为论坛提供高效优质服务和后勤保障的刘倩老师和几位同学表示衷心的感谢！

全球治理研究进展与全球治理鸿沟忽略

臧雷振①

【内容提要】：20 世纪末兴起的全球治理概念挟裹"全球化""信息化"进程迅速成为研究者和实践者关注的焦点。但迄今理想中和设计中的全球治理价值共识、制度规则尚未形成，更忽略全球治理鸿沟（Global Governance Gap，GGG）存在的现实。本文通过初步阐述西方学界过去 20 余年全球治理研究进展及其缺失，进而分析全球治理鸿沟对治理实现的挑战，在此基础上以期探寻提升全球治理效能的解决路径。

【关 键 词】：全球治理；研究进展；全球治理鸿沟

一、导 语

治理（Governance）作为一个名词并不是现代社会的新创，但自 20 世纪末期以来其在学术话语中的流行缘于被赋予多重学术性新内涵，研究者通过将新的治国理政思路嵌入在传统名词之中，使其从简单的名词转化为内涵丰富的学术概念并得以广泛使用（见图 1.1）。具体来看，早在 1960 年底"治理"这个名词还被视为是"政府所做职责内容"的同义词，1955 年牛津英语字典也定义治理为"统治的行为和方式，被管理的状

---

① 北京大学政府管理学院博士研究生

态"。但到了 1980 年代后期，通过学者的努力，治理"学术化的定义"出现在国际关系和公共行政学领域。如国际关系学者（Rosenau 1992）将治理作为解释 1980 年代国际合作实践一个新视角[1]。随后伴随 1980 年代末期到 1990 年代初期公共行政学变革，治理进一步被引进公共管理学科之中，如罗德（Rhodes）将治理的概念与彼时政府变革相结合，试图探寻最大限度限制政府权力进而形成"没有政府的治理"[2]，以挑战传统自上而下的等级结构范式，寻求公共部门管理改革的新方向。这种理念迎合了彼时限制政府规模，规范政府权力范围的时代诉求，再次将"治理"推向社会科学学术研究的新高潮。

图 1.1 "治理"自 1910 年到 2008 年在英文图书中出现的频次

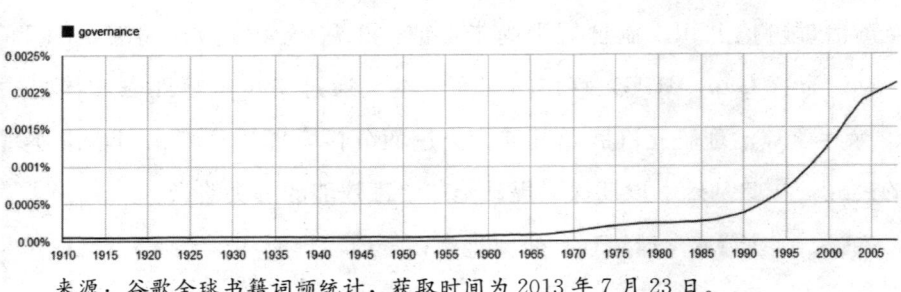

来源：谷歌全球书籍词频统计，获取时间为 2013 年 7 月 23 日。

自此之后，治理通过学术化外衣的包装便广泛在社会科学研究中得以使用，仅以英文学术期刊 SSCI 所发表文章来看，自 1990 年以来，以治理为主题的文章已经增长了 30 倍。1980 年只有 30 篇文章，1990 年则有 39 篇，而到 2003 年激增 1100 篇，从 1990 年占整体 SSCI 文章 0.03％的比

---

① Rosenau, James N. (1992). Governance, Order and Change in World Politics, in Rosenau, James N., and Ernst — Otto Czempiel, eds. *Governance without Government: Order and Change in World Politics*. Cambridge: Cambridge University Press, 1992.. pp. 1—29.

② Rhodes, Roderick Arthur William. (1996). The New Governance: Governing without Government, *Political Studies*, Vol. 44, No. 4. pp. 652—667.

例到 2003 年占 0.75％。① 笔者对 1980 年到 2012 年在 SSCI 刊物发表文章（Article）100 篇以上的学术机构分析来看，这些发表文章单位涉及全球范围的 77 家（其中哈佛大学、曼彻斯特大学、牛津大学、密歇根大学、多伦多大学、加州大学伯克利等学校均位居前列），分别分布在 35 个国家（美国、英国、加拿大、澳大利亚等国家位居前列），所发表文章中主要研究方向涵盖：商业经济，政府与法制，公共管理，环境治理，国际关系，城市与区域研究，发展规划，社会学，教育学。这类议题的文章基本占此类学术论文总数的 80％以上②。

所以，"今天的国际多边、双边机构、学术团体及民间志愿组织关于发展问题的出版物很少有不以治理作为常用词汇的。"③ 伴随治理概念越来越广泛地运用到不同学科领域，并通过在其前加上修饰限定性词语而摇身一变的新术语亦应运而生，如"善治""社会治理""地方治理""社区治理""多层次治理""多中心治理"，乃至新兴的"网络治理"等④。根据笔者不完全统计目前由主权国家、国际组织、学术团体等界定的治理定义高达 120 余种，但常用治理概念阐述分为以下五种版本：（1）发展经济学领域认为治理是现代经济增长的必要元素；（2）国际组织和机构认为发展问题的解决不仅在国家层面，如环境问题等还需要国际社会协调和跨国组织协调；（3）公司治理；（4）1980 年代兴起的新公共管理所使用的概

---

① Werner Jann, Modern Governance: A European Perspective, in Fraser—Moleketi, G. (ed.) (2005), *The World We Could Win: Administering Global Governance*, Report of the International Institute of Administrative Sciences, Amsterdam: IOS Press, p. 146

② 以上数据基于 ISI web of knowledge 统计得出，获取时间为 2013 年 7 月 23 日

③ 【法】辛西娅·阿尔坎塔拉：《"治理"概念的运用和滥用》，《国际社会科学（中文版）》1999 年第 2 期，第 105—112 页．

④ 臧雷振：《治理类型的多样性演化与比较：求索国家治理逻辑》，《公共管理学报》2011 年第 4 期，第 40—49 页．

念；（5）网络合作与协商论坛使用的概念。^① 在这些不同版本概念诠释下，通过对治理的进一步细化和区分，亦衍化出数十种不同类型的治理模式。

"全球治理"概念也就在这样一种学术潮流中自然而顺利地诞生并广为传播，特别是在全球化的背景下，凭借信息技术发展和支持，昔日广袤的地球正变成"地球村"，国家与国家之间、地区与地区之间的联系愈加紧密和便捷，而各种区域冲突、国家安全、环境保护、资源开发、气候变暖等影响范围更为广泛，传统的基于一国边界的国内管理转向更多的国际合作和协商。然而，自国际发展委员会主席勃兰特于 1990 年在德国提出全球治理概念，以及 1992 年由 28 位国际知名人士发起、由联合国有关机构成立的"全球治理委员会"（Commission on Global Governance）^② 迄今已过去了 20 余年，理想中和设计中的全球治理价值共识、制度框架尚没有形成，而全球治理鸿沟（Global Governance Gap）却在不断扩大。本文初步阐述过去 20 余年全球治理学术研究进展，进而分析全球治理鸿沟对治理实现的挑战以及西方学界对此视角研究的忽略，通过对这些问题的分析比较以期探寻提升全球治理效能的解决路径。

二、全球治理研究进展

自 1990 年代以来，全球治理作为国际政治和比较政治学界研究的核心词汇，在以 ISI web of Knowledge 数据库为分析对象中，可发现以全球治理（Global Governance）为主题检索 SSCI 数据库中 1990 年到 2013 年所有文献类型为论文（Article）的数据量高达 3563 篇次，篇均被引用

---

① Hirst，Paul.（2000）. Democracy and Governance. *Debating Governance*，pp. 13—35.

② 俞可平：《全球治理引论》，《马克思主义与现实》2002 年第 1 期，第 20—32 页。

（排除自引）为 8.47 次，H 指数（h—index）为 67（见图 1.2、图 1.3）。就 SSCI 文章发表来看呈现年年上升的趋势，表明全球治理最近 20 年来一直稳定地成为学者学术关注焦点。此外这类论文的平均引用率和 H 指数远远高于政治学和国际关系学科的整体引用水平，也侧面说明了以"全球治理"为主题的论文受整个学界重视程度及其影响力。

图 1.2 每年出版文献数

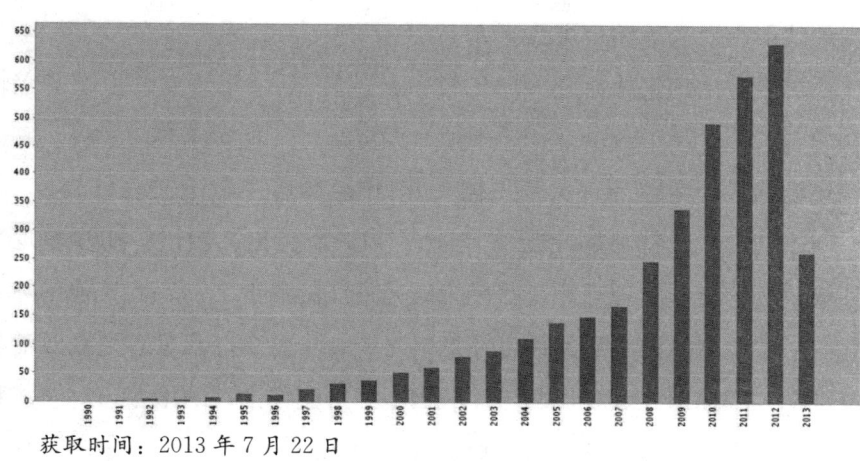

获取时间：2013 年 7 月 22 日

图 1.3 每年被引文献统计

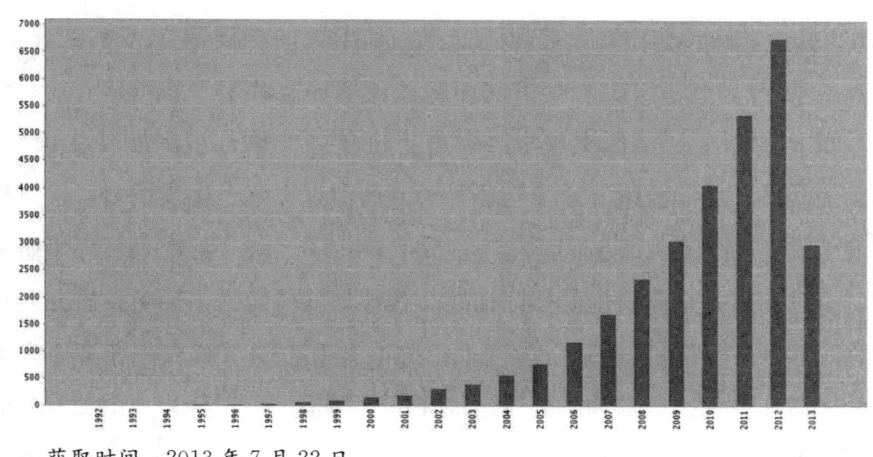

获取时间：2013 年 7 月 22 日

进一步分析还可见此主题论文主要发表国家中美国、英国、加拿大位居前列，且论文产出国中的前十名中基本涵盖 GDP 排名位居世界前列的国家，前 25 名中，除了沙特、印尼、土耳其与墨西哥等国以外，其他的 20 国集团（G20）全部榜上有名。总体来看，这些国家的论文发表量占据这一主题论文总量的 80% 以上，为全球治理研究贡献了主要观点及理论拓展，形成显著的观念思想输出，牢牢掌握此话题的国际话语权，其他国家的研究受之影响。这一趋势体现一国的综合经济实力和国际政治影响力客观的映射在对全球治理主题研究上，

从对全球治理主体研究方向比较中，过去 20 余年研究的主题涵盖环境科学、国际关系、政治学、地理学、经济学、管理学等热门学科。其中有关环境问题的全球治理文章占据 1990 年至今本主题论文总量的 21%，从时间序列来看，特别是最近 10 年这一领域研究论文激增，初步呈现当前环境领域的全球治理问题正在成为研究关注的焦点之一。而其他国际关系和政治学领域研究紧随其后也在意料之中，毕竟全球治理首先在政治学和经济学领域提出并逐步发酵，伴随国际经济交往活动的增多，对经济和管理制度层面的全球治理实现分析也逐渐增多。

相关出版载体中，由 Lynne Rienner Publishers 自 1996 年出版至今的《全球治理（Global Governance：A Review of Multilateralism and International Organizations）》一直颇受好评，其出版的全球治理文献也最多；而麻省理工（MIT）在 2006 年创刊的《全球环境政治（Global Environmental Politics）》虽历史较短，但由于近年来全球环境问题备受关注，其有关全球环境的政策、法律与监管等方面治理文章也逐步增多，发文排名前十的刊物中有关环境问题的专业期刊就占了三个，再次表明环境研究领域全球治理是学者讨论的热门话题。其他诸如传统的国际关系研究刊物《国际政治经济评论》也是全球治理相关论文发表的重镇。在经济研究领域的《商业伦理杂志》和《公司治理评论》则是这一主题相关论文发表的重要渠道，从其论文内容来看，特别是有关全球化过程中商业伦理、商业

价值探索，标准化治理制度设立等是研究的核心（见表 1.1）。

表 1.1 全球治理主体 SSCI 论文中主要国家来源，

主要研究方向及发表刊物

国家	美国	英国	加拿大	澳大利亚	德国	荷兰	瑞典	中国	瑞士	法国
篇数	1096	784	327	275	226	218	104	96	85	76
比例（%）	30.761	22.004	9.178	7.718	6.343	6.118	2.919	2.694	2.386	2.133
研究方向	环境科学	国际关系	政治学	地理学	经济学	规划与发展	商业	法学	公共行政学	管理学
篇数	751	683	612	455	451	368	251	219	215	189
比例（%）	21.07	19.169	17.177	12.770	12.658	10.328	7.045	6.147	6.034	5.305
来源期刊	全球治理	全球环境政治	商业伦理杂志	国际政治经济评论	第三世界季刊	环境与规划A辑	国际事务杂志	全球政策	全球环境变化	公司治理国际评论
篇数	99	58	56	56	56	53	52	48	40	34
比例（%）	2.779	1.628	1.572	1.572	1.572	1.488	1.459	1.347	1.123	0.954

获取时间：2013 年 7 月 22 日

以上来自专业学术数据库的论文分析给出这一领域研究的直观感受和结果，而根据谷歌书籍词频统计来看，自 1990 年代以来，全球治理在书籍中出现的频率同样呈现上升趋势。民众使用谷歌搜索引擎对全球治理搜索国家分布则主要是在欧洲和北美洲，说明这些区域的民众对此概念更为关心，当然由于基于英文搜索的统计数据，对其他非英语国家可能存在忽略。但是与上述 SSCI 数据检索结果还是呈现出若干的一致性，学术研究中在北美洲和欧洲这些区域发表的相关论文也最多（见图 1.4、图 1.5），经济发达程度和政治制度稳定程度与此领域论文发表具有明显相关性。

图 1.4　谷歌书籍词频统计

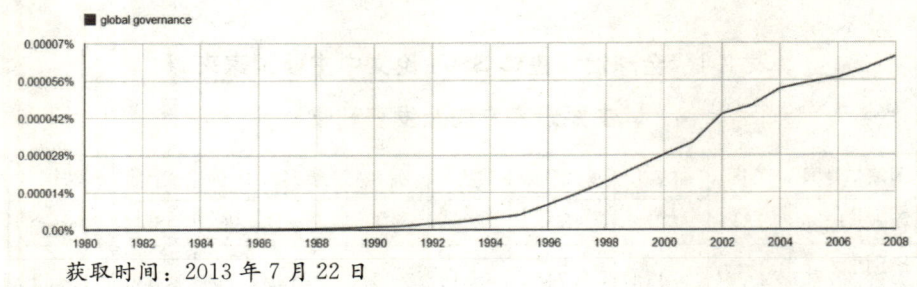

获取时间：2013 年 7 月 22 日

图 1.5　谷歌趋势搜索，全球治理（Global Governance）
在 2004—2013 年期间在全球范围内搜索热度的区域分布

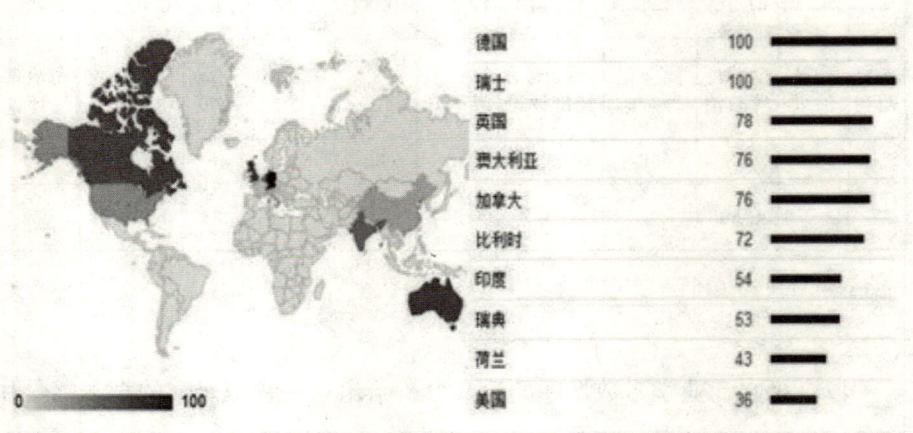

　　上述分析展现了"全球治理"相关议题研究在世界主要学术期刊和主要搜索引擎中所存在趋势及区域特征等。多元化的研究聚焦一是可以说明全球治理具有重要现实意义和理论价值，还可以表明这是一个充满争议和亟需完善的议题。"全球治理鸿沟"就体现出该议题的理论冲突和实践过程的矛盾性。下文通过分析传统研究中所忽略的全球治理鸿沟以展示"全球治理"理论主张中内在的歧义，探索全球治理效能提升的路径。

三、全球治理鸿沟 (Global Governance Gap，GGG)

"全球治理委员会"指出全球治理意指个体、制度、公共部门与私营部门等管理共同事务并实现多途径整合，在这一持续过程中，相互冲突的利益或多样化利益能够互相调适并合作，其包含正式制度安排和非正式制度安排的综合使用。[①] 这种定义仅是保证在全球政治领域活跃和有效的首要体系。这个体系包括组织、制度和其他形式的规则、原则和决策程序。[②] 这一定义表明：首先，全球治理是一动态过程，镶嵌于全球各国或地区共同关注议题的解决，重在协调、谈判；其次，全球治理的制度建构不同于传统的国家权威实践，既包含国家或地区间协议也包括不同的习俗惯例等。最后，全球治理的主体更加多元，主体既有国家层面的政府当局，也有非政府组织和各类跨国组织。

显然，基于上述要求实现全球治理需要理念、制度和参与者的共同支撑，但愿景与现实存在巨大差距，比如全球治理的制度建设难以反映问题本质的重要性，像环境问题是关注的焦点，而相关的治理支持和设计却难以反映出重要性[③]，这就形成了全球治理鸿沟。加拿大智库全球治理创新研究中心（The Centre for International Governance Innovation，CIGI）在 2012 年发布的报告中指出[④]：全球治理鸿沟阻碍了在发展、安全、环境等领域实现进一步推进全球治理的努力。具体而言体现在以下方面：全

---

① The Commission on Global Governance, *Our Global Neighbourhood* , Oxford：Oxford University Press，1995，p. 4.

② Biermann，Frank，et al. （2009）. The Fragmentation of Global Governance Architectures. *Global Environmental Politics* ，Vol. 9，No. 4，pp. 14—40.

③ Jacquet，P.，Pisani—Ferry，J.，& Tubiana，L. （2003）. A la recherche de la gouvernance mondiale. *Revue d'économie financière* ，Vol. 70，No. 1，pp. 161—173.

④ Carin，B.，Heinbecker，P.，Jenkins，P.，& Runnalls，D. （2012）. An Unfinished House： Filling the Gaps in International Governance. http：// dspace. cigilibrary. org/jspui/handle/123456789/32608.

球环境治理由于政出多门，出现系统性的弱点；各种机构和协议大多重复而不具有新意，零碎而不具有连贯性；经济发展组织的权威和资源不充分；宏观经济监管能力需要提升；国际货币基金组织、G20 及其他经济合作发展组织之间的协作需要加强；食品安全与农业对政治的长期影响不明确；各种突发性传染病的国际预防与协作依然存在问题；国际水资源及其他能源分配；核安全；跨国犯罪；网络安全；城市化及移民等。所以，概括来看，全球治理鸿沟表现在全球治理实现过程中，其所需要的价值、制度、行动主体及治理议题出现差异与争议，从而削弱或阻碍了全球治理实现及效能提升，并进而带来全球治理过程和结果的失衡（Imbalance）与失当（Inadequacy）。西方学界全球治理鸿沟研究的忽略，导致当前全球治理研究难以形成突破性革新和实践。以下将重点分析全球治理制度、主体及议题的发展演化及国家之间的差异。

（一）全球治理的制度鸿沟

诚如前文所言，虽然全球治理作为一个学术概念自 1990 年代方被提出，但其实践则早已有之，十九世纪初对世界范围资源分配中做出的规则设定、实施、裁决与沟通主要基于国际条约、欧洲国家之间的协定以及国家法院的裁决，规则的沟通和实施监督则依靠传统的纸质媒体、外交官和间谍等；伴随第一次世界大战的结束，基于《凡尔赛和约》建立起来的国际联盟（LN），在应对国家之间土地纠纷及和平建设过程发挥重要作用，也成为彼时期制度规则建设和实施监督的主体，同时期的国际法院则构成规则争议裁决的重要国际机构，同时伴随科技技术的发展，广播也构成并加速了规则沟通和信息传播的主体。随着第二次世界大战结束后成立的联合国组织取代国际联盟，弥补传统国际联盟架构中各种不足，为建设和平的世界和国家间纠纷提供对话解决平台，这期间形成的各种联合国决议以及国际条约构成此时期全球治理规则的主题，而各种区域性的国际的组织兴起如北大西洋公约组织和各种国际非政府组织等也在规则实施中扮演重要角色，同时广播、电视和纸质媒体共同构成规则信息传播的重要载体。伴随苏联解体后冷战时期的全球治理逐步从传统的和平与战争议题中转向环境气候问题、社会与经济发展问题等，比如 WTO 等逐步成为国家之间自由贸易的核心平台，同时因特网的出现也进一步加速了国家之间规则的沟通。

表 1.2 全球治理的演化：制度层面

	帝国之间，1814	国际联盟（LN），1918—1989	联合国（UN），1945—1989	后冷战，1989—现在
规则制定	国际条约，欧洲协调决议	国际联盟决议，国际条约	联合国决议，国际条约	联合国，国际条约，区域条约如欧盟等
规则实施	帝国，欧洲协调，国际组织	帝国，国际组织，非政府组织	北大西洋公约组织，华沙公约，UN，国际组织，非政府组织	北大西洋公约，UN，国际组织与国际非政府组织
规则裁决	地方法院及国际法院裁决	国际法院（ICJ）	国际法院，纽伦堡法庭	国际法院，WTO，国际刑事法庭
规则沟通	纸质媒体	纸质媒体、广播	纸质媒体、广播、电视	纸质媒体，广播电视、网络
规则监督与评估	外交官，间谍，批评家	外交官、间谍，批评家	外交官、间谍，批评家	外交官、间谍，批评家

改编自：Tehranian Majid. (2002). Globalization and Governance: An Overview. In E? ref Aksu ve Joseph A. Camileri, (eds) *Democratizing Global Governance*, New York, Palgrave Macmillan. pp. 3—10.

　　全球治理的制度建设在过去若干年间一直在不断的试图完善和发展（见表 1.2），但依然存在全球治理"事实层面"和"法理层面"鸿沟的不断扩大，制度层面建设远远落后于现实进展。制度滞后一是体现在现有制度难以容纳或有效解决当前全球治理问题；现代社会的复杂性和飞速发展使得制度滞后的缺陷尤为凸显，制度缺乏前瞻性和预见性常形成头痛医头脚痛医脚的临时应对，缺乏长远的制度准备。

二是固有的国际利益格局和利益共同体杯葛相关制度建设和改善。如面对日益恶化的全球变暖问题，《联合国气候变化框架公约的京都议定书》目标"将大气中的温室气体含量稳定在一个适当的水平，进而防止剧烈的气候改变对人类造成伤害"，为减少全球碳排放，减少热带雨林的森林砍伐，所有国家都需要共同的努力。部分国家特别是发达国家基于本国经济利益考虑迟迟不签订相关条约，难以为全球气候变暖的治理带来一致性行动。

此外还存在全球治理体系的合法性基础和标准的设定。[①] 因为从制度设计的视角来看，全球治理的出现重新塑造了新的规则和制度安排，重新定位了新的制度框架。[②] 合法性基础和标准的夯实以及制度执行准则的规范与落实是全球治理实现的前提。

（二）全球治理的主体鸿沟

全球治理不可能有效地发展成为单一主体或政体，如世界政府，但需要不同的机构和制度协同整合去应付各类全球问题。自 1648 年威斯特伐利亚条约以来，全球治理被认为是镶嵌于国际资本主义秩序下的区域国家共同体，长久以来，全球治理受国家领土范围和资本主义的政治秩序所影响。20 世纪美苏争霸虽造成短暂的全球治理力量失衡，但随后 1991 年苏联的解体，资本主义秩序下的全球治理再次成为主导性力量，特别是伴随 20 世纪末期全球公民社会的发展，跨国非政府组织进一步推动了全球治理实践和理念的延展。此外国际层面的跨国公司和跨国组织，次国家层面的社会运动等共同构成当前全球治理的主体（见表 1.3）。

在 21 世纪初的经济危机中，全球性经济组织和政府的协力合作应对，

---

① Keohane, Robert O. （2011）. Global Governance and legitimacy. *Review of International Political Economy*, Vol. 18, No. 1, pp. 99－109.

② Matthias Finger, Global Governance through the Institutional Lens, in M Lederer, PS Müller（Ed.）. *Criticizing Global Governance*, New York, pp. 145－160

并没有像 1929—1933 和 1981—1982 两次经济危机最终形成全球性衰退的严重影响。诸多学者认为这次全球经济危机重新促进了国际合作，重新发挥了国际组织作为全球治理主体的作用，如货币基金组织。[①]

表 1.3　全球治理的体系：跨国的、国际的、国家的及次国家的力量

	制度化形式	初　期
跨国层面	跨国公司、组织，非政府组织，因特网，信用评级机构	跨国社会运动，信息传播发展带来的全球通讯变革
国际层面	国际政府组织，G7，G77，G15，北大西洋公约组织，OPEC	宗教信仰复兴，环境保护运动，女性运动兴起
国家层面	领土国家，关贸协定谈判	内战，国家自由抗争运动
次国家层面（Subnational）	压力组织，州县政府	少数族裔抗争
综合	联合国选举监督，人权组织	新议题，跨国投资协议，跨国联合

来源：改编自 Rosenau，James N.（1995）. Governance in the Twenty—first Century. *Global Governance*，No. 1，pp. 13—43.

但当前全球治理主体间鸿沟依然存在，就国际组织而言，其对全球问题解决有效与否取决于是否恰如其分的把握区域异质性并随之调整应对目标。[②] 由于全球治理实现需要在不同部门之间和发展水平多层次性地区之间的整合实践，如全球治理应该注重政府与非政府部门人员的协调，正式公共政策网络与非正式公共政策网络之间的衔接。现实中由于各主体间实力对比的差距导致对全球治理制度的理解不一，执行力和行动力不同，进而带来全球治理失衡。同样以环境治理问题为例，南北国家之间、发达与

[①] Woods，Ngaire.（2010）. Global Governance after the Financial Crisis，*Global Policy*，Vol. 1，No. 1，pp. 51—63.

[②] Colomer Josep（2013），*Global Governance：Types of Goods and Institutional Rules*. Available at SSRN：http：//ssrn. com/abstract=2266200 or http：//dx. doi. org/10. 2139/ssrn. 2266200

发展中国家之间的工业技术水平差距，使得发展中国家的环境污染治理有心无力，或是在资源贫困情况下难以有效提供公共环境保护。

此外，全球治理重要主体全球公民社会在世界各个国家发展也不近平衡，20 世纪 80 年代以降，公民社会（Civil Society）理论在世界范围内复兴，成为一股全球性的思潮。世界范围内兴起了一场"结社革命"，① 这些组织有着共同特征，即组织性、非营利性、自治性和自愿性，但它们在名称上却千差万别：有的强调与政府相区别，称作非政府组织（NGO－Non－governmental Organization）；有的强调与企业相区别，称作非营利组织（NPO－Non－porfit Organization）；有的强调组织的志愿特性，称作志愿组织（VO－Voluntary Organization）；还有的为区别于政府和企业而称作第三部门（The Third Sector）。这些名称的内涵基本相同，但在外延上则稍微有所区分，共同构成公民社会的主体。据国际组织年鉴统计，国际公民社会组织的数量在过去 10 年中增长了四倍，② 从 1990 年的 6,000 个上升到 1999 年的 26,000 个。③ 另据统计，在现有的 48,350 个国际组织中，非政府的国际公民社会组织占 95％以上，至少在 46,000 个左右。④ 显然这类组织的总部和发展起源大多位于发达国家如欧美，发展中国家的话语权在这类组织中越来越弱，造成新的治理失衡。以国际货币基金组织为例，金砖四国的总投票权比例为共为 12.14％（巴西，1.38％；中国，6.17％；印度，1.89％；俄罗斯，2.7％），而美国一国则占到 16.79％。全球治理主体间的不平等令全球治理效能发挥和实现受到重要掣肘。

---

① 莱斯·M. 萨拉蒙等：《全球公民社会：非营利部门视界》，北京：社会科学文献出版社 2002 年，第 4 页。

② 戴维·布朗等：《全球化、非政府组织与多部门关系》，载约瑟夫·S. 奈等主编，《全球化世界中的治理》，北京：世界知识出版社 2003 年，第 229 页。

③ 世界银行驻中国代表处中文网页：http://www.worldbank.org.cn.

④ 俞可平：《全球治理引论》，第 20—32 页。

（三）全球治理议题设定（Agenda Setting）差距

不同国家或同一国家的不同发展时期必然有不同的利益诉求，以及不同的文化与文明之间认知差异，[①] 相应的全球治理策略也存在差异。诸如领土争端、核危机、区域稳定、民族主义、经济发展、环境保护、恐怖主义、人权等重要的全球治理议题中，全球治理的参与主体并没有一致性的议题取向。

现实中为获取一定程度的议题设置共识，全球治理的参与主体往往通过谈判与协商来予以解决。特别是对那些涉及并影响全人类的，需要共同努力以解决的困难、威胁或挑战。各个参与主体通过国际制度或非制度安排，进行讨论、合作并努力达成一致。[②] 以极端恐怖主义问题为例，虽然对这一影响世界和平发展稳定议题各经济体已经取得基本的共识，而且2001年联合国还成立了"反恐怖委员会"以商定与各国分享有关为打击恐怖主义而制定的准则、标准和最佳做法的信息，并在可行情况下协助各国遵守，此外联合国还通过实施《全球反恐怖主义战略》以及各项安理会针对反恐问题的决议的和主席声明。而现实则是不同国家为了自身利益，往往在打击恐怖主义时坚持"双重标准"，根据对自身是否有利采取不同的立场。这既造成包庇和纵容恐怖主义，背离反恐初衷，也损害国际反恐合作。这种全球治理议题设定权也从侧面反映当前全球治理鸿沟的存在。

四、简短结语

过去20余年，全球治理已经成为一个国际理论和实践中的核心概

---

① 亨廷顿：《文明的冲突与世界秩序的重建》，北京：新华出版社2002年。
② 赵隆：《议题设定和全球治理——危机中的价值观碰撞》，《国际论坛》2011年第4期，第21—26页。

念。① 全球治理的兴起既为国际活动带来了新的强制性权力（Compulsory Power），制度性权力（Institutional Power），也通过结构性改变带来结构性权力（Structural Power）和结果性权力（Productive Power）。当前信息时代的全球治理变得更加复杂化和多元化，② 并削弱了国家的自主性，扩大了公共空间③。全球治理在迎来诸多欢呼的同时，也面临新的问题。虽然有人认为全球治理并非具有实际内涵的概念，我们称之为"全球治理"是因为我们不知道对正在发生的进展如何称呼。④ 当前的全球治理研究也大多针对概括性事实的理论分析或解决特定治理挑战的特定体制的实证研究。

本文基于反思和批判的视角提出"全球治理鸿沟"的事实，从整体性的中观层面讨论和完善全球治理效能未来提升的空间和路径。客观审慎对待全球治理鸿沟存在的现实，将有助于理清当前全球治理困境和局限存在的背后深层次因素，本文分析只是对这一过程做了初步的尝试。

① Barnett, Michael N., and Raymond Duval. (Eds.). (2005). *Power in Global Governance* (Vol. 98). Cambridge University Press, p. 1.

② Kleinwachter, Wolfgang. (2003). Global Governance in the Information Age. *Development*, Vol. 46, No. 1, pp. 17—25.

③ Castells, Manuel. (2008). The new public sphere: Global Civil Society, Communication Networks, and Global Governance. *The Annals of the American Academy of Political and Social Science*, Vol. 616, No. 1, pp. 78—93.

④ Finkelstein, Lawrence S. (1995). What is Global Governance. *Global Governance*, No. 1, p. 367.

保护的责任的起源与理念

——主权观念的多维度思考

任　慕[①]

【内容提要】："保护的责任"作为一种国际社会的新规范引起了诸多争论。学术争论和现实问题构成的矛盾为该理念的深入研究留下空间。对于这一理念的内涵和起源的追溯能够明晰该理念提出和成为规范的合理性。其内涵中对于主权的思考与再定义是回应当前存在的争论的中心议题。对于积极主权和消极主权的区分以及对前者的倡导成为保护的责任中主权观念转变的理论依据。国际规范的转变以及国家内部产生的问题使国际社会思考以及回应主权国家内部冲突。保护的责任为国际社会对主权国家进行干预提供了法理基础，构成了法理主权的观念。而现实主义视角下的事实主权观念在理论和现实中给法理主权提出了挑战。事实主权的以及国际政治中本身的利益本位思想通常将国际社会的人道干预出发的行动从道德的神坛上退位。虽然保护的责任解决了国际社会道德诉求中的法理问题，但是未能冲破事实主权的藩篱。

【关 键 词】：保护的责任；人道主义干涉；国际责任；积极主权；消极主权；法理主权；事实主权；负责任的主权

"保护的责任"源自由加拿大政府建立的"干预和主权国家委员会"

---

① 日本立命馆大学国际关系专业博士研究生

（ICISS）所发布的题为《国家保护的责任》的报告。该报告甫一提出就得到了国际社会的广泛响应，并激发了新一轮对国家主权概念的反思与探讨。不仅国家政府官员频繁提到这一概念，国际法学者对这一概念进行了较为广泛和细致的研究。[①] 国际关系学者也就这一概念的适用性等问题进行了探讨。针对这一概念，学者们持两派截然相反的观点。一派持批评态度，认为其不仅仅与现存国际秩序和国际规范相违背，同时也是"新瓶装旧酒"。[②] 另外一派基本上肯定这一概念提出的合理性，[③] 对不同国家在实践中的应用这一概念及其问题著书立作。[④] 无论争论如何，这一概念逐渐成为一种规范被国际社会成员所认可，并在实践中被广泛运用。学术争论与现实问题的矛盾交织为"保护的责任"这一理念的研究留下了些许空

[①] 国内学者对"保护的责任"概念的探讨多集中于国际法领域，成果颇丰。代表性的成果如，李寿平：《"保护的责任"与现代国际法律秩序》，《政法论坛（中国政法大学学报）》2006 年第 3 期；李杰豪：《保护的责任对现代国际法规则的影响》，《求索》2007 年第 1 期；宋杰：《"保护的责任"：国际法院相关司法实践研究》，《法律科学（西北政法大学学报）》2009 年第 5 期；邱美荣，周清：《"保护的责任"：冷战后西方人道主义介入的理论研究》，《欧洲研究》2012 年第 2 期等。国外学者代表性的成果如下：Matukuma，Jun，" Emerging Norms of the Responsibility to Protect"，*The Seinan Law Review* ，Vol. 38，No. 2 (2005)，pp. 106－118；Bannon，Alicia L. ，" The Responsibility to Protect：The U. N. World Summit and The Question of Unilateralism"，*Yale Law Journal* ，Vol. 115 (2006)，pp. 1159－1164；Alex Bellamy，" Whither the Responsibility to Protect? Humanitarian Intervention and 2005 World Summit"，*Ethic and International Affairs* ，Vol. 20，No. 2 (2006)，pp. 143－169；Rama Mani and Tomas G. Weiss，eds. ，*Responsibility to Protect*：*Cultural Perspectives in the Global South* (London：Routledge，2011)，etc. .

[②] 潘亚玲：《从捍卫式倡导到参与式倡导——试析中国互不干涉内政外交的新发展》，《世界经济与政治》2012 年第 9 期，第 47 页；Carsten Stahn," Responsibility to Protect：Political Rhetoric or Emerging Legal Norm?"*American Journal of International Law* ，Vol. 101，No. 99，2007，pp. 119－ 120.

[③] 代表性的著作有 Angus Francis，Vesselin Popovski and Charles Sampford，eds. ，*Norms of Protection*：*Responsibility to to Protect*，*Protection of Civilians and Their Interaction* (New York：United Nations University Press，2012) .

[④] 比较典型的是在学术杂志 The Pacific Review 2012 年第 25 卷，第一期刊载了不同国家的学者，特别是亚洲国家的学者从本国角度出发对保护的责任的认知和实践活动。

间，为何会出现这种矛盾成为需要被解决的问题。有鉴于此，本文试图以国际关系理论为基础对这一理念追本溯源，以其内涵中作为负责任的主权观念为中心对这一概念进行深入剖析，从而解释这个概念在当今国际社会仍旧存有生命力的原因。

一、内涵及其起源

保护的责任有三个内涵。第一，主权观念由作为控制的主权（sovereignty as control）向承担责任的主权（sovereignty as responsibility）转变。第二，保护一国平民的责任由国家让渡给国际社会。第三，赋予国际社会即联合国更大的权力去决定国际干预。"保护的责任"的核心价值主张在于重新界定国家主权的意涵，国家主权不仅是对内的最高统治权力，相对的还意味着保护本国公民的责任。除此之外，这一概念赋予了国际社会进行人道干涉（包括军事干涉）的合理性，如果目标国家无力避免或者不愿制止人民受到严重伤害时（如种族屠杀、种族清洗等），不干涉原则要让位于国际保护责任。[①]"保护的责任"本质上是对传统主权与人权概念与规范上固有张力的重新思考，在秩序与正义的天平上稍向正义一方倾斜。然而二者并非零和的关系，在对主权的重新定义过程中，主权概念得到充实，破除了主权绝对道德（moral absolute）的迷思，使其不断趋向贴合实现人道主义的道德评判标准。

自二战结束以来，联合国宪章的相关内容将主权理念为基础的规范化和合法化，使绝对主权观念成为各国所坚持的原则。不仅如此，主权以及由其衍生的不干涉他国内政原则作为重要的一项内容被写入地区组织的宪章以及国家间缔结的外交文书中。这一观念更成为原殖民地争取国家独立以及发展中国家反对帝国主义和殖民主义的有力武器。然而，随着冷战的

---

① 详细探讨，参见网站：http://www.responsibilitytoprotect.org/

结束，两极格局的崩塌使掩盖在意识形态的斗争下的各国国家建立与国家建设问题凸显出来。尤其是民族问题、宗教矛盾以及民主化浪潮所引起的与本地政治文化冲突导致发展中国家危机不断，并以内部冲突的形式爆发出来，多数冲突最终都演变成为人道主义危机。

自 1948 年人权的普遍宣言（the Universal Declaration of Human Rights）开始，联合国的相关人权机构如人权委员会等在建立保护人权的普遍标准和规则设定方面起到了很重要的作用。随着 20 世纪 90 年代人道主义灾难频发和国际事务中因强调不干涉原则而不作为所导致的人道危机升级使国际社会不断思考其责任。从最初的人道危机事件中的不加干预，如索马里（1992—94），卢旺达（1994），斯雷布雷尼查（Srebrenica，1995）以及北约对绕过联合国安理会的授权科索沃（1999）人道问题的军事干预。国际社会在实践中赋予人道干预的合法性。虽然国际社会由道德感驱接受人权的保护并将其作为习惯法，然而自二战结束以来主权以及不干涉内政的原则始终是国际社会的原则，在某种程度上制约了人道主义干涉的合理性和合法性。

在 1999 年和 2000 年联合国大会会议上，彼时联合国秘书长安南表达了保护人权原则与主权原则的两难困境，并呼吁国家主权不应该成为人道救助的障碍。① 作为回应，"保护的责任"也由此应运而生。然而其最初仅仅是个概念，直到 2005 年联合国峰会将其写入正式文件中，这一概念才在国际社会取得普遍的共识。2009 年 1 月 29 日，现任联合国秘书长潘基文在 63 届联大上作了题为"履行保护的责任（Implementing the Re-

---

① 参见：Kofi Annan，" Two Concepts of Sovereignty"，*The Economist* ，Vol. 352，No. 8137（1999），p. 49；*We，the Peoples：The Role of the United Nations in the 21st Century*（New York：United Nations Department of Public Information，2000），p. 48.

sponsibility to Protect）"的秘书长报告（Report of the Secretary—General），① 全面肯定了《世界首脑会议成果》关于"保护的责任"的表述，并呼吁联合国各成员国落实"国家保护的责任"，再次强调国家主权有一种保护其所有公民的责任。同时提出了保护的责任的三大支柱，其中第一支柱为国家的保护的责任，即"国家始终有责任保护其居民，无论是否其国民，防止居民遭受灭绝种族、战争罪、族裔清洗和危害人类罪之害，防止他们受到煽动"；第二支柱为国际援助和能力建设，即"国际社会承诺协助各国履行其义务"；第三支柱为及时果断的反应，即"在一国显然未能提供这种保护时，会员国有责任及时、果断地做出集体反应"，并认为"将保护的责任的构想付诸实践的时机已经成熟。"② 由此，保护的责任成为一种新的国际规范被广泛应用到国际社会中的国家内部冲突，特别是人道主义危机中。

二、主权观念的多维度视角

（一）主权观念的建立

虽然主权观念脱胎于威斯特伐利亚条约所建立的威斯特伐利亚体系，然而主权的概念和适用对象和范围不断发生变化。③ 二战前，只有欧洲才具有实质意义上的主权国家地位，其设定的标准为欧洲的文明。而前殖民地和半殖民地国家或地区皆未享有主权，因此主权的观念并未在国际社会

---

① Report of the UN Secretary— General Ban Ki—moon on the General Assembly (Sixty— third session)，*Implementing the Responsibility to Protect*，A/ 63/ 677，12 January 2009，para. 11，pp. 8—9.

② 联合国大会第六十届会议决议：2005 年世界首脑会议成果 6，A/ RES/ 60/ 1，第 27 页。

③ 对于主权观念变化的探讨，详见：赵可金、倪世雄：《主权制度的历史考察及其未来重构》，《教学与研究》2005 年第 10 期。

中得到广泛的建立。然而二战后所建立的以主权国家为基础的国际体系将主权概念在国际社会的范围里建立起来。主权逻辑下的国际规范——自治、自决、不干涉他国内政等也在战后广泛地扩散。其中，联合国的建立以及宪章的颁布在国际规范扩散中扮演了不可或缺的角色。在此背景下，不同语言、发展程度各异的国家（states）纷纷独立并将主权视为国际法的支柱。特别是主权国家平等的观念在新建立国家中扎根并成为捍卫本国不受殖民国家干涉其事务的法律武器。

（二）消极主权与积极主权

主权观念和相关国际规范的建立与扩散的背后是道德认知的变化，国际社会向平等和民主化的方向发展。然而新建立国家的内部状况却未能适应国际规范的改变。国际社会可以使一国政府的独立得到广泛的国际承认，但是却不能向国家赋权以独立处理内部事务。虽然一些前殖民地国家获得了国际法定义上的独立，然而却未能真正获得自我治理的资格。一些国家将权力过渡到政府，也就是一小部分人获得权力，而未能真正将权力赋予人民。这些国家被杰克逊（Robert Jackson）称之为"准国家（Quasi－States）"，[①] 徒有在国际社会中的主权地位却不具国家建设的能力是国家内部暴乱和冲突的重要原因。因此，其将主权观念区分为消极主权（negative sovereignty）和积极主权（positive sovereignty）。

所谓消极主权是指一个正式的法律意义上的免于外部干涉的权力（freedom from interference）。而积极主权假设国家具有一种能力，使政府能够管理自我事务。一个具有积极主权的政府不仅仅在国际上享有不被干涉内部事务的权利，同时意味着能够提供给本国公民以政治产品（political goods）和公共产品。[②] 二战后所建立的主权体系为新成立的国家提

---

① Robert h. Jackson, *Quasi － States：Sovereignty，International Relations and the Third World* (Cambridge：Cambridge University Press, 1990), p. 21.

② Ibid，pp. 27－29.

供了两个面向的规范性的内容，一个是去殖民化的民族自决，二是赤贫国家的发展权利。对前殖民地国家而言，绝对的民族自决建立在消极的主权观念之上的实践，在国家独立和领土完整隐含着去殖民主义的道德性的目标。因此，这些国家与西方国家尤其是曾经的宗主国在情感上往往复杂化。一方面，主权至上的原则使前殖民地国家与殖民国家对立起来，排斥西方国家的干预行为。另一方面，前殖民地国家的落后问题和冲突是殖民国家所遗留的产物。因此，西方国家有责任和义务为曾经的殖民行为付出代价，对殖民地国家提供经济抑或人道等方面的援助。

一般意义上的非西方国家甫进入主权国家体系时普遍不具有积极的主权观念，在国家建设中出现问题。对于主权独立和自决权自然过渡的国家而言，积极的主权观念比较容易建立。反之，准国家通常很难界定自决权的主体，特别是对于民族和宗教多元化的国家而言，虽然在国际社会中建立了国家的实体，但是在国家内部，国家建设远未开始。国家建设是国家政府和公民一起努力实现的，而准国家实体不稳定的政治体系无法开展国家建设。冷战期间，两大阵营的分野使两大阵营中的国家内部问题得到一定程度的抑制。而从冷战末期开始，两大阵营的控制逐渐松懈，国际社会开始从消极主权向积极主权的观念转变，即社会经济的发展成为国家面临的首要问题，一些准国家实体内部问题凸显，特别是安全的权利①和发展的权利不能调和的问题突出出来。一些准国家实体不能为本国公民提供必要的人权保护，遑论发展。由此，国际社会开始重新思考本身所承担的责任和义务，如何维持和平与安全，保证主权国家的稳定与发展。

（三）法理主权与事实主权

国际社会所承担的责任和义务焦点一直在国家主权的存在以及人道主义干涉的普遍价值实现之间的矛盾上。作为负责任的主权，某种程度上而

---

① 安全的权利意旨绝对主权独立和领土完整，不受他国对本国内政的干预等等。

言类似于积极主权的概念自 20 世纪 90 年代开始得到了广泛的支持，认为有必要对传统意义上的主权进行重新定义，使不干涉内政不能成为那些掌权者实施侵害人权的行为的辩护。保护的责任的概念在这个讨论中产生对主权的再思考，将负责任的主权纳入到了规范的范围进行倡导。由此，围绕保护的责任，特别是国际社会对于自身承担何种责任以及在哪种条件下承担责任，对主权概念的认知又可分为两个分析的维度，即法理主权（de jure）和事实主权（de facto）。

法理主权与事实主权的区别在于，前者视主权为通过社会交往（social interaction）和论述（discourse）的过程被重新定义的空的象征（empty signifier），以建构主义理论为基础的自由的国际主义者或者多元政治倡导者为代表。而后者以现实主义为主，认为主权是社会和政治组织的永恒的特征，并从强制权力的角度对其定义。[①] 保护的责任是从法理主权出发，将主权的概念定义为负责任的主权并视之为一项规范性原则。这一定义从另外一个视角来确定国际政治的本体，以普遍道德为基础将国际社会中的主体从国家转换到个人，而国家以载体的形式以保护个人的权益而出现。当国家或者一国政府不能履行这种责任时，国家主权需要让渡给国际社会形成一种事实上集体主权（collective sovereignty）。这种规范上的转向使人道干涉具有了合法性的基础，而干涉也反映了国际社会为支持人权和人道而不惜牺牲主权。[②]

这种思考同传统现实主义的强权政治观念相左，现实主义认为主权是赋予国际社会国家主体的资格。现实主义倾向于从国际关系的实践出发，从物质力量而非共享价值的角度来定义事实主权，国家的权利并非来自于

---

① Jeremy Moses, Sovereignty As Irresponsibility? A Realist Critique of the Responsibility to Protect, *Review of International Studies*, Vol. 39, No. 1, 2013, pp. 114.

② Francis M. Deng, Sadikiel Kimaro, I. William Zartmann, Donald Rothchild, and Terrence Lyons, *Sovereignty as Responsibility: Conflicts Management in Africa* (Washington, DC: Brookings Institution, 1996), pp6—10.

国际社会的共识和规则，而是来自于国家具有实施权利的能力。首先，不同于法理主权，事实主权的思想渊源更为久远，几乎同权力的观念相伴而生。主权被视为无限制的权力（unlimited power），主权是公民为生存而让渡给执政者的权利，从而主权概念就隐含了执政者和公民之间保护与顺从的关系。[①] 在一国的范围内，主权是最高权力的象征，在国际社会中能够限制主权的只有更高的权力。然而，现实主义视角下的国际社会是松散的羸弱的国际体系，国家主权与集中的有效的超国家权力是不相容的。[②]因此，在一国内部出现问题与危机之时，是否使用武力或者其他方式来应对，国家才具有决定权。对于主权国家所承担的责任和义务，现实主义与保护的责任所倡导的负责任的主权并不矛盾。然而，不同之处在于后者将主权视为可以分割的和可以分解的，有条件的，可以同国际社会共享的。在这个意义上来说，对主权不同角度的认知是保护的责任争论的焦点，因此在实践过程中保护的责任不免受到诸多批评，面对很多问题。

三、现实问题

国际社会对于实施保护的责任，特别是实施军事干预有六项判断的标准，即正当的理由、合理的授权、正确的意图、最后的手段以及对成功预期。保护的责任的争议主要集中于合理的授权以及对成功预期两项标准。

（一）合理的授权

哪个行为体具有授权人道主义干涉的权利的合法性一直是人道干涉相

---

① Kinch Hoekstra, " The de facto Turn in Hobbes′ Political Theory", in Tom Sorell and Luc Foisneau (eds), *Leviathan After 350 Years* (Oxford: Clarendon Press, 2004), p. 49.

② Hans Morgenthau, *Politics among nations: the struggle for peace and power* (New York: Knopf, 1973), p. 308.

关议题的主要争论点。联合国宪章第二条第四款明确规定禁止会员国彼此使用或者威胁使用武力，其中两种情况除外，一是根据第五十一条的自卫权，二是安理会针对任何和平的威胁、和平的破坏或者侵略行为而批准的军事措施。冷战后的国际政治实践却数百次地违背联合国宪章的规定。以1999年科索沃的干预为例，北约的行动并未获得联合国安理会的授权，当时有国家质疑北约行为的合法性并认为需要对此项军事行动予以谴责。然而北约技巧性地运用维护道德和避免种族大屠杀的立场获得了会员国的共识，这一行动被认为虽然违法但是具有合理性。[①] 然而，同样绕过安理会而实施的伊拉克战争却被普遍认为不符合保护的责任的条件。[②] 由此，联合国安理会是否是唯一有权决定以人道为目的的干涉的机构受到了一定程度的质疑。同时，如果安理会并未能在人权受到侵害的情况下对干涉行动达成一致，联合国的五大常任理事国是否被视为是不负责任的？

保护的责任从法理主权角度出发使联合国安理会具有批准进行军事干涉的法源基础，以防止主权国家政府没有力量或者不愿意防止的种族净化或者严重违反国际人道主义的行为。联合国安理会是目前为止各国所公认的具有合法性的、批准军事干涉的国际机构。无论是干涉和主权国家委员会的报告还是联合国的相关报告都赋予了联合国安理会这一超越国家主权的权利。连保护的责任的倡导者伊万斯（Evans）也认为："联合国体系是我们唯一的具有公信力的国际制度，它是实施作为负责任主权理念的合法性和权威性的必要结合体。"[③] 以事实主权来看，保护的责任将负有责

---

① Wheeler, Nicholas J, *Saving Strangers*: *Humanitarian Intervention in International Society* (Oxford: Oxford University Press, 2000), pp. 242—285

② Kenneth Roth, "Was the Iraq War a Humanitarian Intervention? And What are Our Responsibilities Today?", in Richard Cooper and Juliette Voinov Kohler (eds.), *Responsibility to Protect*: *The Global Moral Compact for the 21ˢᵗ Century* (New York: Palgrave Macmillan, 2008), pp. 101—113.

③ Gareth Evans, *The Responsibility to Protect*: *Ending Mass Atrocity Crimes Once and for All* (Washington DC: Brookings Institution Press, 2008), p. 180.

任的一方从主权国家转移到了联合国常任理事国，由此又回到了权力本位的认识论。联合国安理会被认为具有主权权力（sovereign power），因为其具有不被更高权力所限制的最终决定权。因此，如果说具有事实主权的国家是不负责任的，那么同样的逻辑联合国安理会也是不负责任的，因为很难保证所有大国都会从道德出发去行动，因为并没有更高的权力去限制这些大国。

（二）对成功的合理预期

干涉与主权国家委员会报告将"对成功的预期"列为四个预防的原则之一，其理论基础是传统的正义战争标准。也就是说，合理的预期原则意味着如果具有合理的成功的机会，军事行动就可以被正义化。保护的责任解释该标准是，"对于预防性原则的适用建立在功利主义的基础上，即使其他干涉的条件都可以满足，也很有可能排除对任何一个安理会常任理事国的军事行动。如果这样的行动是反对常任理事国，则很难想象一个冲突会避免，最初的目标会实现。这产生了一个双重标准的问题，不但是委员会的立场在于，虽然干涉也许不能够在具有正义性的所有案例中实施，然而这一事实对于大国而言并非是不去在所有事件中实施干涉的理由。"①合理的成功的预期反映了国际社会遵循结果正义的论断，认为人道主义的合法性干预取决于干预行为的有效性，即干预是否能够达成保护人权的主要目标。而合法性的言语来自于保护的责任所赋予的法理主权概念。

然而，以事实主权的视角来看合法性原则，大国对于外部干预或者限制的免疫力正是反映了事实主权的论点。从某种程度来说，事实主权削弱了作为负责任的主权逻辑的连贯性，事实主权仍旧凌驾于法理主权之上。大国具有决定干涉的合法性，符合了现实主义对权力政治的阐释，干涉即

① The International Commission on Intervention and State Sovereignty，*The Responsibility to Protect*，p. 37.

为大国对相对而言弱国的强迫行为。对于弱国而言，以人权保护或者人道为名义是大国为实现本国利益而干涉他国内政的通行证。[①] 在联合国五大常任理事国之中，往往以此为因而对于干涉不同立场和意见而互相谴责。因此在实践中，未能得到合理的授权以及未达成对成功的合理预期共识也成为人道保护无法实施的一个重要的原因。因为对于是否实施保护的责任，不同国家对于六个标准的认知并不相同，而联合国五大常任理事国未能取得共识的情况下就会导致这一构架的行动瘫痪。[②]

四、结论

"保护的责任"是国际社会在普遍道德追求下对主权的再思考，在国家拥有的绝对主权以及国际社会的人道干涉之间的矛盾间寻求实现保护人权的终极目的。保护的责任将"负责任的主权"观念视为对传统主权观念的修正，同时赋予国际社会更大的权力去纠正传统主权观念的缺失和避免人道危机的发生。二战结束后，国家主权体系的建立使不干涉他国内政、主权平等、民族自决等国际规范得到广泛的传播。新成立的国家虽然国情有所区隔却全部以主权为原则建立国家，并将相关的国际规范作为捍卫本国主权的武器。这种消极主权的概念以西方以及大国作为防御对象。而随着冷战的结束，国际社会本身向积极主权所强调的方向发展，即经济发展和人道保护成为主要实现的目标。对积极主权的需求以及某些国家对消极主权的固守加之国家内部危机的频发使保护的责任应运而生。

保护的责任以法理主权为导向，对主权进行了重新定义，使作为负责

---

① The International Commission on Intervention and State Sovereignty, *The Responsibility to Protect*: *Research*, *Bibliography*, *Background* (Ottawa: International Development Research Center, 2001), p. 7.

② 叙利亚问题就是一个典型的例子。叙利亚危机持续将近三年，联合国安理会始终未能通过相关决议实行人道主义保护，其中一个重要的原因在于五大常任理事国未能取得共识。

任的主权观念得以张扬。同时，使国际社会即联合国安理会享有决定人道主义干涉的法理依据。将主权权利由传统的主权国家转移到国际社会，使国际社会具有主权国家所具有的决定权。然而以现实主义定义的事实主权来看，保护的责任并未脱离权力本位的思考方式，同时也未能解决实际问题。特别是在保护的责任实施的标准上面，阻碍保护的责任实施的两个重要标准，合理的授权以及对成功合理的预期，恰恰也反映了法理主权与事实主权的矛盾与争论。而这些矛盾与争论投射到国际政治现实中，阻碍了保护的责任得以发挥效用，使人道主义保护的实现更加复杂。但是，保护的责任是在人道主义实现之路上的重要路标，如何解决现实中的问题，仍旧需要国关系学者和实践者的智慧。

保护的责任：法治良心与严峻现实

——以利比亚冲突为案例

海泽龙[①]

【内容提要】：2010 年底以来，利比亚冲突不断持续，"保护的责任"再次成为国际社会的舆论焦点。作为全球治理中跨国人权保护的重要环节，"保护的责任"自其正式提出以来，就广为各界所关注，而其自身不论是在理念还是在现实中都存在一定的矛盾与局限性，并对主权原则、不干涉原则形成不同程度的冲击。以美国为首的西方国家，借"保护的责任"鼓吹所谓"人道主义干涉"，对利比亚实施军事打击和政权更迭，实际则制造了更大的人道主义灾难，引发了包括中国在内的国际社会对如何实施"保护的责任"的反思。

【关 键 词】：保护的责任；法治良心；人道主义干涉；全球治理；利比亚冲突

2011 年 3 月，作为"保护的责任"的首次"强制执行"，以法国为首的北约曲解联合国安理会决议，实施"奥德赛黎明"行动（Operation Odyssey Dawn），强行军事干涉利比亚冲突。随着干涉的持续，卡扎菲政府迅速倒台，利比亚陷入无政府状态，人道主义灾难日益严重。"法治良心"与严峻现实的巨大反差再次引发国际社会对"保护的责任"的激烈

---

① 北京大学国际关系学院博士研究生

争论。

一、保护的责任：法治良心与现实波折

（一）法治良心与理念背景

"保护的责任"理念出现于本世纪初，反映出国际社会对"法治良心"①的渴求与期待，也是全球治理中跨国人权保护领域的重要环节②。20 世纪 80 年代末，随着苏联解体、东欧剧变、冷战结束，民族、宗教领域的纷争导致地区冲突大幅增多，特别是 90 年代中叶发生在非洲卢旺达和前南斯拉夫科索沃地区的种族、民族冲突，造成严重的人道主义灾难，③ 对人类良知产生极大震撼。而当时国际社会未能采取有效措施及时干预，引起深重反思。此后，"人道主义干涉"理念开始出现，其主张为

---

① "良心"，就是被现实社会普遍认可并被自己所认同的行为规范和价值标准。良心是道德情感的基本形式，是个人自律的突出体现。古有《孟子·告子上》："虽存乎人者，岂无仁义之心哉？其所以放其良心者，亦犹斧斤之於木也。"《朱熹集注》："良心者，本然之善心。即所谓仁义之心也。""法治"一词很早就出现在古书中。《晏子春秋·谏上九》："昔者先君桓公之地狭于今，修法治，广政教，以霸诸侯。"《淮南子·氾论训》："知法治所由生，则应时而变；不知法治之源，虽循古终乱。"在本文中，较之面对人道主义灾难时的道德自责所体现的个人境界，"法治良心"（nomocratic conscience）是基于法治基础并由法治保障、反映出国际社会对基本人权美好期许，体现的是整个社会的道德把握，是人道主义良知的体现。

② 全球治理委员会（Commission on Global Governance）在 1995 年发表的首次报告《天涯成比邻》（"Our Global Neighborhood"）中，将全球治理定义为各种各样的个人、团体——公共的或每个人的处理其公共事务的总和。全球治理是一个持续的过程，通过这一过程，各种互相冲突和不同的利益可望得到调和，并采取合作行动，通过实践性、市民性、规范性的全球治理，最终解决困惑人类的全球贫困和环境破坏等全球性问题。笔者认为，"保护的责任"涉及人权的跨国保护，应归入全球治理机制中的跨国人权保护范畴。另可参见：亚当·罗伯茨、本尼迪克特·金斯伯里主编，吴志成等译：《全球治理：分裂世界中的联合国》，北京：中央编译出版社 2010 年。

③ 1994 年卢旺达胡图族和图西族发生种族仇杀，3 个月内数十万图西族人被杀；1995 年，前南斯拉夫的波黑地区塞族和穆族发生仇杀，在斯雷布雷尼察等地，至少数千穆族人被杀。

避免人道主义灾难，国际社会可干预一个国家的内政。

时任联合国秘书长的科菲·安南支持"人道主义干涉"，并在2000年联合国"千年报告"中呼吁："如果人道主义干涉真的是对主权的一种令人无法接受的侵犯，那么我们应该怎样对卢旺达，对斯雷布雷尼察做出反应呢？对影响我们共同人性的各项规则的人权的粗暴和系统的侵犯，我们又该怎样做出反应呢？"[①] 但"人道主义干涉"毕竟是"干涉"，与《联合国宪章》中"不干涉内政原则"直接冲突，因此，"人道主义干涉"逐渐演变为"保护的责任"。

（二）法治良心与现实发展

"保护的责任"理念在国际社会的发展演进分别由五个重要文件所代表，"法治良心"在现实中历经波折而不断成熟和完善。

文件一：2001年12月加拿大前总理克雷蒂安领导的"干预与国家主权国际委员会"（International Commission on Intervention and State Sovereignty，简称ICISS）发布《保护的责任》研究报告[②]。该报告提出，主权不仅意味着权力，更重要的是一种责任，"主权国家有责任保护本国公民免遭可以避免的灾难——免遭大规模屠杀和强奸，免遭饥饿，但是它们不愿意或者无力这样做的时候，必须由更广泛的国际社会来承担这一责任"[③]。反映法治良心的"保护的责任"理念，正式在国际社会提出。

文件二：2004年12月联合国"威胁、挑战和改革问题高级别名人小组"向秘书长提交的《一个更安全的世界：我们的共同责任》研究报告[④]。该报告接受了ICISS提出的"保护的责任"理念，重新强调其"法

---

① 联合国秘书长科菲·安南"千年报告"：《我们人民：二十一世纪联合国的作用》（中文本），第217段，联合国文件（A/54/2000）2000年8月。

② "干预与国家主权国际委员会"报告：《保护的责任》（中文本），2001年。

③ 同上。

④ "威胁、挑战和改革问题高级别名人小组"报告：《一个更安全的世界：我们的共同责任》（中文本）。

治良心"的道义地位，并将其作为建设"一个更安全的世界"而所要承担的共同责任之一①。因报告是联合国高级咨询机构提交，使该理念具有更高的权威性，同时也否定了联合国安理会授权措施之外的行动，并进一步提出使用武力的相关准则。这标志着国际社会对"保护的责任"理念的正式认可。

文件三：2005 年 3 月，时任联合国秘书长的科菲·安南在第 59 届联大上所作的《大自由：实现人人共享的发展、安全和人权》报告。该报告提出"如果国家当局不愿或不能保护本国公民，则利用外交、人道主义和其他手段保护平民人口的责任，就落到了国际社会的肩上；如果此种手段看来仍不够，则安全理事会可能有必要根据《宪章》采取行动，包括必要时采取强制行动"②。报告肯定了国家作为保护国民的"第一顺位"责任，明确了安理会在国际社会履行"保护的责任"、采取强制干预手段时的地位，标志着该理念得到国际社会更广泛的支持。

文件四：2005 年 9 月，由全世界近 200 个国家或地区的首脑参加的世界首脑会议达成的《2005 年世界首脑会议成果》，就"保护的责任"做出专项声明："每一个国家均有责任保护其人民免遭灭绝种族、战争罪、族裔清洗和危害人类罪之害"，称"我们接受这一责任，并将据此采取行动。"③ 同时指出，如果和平手段不足以解决问题，国际社会随时准备根据《联合国宪章》，"通过安全理事会逐案处理，并酌情与相关区域组织合作，及时、果断地采取集体行动"④。该会议限定了履行"保护的责任"的四种特定类型，并在加强联合国安理会作用的同时，明确了相关区域组

---

① 同上。

② 联合国秘书长科菲·安南：《大自由：实现人人共享的发展、安全和人权》（中文本），联合国文件（A/59/2005），2005 年。

③ 联合国大会第 60 届会议文件：《2005 年世界首脑会议成果》（中文本），2005 年 10 月，联合国文件（A/RES/60/1），第 138 段。

④ 同上，第 139 段。

织的作用①。该会议成果是宣言性质的国际文件，其国际政治影响力和对国际社会的约束力远强于前两个研究小组提供的两份研究报告，反映了国际社会对"保护的责任"的共识。

文件五：2009 年联合国秘书长潘基文在第 63 届联大上作的《履行保护的责任》的报告。该报告提出了"保护的责任"的三大支柱②，其中作为第一支柱的"国家保护的责任"是"国家始终有责任保护其居民，无论是否其国民，防止居民遭受灭绝种族、战争罪、族裔清洗和危害人类罪之害，防止他们受到煽动"③，进一步明确了其作为"法治良心"的道义责任。"国际援助和能力建设"与"及时果断的反应"分别作为第二、第三支柱。报告认为"三大支柱都必须随时可供使用，因为利用的先后无固定次序"④，强调"现在将保护的责任的构想付诸实施的时机已经成熟。"⑤这实际上是将"后干预时期"的国际援助和地区重建任务纳入到履行"保护的责任"的整体考虑之中。2009 年是确立"保护的责任"概念的一个分水岭，"保护的责任"日趋成熟。

文件六：2010 年 7 月联合国秘书长潘基文就"保护的责任"提交《预警、评估及保护责任》报告。该报告提出"联合国需要如《2005 年世界首脑会议成果》所要求建立世界级的预警和评估能力，以确保我们不至于只能选择无所作为或在对局势知之甚少的情况下采取行动"，履行"保护的责任"战略要求针对每个案例的不同案情，及早做出灵活反应。⑥

文件七：2011 年 6 月联合国秘书长潘基文提交《区域与次区域安排

---

① 同上。

② 联合国秘书长潘基文：《履行保护的责任》（中文本），2009 年 1 月，联合国文件（A/64/677），第 11 段 a。

③ 同上，第 11 段 b。

④ 同上，第 12 段。

⑤ 同上，第 72 段。

⑥ 联合国秘书长潘基文：《预警、评估及保护责任》（中文本），2010 年 7 月，联合国文件（A/64/864），第 19 段。

对履行保护责任的作用》报告。该报告提出，对于"保护的责任"，"区域和（或）次区域安排都做出了重要贡献，往往是作为联合国的完全平等的合作者"。这些早期经验令人鼓舞，然而也"证明我们在充分实现全球－区域－次区域合作的潜在协同效应"。① 同时提出，实现"保护的责任"承诺战略有三大支柱：第一支柱涉及国家的保护责任；第二支柱涉及国际援助和能力建设；第三支柱涉及及时果断的反应，而"区域和次区域组织在履行保护责任方面的积极努力对以上任何一个支柱都大有裨益"。②

文件八：2012 年 7 月联合国秘书长潘基文提交《保护责任：及时果断的反应》报告。该报告着重探讨了作为"保护的责任"第三支柱"及时果断的反应"的各个方面，建议"不要过度强调预防和回应工作间的区别"，审议了"所采用的、以《宪章》为基础的工具和迄今已利用的伙伴关系"，以及"负责任地进行保护的方式"，③ 承诺"继续朝着更有效和更连贯地履行保护责任的目标取得进展"，并称推行"保护的责任"概念的时机"已经成熟"。④

文件九：2013 年 7 月联合国秘书长潘基文《保护责任问题：国家责任与预防》。该报告再次重申了"各国有责任保护其人民免遭灭绝种族、战争罪、族裔清洗和危害人类罪及其煽动活动"，评估了"肇因及违法行为的起因和发展"，并审查了"各国防止这些暴行罪行可以采取各种结构措施和行动措施"。同时，报告根据各会员国所采取的举措提出一些事例，并确定了"防止暴行可能采取的其他方法"，⑤ 并声称"防止暴行罪需要

---

① 联合国秘书长潘基文：《区域和次区域安排对履行保护责任的作用》，2011 年 6 月，联合国文件（A/65/877－S/2011/393），第 4 段。

② 同上，第 9 段。

③ 联合国秘书长潘基文：《保护责任：及时果断的反映》，2012 年 7 月，联合国文件（A/66/874－S/2012/578），第 8 段。

④ 同上，第 61 段。

⑤ 联合国秘书长潘基文：《保护责任问题：国家责任与预防》，2013 年 7 月，联合国文件（A/67/929－S/2013/399），第 8 段。

各国持续不断的努力"，在"各国明显未能保护其民众的情况下，预防工作还需要国际社会通过援助或行动进行参与"。①

二、保护的责任：法治良心与现实矛盾

"保护的责任"作为具有人本主义色彩的"法治良心"，反映出国际社会人权保护领域观念的深刻演变，其波折发展的历程，则折射出国际社会对其能否真正实现"法治良心"的犹疑，这也涉及该理念的一系列矛盾纠葛。

（一）法治良心与自身原罪的争议

"保护的责任"虽代表"法治良心"，但自其诞生就备受争议。2001年 ICISS《保护的责任》报告中，国际社会履行"保护的责任"进行干涉的目的，是为防止"本来可以避免的灾难"②。但怎样判断哪些灾难是"本来可以避免的"，如何界定"本来可以避免"，具有非常强烈的主观因素，故国际社会争议很大。③ 西方发达国家坚持"人权高于主权"，试图凭借强大实力动辄"强制性干预"；广大发展中国家特别是国内存在宗教、民族等矛盾的小国，担心"保护的责任"被滥用而成为强国干涉弱国的工

---

① 同上，第73段。

② "干预和国家主权委员会"报告：《保护的责任》（中文本），2001年12月。

③ 对于"保护的责任"及其引发的包括国际法领域的争议及影响，目前笔者已知的相关研究成果有：何志鹏：《保护的责任：法治黎明还是暴政重现?》，《当代法学》2013年第1期；邱美荣、周清：《"保护的责任"：冷战后西方人道主义介入的理论研究》，《欧洲研究》2012年第2期；李杰豪：《保护的责任对现代国际法规则的影响》，《求索》2007年第1期；李寿平：《"保护的责任"与现代国际法律秩序》，《政法论坛（中国政法大学学报）》2006年第3期。

具，也担心该理念被随意扩大而成为干涉本国内政的有利借口。① 对此，时任委内瑞拉总统的查维斯曾称："'保护的责任'是一个危险的概念，它是美国等国家意欲干涉他国主权合法化的工具"②。

（二）法治良心与主权原则的冲突

主权（sovereignty）概念在国际法上地位十分重要。"主权，即国家主权，是国家最重要的属性，是国家固有的在国内的最高权力和在国际上的独立权力。"③ 亦即其本质上具有两层涵义，即对内的"最高性"与对外的"独立性"，当然包括不受外来干涉。"主权原则是国际法最重要的基本原则，按照公认的国际法的这一基本原则，首先，国家各自根据主权行事，不接受任何其他权威的强制命令，也不容许外来的干涉。"④ "不干涉内政"已经成为国际法的基本原则之一，为众多国际文件所载明，也是我国长期倡导的和平共处五项原则的重要环节。⑤

---

① 实际上，世界上最早的人道主义干涉主张是两千多年前儒家的亚圣孟子所称的"仁义干涉"。他对齐国国君说，如果一个国家不实行仁义，那么推行仁义的大国，就有义务去解放这个国家的人民。在他看来，"且王者之不作，未有疏于此时者也；民之憔悴于虐政，未有甚于此时者也。饥者易为食，渴者易为饮。孔子曰：'德之流行，速于置邮而传命。'当今之时，万乘之国行仁政，民之悦之，犹解倒悬也。"孟子认为，"为天吏，则可以伐之。"《孟子·公孙丑章句上》《孟子·公孙丑章句下》。

② 刘盛宇：《利己主义——保护的责任机制启动困难的原因》，《经营管理者》杂志2011年6月。

③ 王铁崖主编：《国际法》，北京：法律出版社1981年，第67页。

④ 周鲠生主编：《国际法》，北京：商务印书馆1983年。

⑤ 和平共处五项原则的内容是：互相尊重主权和领土完整、互不侵犯、互不干涉内政、平等互利、和平共处。和平共处五项原则是由中国政府提出，并与印度和缅甸政府共同倡导的在建立各国间正常关系及进行交流合作时应遵循的基本原则。半个世纪以来，和平共处五项原则不仅成为中国奉行独立自主和平外交政策的基础，而且也被世界上绝大多数国家接受，成为规范国际关系的重要准则，不仅在各国大量的双边条约中得到体现，而且被许多国际多边条约和国际文献所确认。1970年第25届联大通过的《关于各国依联合国宪章建立友好关系及合作的国际法原则宣言》和1974年第6届特别联大《关于建立新的国际经济秩序宣言》，都明确把和平共处五项原则包括在内。

"保护的责任"作为"法治良心"则对国家主权形成冲击，使国家管治面临国际社会的适当监督，国家主权也受国际法相关约束。"保护的责任"的中心议题，就是国家主权不但包括对内对外的诸多权利，而且还包括尊重本国公民基本权利的责任；如果本国政府"不能或不愿承担"该责任，则必须由国际社会来承担。而是否干涉、如何干涉，均取决于外部国家的意愿，在不具有此意愿的时候，即使存在干涉的机会也不会变为现实。所以"法治良心"与主权原则的冲突，将可能是一个长期的博弈过程。

（三）法治良心与全球治理的局限

詹姆斯·罗西瑙认为，全球治理是没有统治的治理，是一种非国家中心的治理状态。[①]"保护的责任"作为全球治理的重要环节，存在全球治理面临的诸多类似局限：1. 在防范及消除"灭绝种族、战争罪、族裔清洗和危害人类罪"问题上，其"第一顺位"即首要治理主体依然是主权国家，如同全球治理机制中，虽然包括联合国在内的国际组织也获得了参与治理的权利或责任，但主权国家依然占据核心与基础地位一样。对此，奥尔森称，一个团体的成员越多，利益越分散，其集体行动的能力越弱，[②]这会加剧其无政府状态。虽然一个具有立法权力的世界政府将消除该无政府状态，"但联合国无法做到这一点，联合国不是世界政府"。[③] 2. 在全球治理体系下，由于行为体利益的分散性和现存体系的严重不对称性，既导致各行为体难以采取集体行动，又使得体系中的大国或大国集团能够利用

---

① 刘小林：《全球治理理论的价值观研究》，《世界经济与政治论坛》2007 年第 3 期。

② 戴维·赫尔德等著：《全球大变革——全球化时代下的政治、经济与文化》，杨雪冬等译，北京：社会科学出版社 2001 年，第 5 页。

③ 罗纳德·格罗索普：《全球治理需要全球政府》，俞可平主编：《全球化：全球治理》，北京：社会科学文献出版社 2003 年，第 169 页。

各国间的相互依赖，为了一己私利而采取损人利己的行为。① 从"保护的责任"理念与实践过程中来看，西方的标准、利益诉求及其实际操作占据优势地位。3. 就主权国家与包括联合国在内的国际组织关系而言，与全球治理的诸多机制类似，"保护的责任"更多的是有关当事方之间多层次的沟通与协商，特别是联合国安理会的协商，缺乏国际社会自上而下的强制权威，如同 2009 年 12 月在丹麦首都哥本哈根召开的联合国气候变化大会"议而不决"一样②，不能有效地防止和消除大规模人道主义危机。

三、保护的责任：利比亚冲突的严峻现实

对于实施"保护的责任"进行国际干涉，早在 2001 年 ICISS《保护的责任》报告中即提出六条前提标准："正当的理由""合理的授权""正确的意图""最后的手段""均衡性"和"合理的成功机会"③。但在国际政治现实中，和全球治理的诸多机制类似，"保护的责任"的执行远非其"法治良心"的道义地位那样简单，存在相当的偏差，甚至加剧了人道主义灾难。2011 年 4 月，以法国为首的北约在利比亚的军事干涉即为明证。

（一）"正当的理由"

2011 年 2 月 15 日开始，利比亚多个城市的大量民众游行示威，要求执政四十余年的卡扎菲下台和进行民主变革。抗议活动逐步发展为武装反叛，反对派于 27 日在利第二大城市班加西成立临时政权"利比亚国家过

---

① 陈绍峰、李永辉：《全球治理及其限度》，《当代世界与社会主义》2001 年第 6 期。

② "气候峰会落幕 有共识没结果不具法律约束力"，环球网—国际新闻 2009 年 12 月 21 日，http://world.huanqiu.com/roll/2009-12/665971.html，2013 年 10 月 2 日查阅。

③ 李斌：《"保护的责任"对不干涉内政原则的影响》，《法律科学》（西北政法大学学报）2007 年第 3 期。

渡委员会"。为了维护自身统治，卡扎菲采取暴力手段对付国内危机，出动军队镇压反对派，甚至罔顾平民的生命财产，动用空军对反政府武装进行轰炸，造成无辜平民的重大伤亡。此时，卡扎菲政权针对反对派特别是无辜平民的血腥镇压，造成大量难民逃离家园，一定程度上形成"保护的责任"所限定四种罪行中的"战争罪""危害人类罪"，并造成人道主义灾难，卡扎菲政权已经在实际上"无力或不愿"行使对本国公民"保护的责任"，国际社会必须对此及时强制干预。

（二）"最后的手段"

2011 年 2 月 26 日，联合国安理会通过 1970 号决议，决定对利比亚实行武器禁运等制裁措施，目标直指卡扎菲政权。美法等西方国家长期视卡扎菲政权为"流氓国家"，乘机对反政府武装进行各种形式的支持及援助：政治上，逐步承认反政府组织"利比亚国家过渡委员会"为临时政府①；军事上，对反政府武装提供武器和情报支持；国际上，广泛报道利比亚冲突造成的人道主义灾难。但利比亚局势发展却发生了与西方预期相悖的逆转。对此，3 月 17 日，联合国安理会通过决议，决定在利比亚设立"禁飞区"，并要求有关国家采取"一切必要措施"保护利比亚平民和平民居住区免受武装袭击的威胁。此时，外交调解等和平手段尚有发挥空间，但西方大国以及素以公正客观自居的西方媒体，纷纷营造需要实施"保护的责任"进行强制干涉的外部氛围。如 2 月 16 日至 3 月 19 日期间，英国著名媒体《卫报》的报道主题量居前三的分别是卡扎菲及其支持者通过暴力与非暴力方式维护统治、反对派的失利与求助国际社会、利比亚人民的苦难，称如果国际社会不及时采取更为有效的干涉方式即军事行动，利比亚的人道灾难将更加严重，军事手段成为最后的干涉方式。在此背景

---

① 2011 年 3 月 10 日，法国时任总统萨科齐成为承认"利比亚全国委员会"为利比亚政府的第一个西方领袖，并且互换大使；美国国务院于 2011 年 3 月驱逐了忠于卡扎菲的利比亚外交官。

下，3 月 19 日以法国为首的北约迅速实施"奥德赛黎明行动"，军事干涉利比亚。

（三）"合理的授权"

根据相关国际文件，只有联合国安理会才有权利授权实施"保护的责任"进行强制干涉；但在利比亚冲突中，安理会实施的授权被有关国家和组织曲解。安理会第 1970 号决议谴责了暴力和对平民使用武力的行为，并对利比亚采取了武器禁运，试图稳定利比亚局势；因利比亚国内持续动荡，安理会遂通过第 1973 号决议，采取设置"禁飞区"、要求有关国家"采取一切必要措施"保护利比亚平民和平民居住区免受武装袭击的威胁。这些决议的初衷和措辞客观公正，"保护的责任"也依循安理会授权的原则，实际上却因北约国家的曲解而失去公正立场。例如，安理会授权建立的"禁飞区"，无论对卡扎菲政权还是反政府武装，都不能解释成一方被禁飞、另一方可采取轰炸；而"采取一切必要措施"仅是以保护平民为目标建立安全区，缓解人道主义灾难，并非对于政府军进行军事打击。但"合理的授权"却在严峻现实中，被北约解释为可以"采取一切必要措施"对卡扎菲政权实施军事打击，对反政府武装的反攻听之任之。

（四）"实施的主体"

安理会 1973 号决议目标是保护平民、制止人道主义灾难，虽授权采用除军事占领之外的任何行动来实现"禁飞"和"停火"，但并未提及针对的是利比亚反对派还是卡扎菲政权，也未涉及支持反对派、打击政府军，持客观公正立场。而 3 月 19 日北约"奥德赛黎明"的军事干涉，从一开始就已偏离实施"保护的责任"的应有立场，将卡扎菲政权及其支持者锁定为打击目标，支持和偏袒利比亚反对派。俄罗斯领导人普京曾批评北约空袭利比亚领导人卡扎菲住所的行动，并质疑北约空袭利比亚的合理与合法性，称北约对利比亚的空袭，特别是对轰炸卡扎菲住所的行动，已超出联合国安理会授权保护利比亚平民的职责范围，"他们（北约）之前说没想要卡扎菲的命，而现在有人站出来承认他们的确想这么做。袭击是谁指使的？是否经过了审判？谁授权他们判一个人死刑？"[①] 北约借"保护的责任"把"禁飞"变成了对利政府军的全面军事打击，把"停火"变成了帮助反对派军事反攻、攻占首都乃至帮助反对派擒获卡扎菲并折磨处死。[②] 北约国家完全把自己变成了反政府武装的空中力量，成为利比亚内战的参战一方，丧失了"保护的责任"应有的公正客观立场。

（五）"均衡性"与"合理的成功机会"

由于巨大的石油储量、高额的石油收入，利比亚在北非长期是生活水平最高、社会福利较为完善的国家。虽然受 2008 年国际金融危机的冲击，利比亚近年经济发展迟缓，人民生活水平下降，但此属社会发展矛盾而并非灾难性的。因北约的军事干涉，利比亚才真正爆发了大规模人道主义灾难，平民的生命和财产损失巨大。战争的延续形成了食品和石油短缺，也引发难民潮，大量的基础设施毁于战火。联合国难民署 2011 年 5 月 9 日即公开警告，自利比亚爆发冲突以来，已有超过 74.6 万人逃离利比亚，另有大约 5000 人滞留在埃及、突尼斯和尼日尔边境地区，还约 5.8 万流离失所者居住在利比亚东部的临时居所中；难民已经形成危机规模，而

---

① "普京批评北约轰炸卡扎菲住所所在地的行动越权"，新华网—新华新闻 2011 年 4 月 27 日，http：//news. xinhuanet. com/world/2011－04/27/c＿121353828. htm，2013 年 10 月 5 日查阅。

② 新闻媒体关于北约国家支持反对派、打击卡扎菲政权的报道不胜枚举，包括但不限于："奥巴马批准向利比亚反对派提供 2500 万美元非武器援助"，新华网 2011 年 4 月 27 日，http：//news. xinhuanet. com/world/2011－04/27/c＿121352487. htm，2013 年 10 月 3 日查阅；"外媒称北约要求利比亚反对派月底前须夺取首都"，《中国青年报》2011 年 8 月 20 日；"英皇家空军战机协助利反对派挺进首都"，《环球时报》，2011 年 08 月 21 日；"外电：卡扎菲卫星电话通话讯号被北约截获加速其死亡"，凤凰网—凤凰资讯 2011 年 10 月 25 日，http：//news. ifeng. com/world/special/libiya/content－2/detail＿2011＿10/25/10124859＿0. shtml?＿from＿ralated，2013 年 10 月 8 日查阅。

且危机还有日益深化的趋势，人们形容其为"难民海啸"①。不论是在政府军所在的西部地区，还是反对派控制的东部城市，大量人口失业，药物、食品短缺现象增多，人道主义危机正在加剧。② 2011 年 9 月 8 日，利比亚"过渡委员会"卫生部长纳吉·巴拉卡特（Naji Barakat）估计说：到目前整个过程中共有 3 万人死亡；至少 5 万人受伤，其中 2 万人受重伤。③ 面对严峻现实，北约不得不无奈承认，干预行动造成的平民死伤状况相当严重，且无法保证未来"不伤及平民性命"④。北约的行动是落实"保护的责任"，但结果却是将一个本来不存在大规模人道主义灾难的国家带入人道主义灾难之中，这已背离"保护的责任"初衷。世界银行驻利比亚代表阿巴斯警告说，假如内战继续下去，利比亚有可能成为非洲的又一个索马里。⑤

（六）"正确的意图"

"保护的责任"旨在防止大规模人道主义灾难、实现"法治良心"，而非怀有私利的回报，但军事干涉利比亚的结果是卡扎菲政权迅速崩溃、西方势力广泛渗入利比亚，西方国家无论在实际利益还是地缘战略上均获丰厚回报。

2011 年 9 月，法国邀请 60 多个国家和国际组织代表到巴黎参加"利比亚之友"国际会议，商讨如何帮助利比亚战后政治和经济重建，这意味

---

① "利比亚：战争乱局引发'难民海啸'"，搜狐网 2011 年 5 月 14 日，http：//roll. sohu. com/20110514/n307519608. shtml，2013 年 9 月 7 日查阅。

② "战乱让利比亚深陷人道主义危机"，《人民日报》2011 年 7 月 25 日。

③ 该数字并未得到独立机构的核实，Karin Laub. Libyan estimate：At least 30, 000 died in the war. Associated Press（San Francisco Chronicle）. 8 September 2011【9 September 2011】.

④ "北约称将继续空袭利比亚 不保证未来不伤及平民"，中新网 2011 年 6 月 23 日新闻：http：//www. china. com. cn/military/txt/2011－06/23/content_ 22845029. htm，2013 年 9 月 17 日查阅。

⑤ "战乱让利比亚深陷人道主义危机"，《人民日报》2011 年 7 月 25 日。

着在石油开采和基础设施建设等方面的巨额合同。对此，俄罗斯《生意人报》直言不讳地指出，巴黎会议昭示着西方国家在该北非石油富国"分赃"的开始①。阿拉伯经济学家萨利赫·博克拉·塔耶尼警告说，西方国家对利比亚的援助并不是无偿的，其可能在局势稳定后通过石油买卖的形式收回援助成本，"现在战事持续得越久，利比亚欠西方的就越多。当实现和平后民众会发现，还要用更长的时间偿还这些曾经获得的'援助'"。②而在地缘战略上，西方借"保护的责任"铲除卡扎菲政权，消除了北非和阿拉伯世界反西方的一枚"坚硬的钉子"，也间接维护了西方国家在埃及、以色列、伊朗等国的利益。对此，美国总统奥巴马称，出于人道主义原因军事干涉利比亚符合美国的利益，确保中东地区的"秩序与正义"符合美国的利益，确保与利比亚相邻的埃及与突尼斯的和平过渡符合美国的利益。③但实际情况是，自 1969 年发动政变上台以来，卡扎菲以第三世界反帝反强权"斗士"自居，被西方长期视为"流氓国家"，只是在伊拉克战争之后，迫于萨达姆政权崩溃的前车之鉴才逐步和美国等西方国家缓和关系，其特立独行的本性并未改变。同时，始于 2008 年美国金融海啸引起的全球经济危机，使西方主要国家的社会经济遭到沉重打击；2011 年爆发的美债危机使美国经济雪上加霜，也冲击了整个西方，欧债危机则持续蔓延；挪威于特岛枪击惨案以及英格兰主要城市的大规模骚乱，更暴露了严重的社会矛盾。西方国家出于国内国际的战略考虑，借助"保护的责任"军事干涉利比亚，巩固其地缘战略利益，一定程度上可转移国内民众视线，减缓对其施政不力的批评。

---

① "利比亚之友还是利比亚之油?"，中国网—热点评论 2011 年 9 月 4 日，http：//www.china.com.cn/international/txt/2011－09/04/content_23351001.htm，2013 年 9 月 20 日查阅。

② "战乱让利比亚深陷人道主义危机"，《人民日报》2011 年 7 月 25 日。

③ "奥巴马：出于人道主义原因军事干涉利比亚符合美国利益"，人民网—国际频道 2011 年 3 月 23 日，http：//world.people.com.cn/GB/14219087.html，2013 年 10 月 7 日查阅。

四、保护的责任：利比亚冲突的反思

（一）保护的责任：严峻现实与法治良心

昙然有利比亚的严峻现实，但作为国际社会的"法治良心"，"保护的责任"描绘了全球治理中跨国人权保护的理想图景。其并非自动生效的法律规范，诸多主张目前仍有不确定性，需进一步发展和完善，特别是在目前西方占据优势的国际政治格局下。①

依循 ICISS 报告所提，"保护的责任"主要针对大规模人道主义灾难，但目前国际格局下，具体如何实施，美欧等西方国家拥有较大发言权。同样是大规模人道主义灾难，北约对于利比亚的热情与对索马里的冷淡形成鲜明对比。在索马里这种处于无政府状态、爆发大规模人道主义灾难的"失败国家"，北约并未进行有效干涉，而是任其政治动荡和民众贫穷饥饿、附近海盗猖獗，最多对亚丁湾船只护航。这种"保护的责任"的双重标准，就是所谓"选择性正义"，是高度关注本国利益、忽视他国权益的狭隘表现。如果利比亚不具备关乎西方利益的战略价值，或者本身就代表西方利益，能否大幅降低西方干涉利比亚冲突的可能性呢？答案会是肯定的，因为美国不愿出兵干涉卢旺达（1994 年）、波斯尼亚（1992 年和1995 年）、利比里亚（1996 年）以及刚果（2003 年）等国的类似情况。②

---

① 对于美欧等西方国家占据国际社会发展演变的优势，曾有学者进行专项研究证明："在全球社会的演进中，无论怎样强调最初的西欧和本世纪美国的中心地位都不为过。事实上，目前所有被认为是国际法和国际社会基本组成部分的准则都根植于欧洲国际法专家的法理以及由更强大的西欧国家制定的对可接受行为的看法及其方式。"Ethan A. Nadelmann, "Global Prohibition Regimes: The Evolution of Norms in International Society", *International Organization*, 44（Autumn 1990）, P. 484.

② 小约瑟夫·奈著：《理解国际冲突：理论与历史》，张小明译，上海：上海人民出版社 2005 年，第 192 页。

从建构主义的视角来看，人们的行动是以意义为基础的，而行动的意义来自互动，[①] 而此过程势必引发相关摩擦和冲突。"保护的责任"触及的对象国主权，实际上既是维护其国家利益的屏障，也是该国政府责任和义务的象征，而在现代社会，"除非以尊重人的尊严为坚实基础，否则任何安全议程和发展行动都不会成功。"[②] 而"保护的责任"关键之处是当主权国家"无法或不愿"履行自己的责任时，国际社会对其全方位的干预。理论上，"保护的责任"因概念解释宽泛、主观色彩浓重而易被滥用；实践上，"保护的责任"提出者为防止偏差而设计的诸多限制在强权政治面前形同虚设，类似军事干涉利比亚的先例负面影响严重，与其"法治良心"初衷相去甚远。虽然叙利亚也处于内战之中，但因"保护的责任"在利比亚的前车之鉴，虽然美国等西方国家一再坚持通过军事和制裁措施向叙利亚政府施压，中国和俄罗斯等坚持国际正义的国家支持，联合国安理会一直未能通过决议对叙利亚实施"保护的责任"进行军事干预。特别是在美国几乎板上钉钉要打击叙利亚的当口，俄提出"化武换和平"思路，巴沙尔随即顺势表态加入《禁止化学武器公约》，美国迫于国际局势和国内政情的双重压力有条件接受，最终联合国在 2013 年 9 月 27 日通过"化武换和平"的决议，剑拔弩张的叙利亚危机暂时得以缓解。这维护了联合国的声誉和国际法的权威，也为其成员国今后在相关议题上的沟通与协调奠定了基础。美国总统奥巴马将此称为"对于国际社会来说可能是一个巨大的胜利"。[③]

---

① Alexander Wendt，"Anarchy is What States Make of It：The Social Construction of Politics Power，" *International Organization*，46（2），1992，pp.397.

② 科菲·安南：《大自由——实现人人共享的发展、安全和人权》（2005 年 3 月），联合国网站，http：//www. un. org/chinese/larger freedom/part4. htm，2013 年 9 月 20 日查阅。

③ 新华国际时评："国际社会迈出政治解决叙利亚危机的重要一步"，新华网北京 9 月 28 日电。

（二）保护的责任：专家学者的批评声音

"保护的责任"在处理利比亚冲突中曲折发展，西方借"保护的责任"军事干涉利比亚制造更大的人道主义灾难。对此，中外学者都提出各自的反思和批评，并试图解决"保护的责任"的内部困境与外部矛盾。

对于"保护的责任"遭曲解而在执行中造成不良后果的内部困境，中国国际问题研究所阮宗泽研究员主张对已有的"强制干涉"从实际执行的各个因素进行深入反思，总结经验教训，使"保护的责任"理念与现实相契合，并由此提出"负责任的保护"（responsible protecting）概念。[①] 复旦大学国际关系与公共事务学院苏长和教授认为，"保护的责任"还只是发展中的一项国际规范，有待完善，其本身并不构成国际法；正因为如此，其被写进 2005 年联合国首脑会议公报中，用的是"outcome"（也可翻译为"成果"），并不是最终"决议"的意思，包括中国在内的一些新兴国家应及时将自己的解释意见赋予进去，维护好自己的利益。[②] 而针对"保护的责任"在实践中暴露出的不负责任以及缺乏问责机制、容易引发更大规模人道主义灾难等缺陷，巴西常驻联合国代表瓦尔蒂 2011 年曾提出"保护中的责任"（responsibility while protecting，简称 RWP），主张应注重"过程中的责任""适当终结""事后问责"而不是抽象地谈"保护的责任"，并认为对国际社会来说，"保护中的责任"更重要。[③] 实际上，无论是"负责任的保护"还是"保护中的责任"，归根到底都是试图确保"保护的责任"在实际执行中能够符合公平正义，将其"法治良心"的初衷变为现实。

---

① 阮宗泽："西方滥用'保护的责任'推行新干涉主义"，《环球时报》2012 年 3 月 7 日。

② "'保护的责任'不可滥用"，《解放日报》2012 年 2 月 8 日。

③ General Assembly Sixty－sixth session，A/66/551－S/2011/701，http：//www. un. int/brazil/speech/Concept－Paper－％20RwP. pdf，2013 年 9 月 30 日查阅。

实施"保护的责任"势必涉及当事国内政等诸多外部矛盾。对中国及广大发展中国家而言，长期坚持主权原则和反对外来势力干涉国家内政，且不干涉原则与主权原则已经成为国际社会的重要准则，因此应如何妥善解决国际介入/干涉与主权原则、不干涉原则之间的矛盾？对此，北京大学国际关系学院王逸舟教授认为，我国应当积极参与有关国际介入的最新讨论，认真研究实践中提出的新要求新机遇，为建立既符合国际安全和全球治理新要求，又能为弱小国家和危机地带民众的多数所接受的介入理论做出自己的贡献，并主张"创新不干涉原则"，实施"创造性介入"。① 而对于中国未来可能的海外干预/干涉，美国华盛顿大学教授沈大伟教授认为："中国正在走向世界，保卫海外公民成为中国政府日益重要的任务和责任，这其实对于任何政府来说都是如此。"②

五、结 语

利比亚冲突的严峻现实表明，与气候变化等全球治理的诸多机制类似，"保护的责任"从理念走向现实特别是其实际执行的道路并不平坦。在"保护的责任"初步实践中，"人权高于主权""人道主义干涉"成为干涉合法性的理论依据，执行主体往往是大国和强国，主权原则和不干涉原则受到损害；"保护的责任"很可能变成以大国的意愿而转移的干涉行为，军事干涉的人道主义灾难无法控制。因此应对"保护的责任"诸多实施要素加以严格限制，使国际社会"法治良心"的初衷得以实现，使全球治理的相关跨国人权保护机制得以完善：

---

① 王逸舟：《创新不干涉原则，加大保护海外利益的力度》，《国际政治研究》2013 年第 2 期；另见：王逸舟著：《创造性介入——中国外交新取向》，北京大学出版社 2011 年。

② David Shambaugh, *China Goes Global： The Partial Power*, Oxford University Press，2013.

1. 明确保护对象："保护的责任"针对的是动荡局势波及的、生命和财产受到损失或威胁的无辜平民，而不是特定的政治派别或武装力量；

2. 明确实施主体：联合国安理会是落实"保护的责任"的唯一合法主体，其他国家和组织必须得到安理会的明确授权，并始终保持客观公正；

3. 限制保护手段：实施"保护的责任"的前提必须是穷尽外交和政治手段，较之军事干涉，其耗时虽长但负面冲击小；

4. 建立监督机制：参照全球治理的相关案例，联合国建立"保护的责任"监督机制，对实施效果进行评估，防止各种偏差，尤其是人道主义灾难的扩大。

道德的迷思与人道主义干预的异化

张　旗[①]

【内容提要】：在人道主义干预的实践中，存在着目标设定与结果效用背离的严重异化现象。这是由于人道主义干预理念与现有世界秩序之间的矛盾关系造成的。人道主义干预以纯粹的道德主义诉求、世界主义的价值取向和利益价值和谐论的预设为理念基石，它的无私性和无义务性与民族国家的自利本性难以调和。在实践层面，权力现实与道德理念的永恒张力是干预异化的直接原因，在干预的各个阶段权力都以不同的形式异化、扭曲着人道主义干预的道德目标。人道主义干预之所以一再异化，根源就在于国际社会对这一理念抱有一种持久的不切实际的道德迷思，既认为其是可欲的，又认为是可行的，而根本没有看到，在民族国家体系下，它并不具有现实可行性。

【关 键 词】：人道主义干预；保护的责任；道德的迷思；权力；道德

1994 年卢旺达发生种族大屠杀后，联合国因其在这场人道主义灾难面前的无所作为而备受批评。而当北约高举"人道主义干预"（Humanitarian Intervention，记为 HI）和"保护的责任"（Responsibility to Protect，记为 R2P）的大旗分别于 1999 年和 2011 年对科索沃和利比亚进行

---

① 北京大学国际关系学院博士研究生

武装干预的时候，同样遭受大量的批评，被指责干预动机不纯，裹挟政治私利，搞强权政治。那么，这些干预究竟是不是"人道主义"的？存不存在背离人道主义目标的地方？如果是，又为什么会这样？

一、引 言

冷战结束之后，一种新型的国际干预突显出来，即某一国家或国家集团以"人道主义干预"或"保护的责任"的名义对他国的内部争端进行干预。20 世纪 90 年代，HI 理念被干预者多次采用，如 1992 年至 1993 年美国对索马里局势的干预，以及 1999 年北约对科索沃问题的武装干预。R2P 是由加拿大"干预与国家主权国际委员会"（ICISS）于 2001 首次提出的，2005 年被列入联合国首脑会议成果文件中，通过联合国秘书长潘基文自 2009 年至今先后五份报告的阐释和发展，逐步演进为一种取代 HI 理念的新的干预理念。[①] R2P 理念的倡导者认为，2011 年北约依据安理会的授权对利比亚的武装干预是这一理念的第一次完美实践。[②]

从根本上讲，R2P 理念是对 HI 理念的继承和发展，两者强调的都是出于避免或者终止大规模人道主义灾难的考虑，国际社会有权利或责任对一国国内局势进行干预，只不过两者在论证路径和规范程度等方面有所不

[①] 关于"保护的责任"演进历程，参见 Gareth Evans, Ramesh Thakur and Robert A. Pape," Correspondence：Humanitarian Intervention and the Responsibility to Protect," *International Security*, Volume 37, Number 4, Spring 2013, pp. 200－202. 潘基文先后提交的五份"保护的责任"报告分别是：《履行保护责任》（2009 年 1 月 12 日）、《预警、评估及保护责任》（2010 年 7 月 4 日）、《区域与次区域安排对履行保护责任的作用》（2011 年 6 月 28 日）、《保护责任：及时果断的反应》（2012 年 7 月 25 日）和《保护责任问题：国家责任与预防》（2013 年 7 月 9 日）。此据联合国网站信息，http：//www. un. org/zh/sg/report/index. shtml.

[②] Ivo H. Daalder and James G. Stavridis, "NATO's Victory in Libya：The Right Way to Run an Intervention," *Foreign Affairs*, Vol. 91, No. 2 (March/April 2012), pp. 2－7.

同（下文再作分析），因此，本文将基于这两种理念的干预行为通称为"人道主义干预"，只在把它们作为理念分析时才作区分。当我们认真审视这些干预案例的时候，不难发现，干预者所标榜的人道主义目标往往最终没有真正实现，即便就其过程来说，也没有真正践行人道主义。这些高扬人道主义旗帜的干预最终演变成了非人道主义性质的干预，所谓的人道主义干预最终"异化"了。① 具体说来，异化表现在两个方面：第一，从目标设定与结果效用上来看，这些干预往往非但没有实现避免人道主义灾难的目标，反而造成严重的非人道后果，甚至恶化了最终结果。有学者通过反事实推理的研究方法，令人信服地指出，如果没有 2011 年北约对利比亚的干预，利比亚的武装冲突持续的时间会更短，最长不超过 6 个星期，死亡的人数会更少，大致会有 1100 人死亡，但是北约干预后带来的却是36 个星期的战争和高达 11500 人的死亡，以及持久的国家灾难和地区动荡。② 第二，从理念宣示与过程实践上来看，这些干预在执行过程中往往偏离了人道主义的初衷，实施了某些明显与人道主义宗旨无关的行动。如1993 年对索马里的干预中，美国快速反应部队不是去完成迫在眉睫的人道主义救济使命，而是去搜寻和打击索马里全国联盟，任由人道主义灾难形势恶化。③ 再如在对利比亚的干预中，北约部队罔顾安理会决议和人道主义宗旨，扮演起反对派盟军的角色，轰炸政府军的军事目标，襄助反政府军攻占军事要塞。

---

① 王若水曾经给作为哲学概念使用的"异化"下过一个经典的定义："主体由于自身矛盾的发展而产生自己的对立面，产生客体，而这个客体又作为一种外在的、异己的力量而凌驾于主体之上，转过来束缚主体，压制主体，这就是'异化'"。不过本文是在一般意义上使用这一概念，异化是指一事物向他事物的变化，即事物自身向异于自身的他物的变化。参见王若水：《异化——这个译名》，《读书》2000 年第 7 期。

② Alan J. Kuperman, "A Model Humanitarian Intervention? Reassessing NATO's Libya Campaign," *International Security* , Volume 38, Number 1, Summer 2013, pp. 116—133.

③ 【英】尼古拉斯·惠勒：《拯救陌生人——国际社会中的人道主义干涉》，张德生译，北京：中央编译出版社 2011 年，第 184—223 页、第 202—215 页。

　　人道主义干预的异化在国际社会造成深远的影响。首先，它使许多国家和人民对这一干预理念本身产生深刻的怀疑，认为它不过是大国推行强权政治和霸权主义的幌子。其次，由于异化导致人们对相关干预的怀疑，当真正的人道主义灾难来临的时候，国际社会往往迟迟难以达成共识，显得缺位和失能。那么，为什么高扬着人道主义旗帜的国际干预最终会异化，而招致人们质疑和唾弃呢？

　　目前已有不少研究指出人道主义干预异化的事实，并尝试着从不同视角来探究其内在根源。总体看来，现有解释大致可以分为四类：一是将原因归结为人道主义干预相关规范和国际法的问题，[①] 二是归结为现有集体安全制度的问题，[②] 三是归结为现有国际体系和国际权力格局的问题，[③] 四是归结为多种因素的统合作用。[④] 这些研究一般都是默认了人道主义干预这一理念本身的进步性和有效性，即承认这种干预在理念上是可欲的，在实践上又是可行的，只是将实践中的异化片面归因为某一方面或某几方

---

　　① 参见 Alan J. Kuperman， "*Tragic Challenges and the Moral Hazard of Humanitarian Intervention*： *How and Why Ethnic Groups Provoke Genocidal Retaliation* ," Massachusetts Institute of Technology，UMI Dissertations Publishing，2002. Alan J. Kuperman，"Mitigating the Moral Hazard of Humanitarian Intervention： Lessons from Economics，"*Global Governance* ，14（2008），pp. 219—240. Alan J. Kuperman， "The Moral Hazard of Humanitarian Intervention：Lessons from the Balkans，"*International Studies Quarterly* ，52（2008），pp. 49—80. 曲星：《联合国宪章、保护的责任与叙利亚问题》，《国际问题研究》2012 年第 2 期，第 10—14 页。

　　② 参见张磊：《论冷战后西方人道主义干涉的模式演进——从科索沃战争到利比亚战争的启示》，《暨南学报（哲学社会科学版）》2012 年 12 期，第 132—134 页。

　　③ 参见何志鹏：《保护的责任：法治黎明还是暴政重现？》，《当代法学》2013 年第 1 期，第 149—151 页。

　　④ 参见彭何利：《论后冷战时代美国霸权与国际法的交互关系——以科索沃战争与伊拉克战争为例》，《云南大学学报（法学版）》2011 年第 5 期，第 169—173 页。彭何利：《论权力政治与国际法——兼论美国霸权对国际法的现实挑战》，《国际论坛》2012 年第 1 期，第 57—59 页。汪舒明：《"保护的责任"与美国对外干预的新变化——以利比亚危机为个案》，《国际展望》2012 年第 6 期，第 70—77 页。徐崇利：《人道主义干涉：道德与政治"合法婚姻"的产儿？》，《法商研究》2011 年第 4 期，第 97—102 页。

面因素的诱发，扭曲了本可以达致的人道主义目标，因此并没有从根本上否定这些理念的现实可行性。而人道主义干预在实践中的永恒异化现象，不得不令我们深刻反思：这些理念在现有国际体系下是否真正可行？国际社会是不是对国际道德过分自负而产生了一种人道主义干预的迷思？要回答这些问题，我们首先要弄清楚这一干预的理念基础。

二、人道主义干预的理念基础

在国际干预的实践中，有两种关于人道主义干预的理念话语体系：一种是"人道主义干预"（HI）理念，一种是"保护的责任"（R2P）理念。下面就对这两种理念的异同点做一些探讨。

在 HI 理念话语体系中，"人道主义干预"的含义是指"一国或国家集团为了防止或终止对非本国国民基本人权的大规模严重侵犯，而超越国家疆界，在不征得对象国同意的情况下，在其境内使用或威胁使用武力。"[1] 英国学派的文森特对 HI 理念进行了强有力的论证。他的论证建立在两大基石之上：一是基本人权论，二是国际社会统一论。一方面，他认为人类享有生命权、安全权和生存权等基本人权，国家通过保护公民的这种基本人权而获得道德合法性，而"一国政府未能向其公民提供基本权利，这就很可能成为人们认为其非法的理由"。[2] 另一方面，他认为现代国际社会具有统一性，既承认各民族价值观的合法性，同时又强调国际社会中存在着某些共同的、各国都必须遵守的道德和行为规范。[3] 因此，当一国国内发生大

---

① J. L. Holzgrefe, "The Humanitarian Intervention Debate," in J. L. Holzgrefe and Robert O. Keohane eds., *Humanitarian Intervention: Ehtical, Legal, and Political Dilemmas*, UK: Cambridge University Press, 2003, p. 18.

② 【英】R. J. 文森特：《人权与国际关系》，凌迪等译，北京：知识出版社 1998 年，第 10—13、179 页。

③ 吴征宇：《主权、人权与人道主义干涉——约翰·文森特的国际社会观》，《欧洲研究》2005 年第 1 期，第 90—93 页。

规模人道主义灾难的时候，国际社会基于"道德关切"（Moral Concern）即有道德义务和权利使用包括武力在内的手段进行干预。

R2P 理念的干预逻辑与之略有不同，按照潘基文的阐释，该理念奠基于三大支柱之上：一是每一个国家均有责任保护其人民免遭种族灭绝、战争罪、族裔清洗和危害人类罪之害；二是国际社会有责任鼓励并帮助各国履行这一责任；三是如果一个国家显然无法保护其人民，国际社会有责任使用适当的外交、人道主义和其他手段，并随时准备根据《联合国宪章》采取集体行动保护人民免遭这些罪行之害。①

仔细探究会发现，HI 理念和 R2P 理念虽同为人道主义干预的理念依据，但在论证逻辑、规范程度以及理念形态上却有明显的区别（见表4.1）。

首先，HI 与 R2P 虽然都强调国际干预的"人道主义"动机，但是两者的论证逻辑是不同的，在论证上发生了从"权利"（right）到"责任"（responsibility）的转变。伯纳德·库什内（Bernard Kouchner）和马里奥·贝塔蒂（Mario Bettati）最早于 1987 年提出"干预的权利"（droit d' ingerence 或 right to intervene）这一概念，在 20 世纪 90 年代被发展为"人道主义干预的权利"，强调国际社会进行人道主义干预的正当性和合法性。② 而 R2P 理念强调，当某一国家内部发生大规模人道主义灾难时，一方面本国政府有"责任"保护本国民众免于此种灾难，另一方面国际社会也同样有"责任"鼓励并帮助该国履行这一责任，而当该国显然不愿或没有能力保护其人民的时候，国际社会就有"责任"使用一切适当的手段保护人民，它强调本国政府和国际社会的双重责任，是一种责任逻辑。

其次，两者在规范程度上明显不同。在索马里、波斯尼亚和科索沃这

---

① 潘基文：《履行保护责任》，2009 年 1 月 12 日，http：//www. un. org/zh/doc-uments/view _ doc. asp？symbol＝A/63/677.

② Gareth Evans，*The Responsibility to Protect：Ending Mass Atrocity Crimes Once and for All*，Washington，D. C. ：Brookings Institution Press，2008，pp. 32—33.

些地区的干预行动中，我们看不到干预的明确标准。谁有权决定干预或不干预、谁来实施干预、用什么方式来干预、干预达到什么目的、如何评估干预的成败，对于这些，HI理念都没有作出清晰的界定。而R2P理念从提出之初，即作了相对清晰的界定。2001年ICISS首次发布的《保护的责任》报告即提出军事干预的六条标准：合理授权、正当的理由、正确的意图、最后手段、均衡的手段和合理的成功机会，并细化了干预的范围和限度，将干预分为危机前预防的责任、危机中行动的责任和危机后重建的责任。[①]

最后，两者在理念形态上也有着明显的区别。HI理念诉诸空泛的"人道主义"口号，缺乏规范化和制度化的建制形态，本质上它还是一种政治倡议，因此往往成为一种政治话语而被强权利用，成为强权政治的幌子，异化为权力的一个变种。而R2P从作为一种理念由非政府组织ICISS提出，到被联合国前秘书长安南采用，再到被写入联合国首脑会议成果文件，再到目前持续被联大会议审议，[②]它走的是一条从理念到规范的持续规范化和法制化的道路。虽然要说R2P是国际社会普遍承认的"规范"（norm）还存在争议，但是它却是一直在向着这个方向快速发展。因此，可以说，HI是一种政治倡议，而R2P则是一种"准规范"。

表 4.1　HI 理念与 R2P 理念的异同点

	不同点			相同点		
	论证逻辑	规范程度	理念形态	理念底色	实施方式	理念基石
HI 理念	"权利"逻辑	规范程度低	政治倡议	道德主义	动机手段统一论，价值利益和谐论	世界主义
R2P 理念	"责任"逻辑	规范程度高	准规范			

---

①　The International Commission on Intervention and State Sovereignty（ICISS），*The Responsibility to Protect*，Ottawa：International Development Research Centre，2001.

②　2009年9月14日联合国大会首次通过关于"保护责任"的第A/RES/63/308号决议，"决定继续审议保护责任问题"。决议文本参见：http：//www.un.org/zh/documents/view_doc.asp？symbol=A/RES/63/308&Lang=C.

当然，HI 和 R2P 的理念基础都是"人道主义"，两者在本质上存在着相通性，这主要表现在三个方面（见表4.1）：

第一，两者的理念底色都是道德主义的。无论是 HI 理念还是 R2P 理念，都强调干预的动机是避免或终止"人道主义危机"，干预的宗旨是进行人道主义救援。它们将"人道主义"这一道德诉求视为干预的起点和终点。在两者的理念中，相应的干预完全是基于道德主义的，并没有国家利益的考量或战略上的算计。

第二，两者都是基于动机与手段和谐论、价值与利益和谐论。这两种理念实质上都预设了相同的前提，首先是预设了动机与手段的和谐统一，即先验地认为干预者的动机和采取的手段是和谐一致的，认为出于人道主义动机所采取的行动一定为了达致人道主义目的的，忽视了两者不一致的可能。其次是预设了价值与利益的和谐统一，即先验地认为，出于人道主义的干预，既是干预者的价值诉求，又是干预者的利益所在，两者是和谐统一起来的。

第三，两者的理念基石都是世界主义。这两种理念的宗旨都是要求国际社会（具体表现形态是以民族国家为基础的主权国家联合）去拯救国际社会中的"陌生人"，而非拯救本国政府所辖之下的国民，这就超越了民族国家界限和现代责任政府理念，这实际上是一种世界主义（Cosmopolitanism）的理念。世界主义的终极关怀是个人，而不是家族、部落、种族、文化群体、宗教群体、民族或国家等社群（或者说共同体），它的道德标准要求把每一个具体的人都考虑在内，并且所有的人平等地共享同一套道德标准，而这一道德标准对所有的个体和集体行动者都具有权威性。[1] HI 和 R2P 的理念正是要求民族国家去做超越主权国家体系的事，

---

[1] Thomas Pogge, "Cosmopolitanism," in Philip Pettit and Thomas Pogge eds., *The Blackwell Companion to Contemporary Political Philosophy*, Oxford: Blackwell, 2007, pp. 312—331, especially p. 316. 转引自徐向东："编者导言"，载徐向东编：《全球正义》，杭州：浙江大学出版社2011年，第24页。

去实践世界主义的理念。

HI 理念和 R2P 理念的这些共性，构成了人道主义干预的理念内核。人道主义干预在实践中存在的一些问题，也就与这些理念有着密不可分的关系。

三、人道主义干预的实践困境：权力与道德的永恒张力

人道主义干预的相关理念某种程度上反映了国际社会对现实主义政治的厌弃和对世界主义理想社会的向往，体现了国际政治的进步趋向。但是，当国际社会在制定重大政策时，尤其是决定是否进行武装干预这种涉及国际正义和秩序的政策时，决不能混淆国际政治的"现实"和"理想"。政策的制定只能以"实然"政治为基本依据，而不能以"应然"政治为基本依据，否则，政策必然是奠基在空中楼阁之上，美则美矣，却难以落到实处。不幸的是，人道主义干预正是这种混淆了政治的"实然"和"应然"而孕育出来的。因此，它在实践中的异化就势所必然。本文认为，人道主义干预的理念本身就是不可能真正实现的道德神话。这是因为它本身存在着两大不可逾越的困境：一是实践困境，二是理念困境。

人道主义干预是一种试图将人道主义这一纯粹道德主义的理念与国际干预这一国际政治实践结合起来的理念。毫无疑问，纯粹道德主义的理念是存在的，也是可以成立的。但是，纯粹道德主义的国际政治实践是否存在就大可置疑。人道主义干预的实践是在以权力博弈为主要特征的国际政治舞台，因此，对于它的异化也要放在权力政治的语境下来理解。

何为权力？罗伯特·达尔（Robert Dahl）曾给权力下过一个经典的定义："A 对 B 拥有权力，在某种程度上就是指 A 能够使 B 做其本不愿做

的事情。"① 这一权力观认为，权力存在于真实的政策或行动选择中，这是权力的"第一张面孔"。彼特·巴卡拉克（Peter Bachrach）和摩尔顿·巴拉兹（Morton S. Baratz）提出了二维权力观，认为"当 A 参与到那些影响 B 的决策中去的时候，理所当然地是在运用权力。而当 A 致力于创制或加强各种社会和政治价值以及使政治过程的范围仅仅限制在那些不损害 A 的利益的议题上的制度惯例时，同样也是在运用权力。"② 权力的"第二张面孔"通过"不决策"（nondecision－making）、"动员偏见"（mobilization bias）和"议程控制"（agenda control）等途径来体现。③ 史蒂文·卢卡斯（Steven Lukes）在达尔、巴卡拉克和巴拉兹的基础上，提出了三维权力观，认为权力还具有"第三张面孔"，即通过影响和塑造人们的愿望、认知和偏好等来控制人们的第三维权力。④ 权力的"第三张面孔"因其彰显在潜在的议题中，并不表现出明显的冲突，因此并不容易被察觉。它主要通过理念扩散、规范塑造和制度构建等途径隐晦地展现出来。

在无政府体系的国际政治中，权力既是民族国家追求的直接目标，也是民族国家实现战略、安全、政治、经济等国家利益的手段。然而国家利益诉求与国际道德理念诉求往往并不一致。在民族国家皆以自身国家利益为目标的政治现实下，也就是意味着，一国的权力诉求与国际道德理念并不一定一致。而人道主义干预作为一种国际道德理念，因其无私性和无义务性从根本上有悖于民族国家的自利本性，那么，一国的权力诉求与人道主义干预理念之间必然存在着永恒的张力。

---

① Robert Dahl，" The concept of power," *Behavioral Science* ，Volume 2，Issue 3，1957，pp. 202—203.

② Peter Bachrach and Morton S. Baratz，*Power and Poverty*： *Theory and Practice* ，NewYork：Oxford Universtity Press，1970，p. 7.

③ 【英】史蒂文·卢克斯：《权力：一种激进的观点》，彭斌译，南京：江苏人民出版社 2012 年第 2 版，第 7—13 页。

④ 同上，第 13—26 页。

权力因其多面性，在人道主义干预实践的各个阶段，将对此道德理念进行腐蚀、扭曲和异化。首先，在人道主义议题被提出阶段，就能看到权力渗透的影子。为什么科索沃、利比亚的人道主义灾难被国际社会热切关注，而同样甚至更严重的人道主义灾难发生在卢旺达的时候，国际社会却严重失能，这种选择性失语和选择性干预的根源是什么？就是权力在作怪。在此过程中，权力以其"第二张面孔"出现，国际舞台上处于主导地位的国家选择性的关注或不关注，并通过控制议程、引导舆论等方式塑造出一个"人道主义干预"的问题来。

其次，在授权阶段，权力博弈的色彩不是淡了，而是更浓了。非安理会授权的干预以其动机的不可信性已逐渐被国际社会抛弃，然而即便是安理会授权通过的干预，也不是秉持着纯粹的国际道义原则。安理会的授权决策同样是政治博弈和国家利益交换的产物，并且权力是以"第一张面孔"鲜明地表现出来的。五个安理会常任理事国，无不是"把安理会作为在世界上追逐国家利益的手段"。[①] 艾丹·赫尔（Aidan Hehir）对安理会通过的多项武装干预决议分析后发现，安理会在干预的理念上从来没有统一的共识；即便是被普遍认为践行了 R2P 理念的第 1973 号决议，也不过是当时的安理会成员国基于地区利益、国内政治考虑或卡扎菲遭唾弃的现实地位而做出的"机变授权"（discretionary entitlement）。[②]"建立在利他的个人冲动基础上的行动，不可能被引证为是形成某一（干预）决议或规范的理性原因。相反，更准确地说，它是各种暂时的偶然因素聚合而成的异常行为。"[③]

---

① Mats Berdal，"The UN Security Council: Ineffective but Indispensable," *Survival*，Vol. 45，No. 2，Summer 2003，p. 20.

② Aidan Hehir，"The Permanence of Inconsistency: Libya, the Security Council, and the Responsibility to Protect," *International Security*，Volume 38，Number 1，Summer 2013，pp. 151—157.

③ Aidan Hehir，"*The Permanence of Inconsistency: Libya, the Security Council, and the Responsibility to Protect*，" pp. 155—156.

再者，在干预的实施阶段，权力异化道德的现象更加严重。这时权力也表现为直接的"第一张面孔"。在既有的国际权力格局下，实力越雄厚的国家在国际舞台上的作用和影响就越大，联合国的决议也往往是由有能力有意愿的大国或大国联合来执行。而这些干预国对于干预本无强制性的法律义务，加之来自本国真正责任对象的压力，那么，它一旦选择了干预，在实施阶段，无疑将实施有利于干预方国家利益的干预行为。有学者就指出，北约在对利比亚的干预中，严重异化了安理会决议中人道主义的目的，以追求一己之私，表现为曲解和滥用安理会的决议、偏袒利比亚的反对派和没有真正的人权与人道目标，最终使得利比亚人民遭受深重的人道主义灾难。①

最后，干预结束之后，由于人道主义干预机制的固有缺失，并没有必要的结果评估机制，对于干预过程中逾越人道主义干预目标的行为，并不能够进行严厉的追责，以致那些有意实施异化行为的干预者继续逍遥法外、有恃无恐，使得人们对这种干预产生深刻的怀疑，为以后的干预行为埋下了隐患。而干预机制的这种固有缺失，也是权力作祟的结果。HI 理念本质上是一种政治倡议，R2P 还处于"准规范"状态，都没有达到规范化、制度化乃至法制化的程度，具有法律强制力的授权机制、过程评估机制和结果评估机制都没有建立起来，这就为执行过程中的异化提供了可能。而之所以如此，是因为将 R2P 仅仅作为政治责任，而不是法律义务，更符合安理会常任理事国等大国的利益，它们可以对具体案例"逐案处理"，充分利益权衡后机变地选择政策立场，而不会受制于强制性的法律义务。② 在这一阶段，权力实际上是以"第三张面孔"的形式影响和塑造着相关规范的形成，从而隐晦地腐蚀异化着人道主义干预的道德理念，以

① 何志鹏：《保护的责任：法治黎明还是暴政重现？》，《当代法学》2013 年第 1 期，第 148—149 页。

② 蔡从燕：《联合国履行 R2P 的责任性质：从政治责任迈向法律义务》，《法学家》2011 年第 4 期，第 145—147 页。

便更好地为国家利益服务。

因此，由于权力现实和道德理念之间的永恒张力，在干预实践的各个阶段，干预的道德理念都会受到权力的腐蚀和异化，可以说，人道主义干预的异化具有永恒不可排除性。

四、人道主义干预的理念困境

（一）人道主义干预理念难以逻辑自洽

国际人道主义干预是一种理想的国际道德理念，体现了国际社会的美好愿望。不管是 HI 理念，还是 R2P 理念，都强调人道主义干预不仅是可欲的，还是可行的。而它在实践中的严重异化现象，则不得不使人对这一理念本身产生质疑，它是否真实可行？它是否逻辑自洽？实际上，在理念层面，人道主义干预难以实现逻辑上的谐和，表现为这一理念与现实政治间存在着重大的鸿沟和矛盾。

第一，人道主义干预目标的无私性与干预者自利本性之间的矛盾。我们不必怀疑这些理念倡导者拥有世界主义的价值关怀、高尚无私的人道主义动机，但是我们有充分的理由怀疑干预的执行者是否能够始终保持无私的动机。国际干预的实践在冷战之前可以分为两类：单边主义的和多边主义的。冷战末期以来，多边主义干预以其更可信的干预动机、多元化的责任主体，在规范演进上彻底取代了单边主义干预。[①] 当人道主义干预理念发展至 R2P 时，在规范上已经没有单边主义干预的存在地位了。多边主义干预存在四种可能的形式：一是联合国授权、区域组织具体实施的干预；二是联合国授权、临时性国家联合实施的干预；三是未获联合国授

---

① 【美】玛莎·芬尼莫尔：《干涉的目的：武力使用信念的变化》，袁正清、李欣译，上海：上海人民出版社 2009 年，第 71—78 页。

权、区域组织实施的干预；四是未获联合国授权、临时性国家联合实施的干预。在这四种干预方式下，都存在着干预者自利诉求腐蚀人道主义干预目标的现实可能性。按照联合国集体安全机制，某一国际干预无论是否获得安理会的授权，在执行阶段都是由单一会员国或会员国家联合执行，只是两者的合法性程度不同罢了。① 而无论是由区域组织出面干预，还是由临时性国家联合干预，它们都是以主权国家为单位的自由联合。主权国家的基本特质是对内享有充分权威、对外平等享有权利和义务的自利行为体。虽然多边舞台或许会对参与国的意图和行为进行规制和约束，但是国际政治中本质上的无政府性和权力格局的不均衡性，注定这些干预的高度选择性和自利性。因此，人道主义干预的无私目标，往往会被干预者自利动机歪曲腐蚀。

第二，人道主义干预本质上的无义务性与干预者具有明确责任对象之间的矛盾。当前宣示 HI、R2P 理念的文件无一是具有约束力的国际法文书。② 也就是说，无论是把干预视为"权利"的 HI 理念，还是把干预视为"责任"的 R2P 理念，都没有把这一干预认定为主权国家的法律"义务"。这看起来似乎是微不足道的文字差异，实质上塑造和决定了它们在实践中的差异。把干预视为一种"权利"，实质上将潜在的干预者置于一种主动的地位，它既可以选择实施干预的权利，也可以选择不实施干预的权利。在没有明确国际法规范的情况下，这种所谓的"权利"仅仅是一种政治话语，成为权力的一个变种。把干预视为一种"责任"，则将国际社

① 《联合国宪章》第七章第四十八条规定："一、执行安全理事会为维持国际和平及安全之决议所必要之行动，应由联合国全体会员国或由若干会员国担任之，一依安全理事会之决定。二、此项决议应由联合国会员国以其直接行动及经其加入为会员之有关国际机关之行动履行之。" http：//www.un.org/zh/documents/charter/chapter7.shtml.

② 按照《国际刑事法院规约》第三十八条的规定，国际法来源包括国际公约、国际习惯法和文明国家公认的法律准则等。而目前宣示 HI 理念和 R2P 理念的文件无一符合上述情形。《国际刑事法院规约》全文参见：http：//untreaty.un.org/cod/avl/pdf/ha/sicj/icj _ statute _ e.pdf.

会的所有成员置于一种国际道德的束缚之中，但是，它终究不是一种成员国必须履行的法律"义务"，因此，成员国既可以选择履行，也可以选择不履行；而这一"责任"理念又不是成型的法律规范，当成员国履行这一"责任"时，又存在滥用和乱用的可能。总之，这些干预理念对于潜在的干预者没有强制的义务。而实践中的干预者，一方面是联合国框架下的主权国家，另一方面是民族国家的责任政府，它有着明确的责任对象，那就是本国国民或者说选民。作为责任政府，它首先需要负责的对象是本国国民（选民），而不是那些遭遇了人道主义灾难的"陌生人"，因为前者是政府立足之基。只有在前一种责任充分履行的基础上，政府才可能考虑履行后一种可做可不做的非义务性"责任"。当两者尖锐冲突的时候，参与干预的政府往往只得选择满足前者，舍弃后者。这就容易理解，为什么当美国国民在电视上看到美国士兵横死在索马里街头的时候，克林顿政府在对索马里人道主义关切和本国国民压力的权衡中，毫不犹豫地选择让美国军队全部从索马里撤离。[1]

第三，人道主义干预的人道主义目标与非人道主义手段之间的矛盾。人道主义干预的目标应当是人道主义的，而在实现这一目标的过程中，是否也应当始终贯穿人道主义原则呢？或者问，通过非人道主义手段追求所谓人道主义目的是否可取？更进一步问，通过非人道主义手段是否能够真正达到人道主义的目的？对于现实的目的和现实的手段，从根本上讲，两者是相互联系、相互统一的，也是相互规定、相互制约的，一方面，目的规定手段，手段因目的而生，目的性质规定着手段的性质，"手段，不是自我规定的东西，它的规定性、职能，是以其所要实现的目的为依据

---

① 【英】尼古拉斯·惠勒：《拯救陌生人——国际社会中的人道主义干涉》，第214页。

的。"^① 另一方面，手段决定目的的产生、实现及发展变化。^② 因此，人道主义的目的只能通过人道主义的手段来达到，非人道主义的手段不可能实现真正的人道主义目的。而在国际干预的实践中，一方面，人道主义的目的往往会被具有私利的干预者曲解和异化，目的不纯粹性继而导致手段的不纯粹性；另一方面，实践中的干预手段往往背离人道主义原则，手段的异化必然导致目的的异化，由此致使真正的人道主义干预难以实现。1999年北约声称为了阻止科索沃正在发生的暴行并结束那里的人道主义灾难，从 3 月 24 日至 6 月 10 日对南联盟实施了为期 78 天的空中打击，最终这一空袭行动却造成 1200 多无辜平民死于非命（儿童占三分之一），80 多万平民流离失所，形成了二战后欧洲最大规模的难民潮。^③ 以这种非人道主义的干预手段，却声称要达到所谓人道主义目的，这难以令人信服，这种干预的最终异化也就在所难免。

（二）人道主义干预与民族国家体系难以相容

如果要进一步探究人道主义干预异化的根源，还需要将注意力投射到这一理念与现有世界秩序的关系上去。实践中的严重异化现象，使我们有充分的理由质疑这一理念在现有世界秩序下的可行性问题。

我们首先需要明确一下现有的世界秩序究竟是什么样的。罗伯特·W. 科克斯认为，世界秩序是一种"行为框架"或者说"历史结构"，它由三种相互作用的力量范畴——权力、观念和制度——组成，具体说来，世界秩序是由物质权力的分配格局、主体间的主导性观念以及具有普遍意

①　聂凤峻：《论目的与手段的相互关系》，《文史哲》1998 年第 6 期，第 75—76页。

②　同上，第 76—77 页。

③　石慧：《对人道主义干涉现象的新解读——以社会学方法为研究路径》，《现代法学》2005 年第 2 期，第 178—179 页。

义的世界治理制度组成的，而且三者是三维一体的。① 按照科克斯的观点，物质权力是指生产性和摧毁性的潜能，这种潜能以技术能力和组织能力的形式存在；主体间的主导性观念是指对于社会关系本质的共同看法和对主体行为习惯和预期的固有认知；而制度反映了秩序形成时占主导地位的权力关系，且是这种关系持久化的手段。② 那么，现有的国际秩序特点则大致可以归纳如下：在权力维度，当今世界并没有最高的权威主体，各国本质上处于无政府状态下，而且各国的权力分配并不均衡，世界处于无政府状态下权力的不均衡分配状态；在观念维度，各国之间具有有限的共有观念和规范，主权观念和自利自助观念是各国之间基本的共识和预期；在制度维度，具有普遍意义的世界治理制度有两种：一是以责任政府为建制特点的民族国家，二是以联合国及其相关机构为主的政府间国际组织。这三者之间相互作用、相互统一，共同构建起当今世界秩序的基石。只要这三个维度中的任何一个维度没有发生重大改变，这一世界秩序都不会发生根本变化。本文将这一秩序称之为"民族国家秩序"。（见表4.2）

表 4.2　世界秩序类型比较

世界秩序类型	权力	观念	制度	存在的可能性
民族国家秩序	无政府状态下权力的不均衡分配	主权观念、自利自助	民族国家、政府间国际组织	现有秩序
世界主义秩序	具有最高权威主体	世界主义、个体主义、普遍主义、跨国价值观	世界政府、全球公民社会	可能的新秩序
国际干预秩序	无政府状态下权力的不均衡分配	世界主义、个体主义、普遍主义、跨国价值观	民族国家、政府间国际组织	不可能真实存在的秩序

---

① 【加】罗伯特·W. 科克斯：《社会力量、国家与世界秩序：超越国际关系理论》，载【美】罗伯特·基欧汉：《新现实主义及其批判》，郭树勇译，北京：北京大学出版社 2002 年，第 200—208 页。

② 【加】罗伯特·W. 科克斯：《社会力量、国家与世界秩序：超越国际关系理论》，第 201—202 页。

作为一种行动框架，世界秩序对于该秩序下的行为施加了某种压力和限制。因此，特定的世界秩序与特定的理念和行为之间建立了某种关联性。人道主义干预这一世界主义性质的理念，如果想要得到彻底践行，就需要一种与世界主义理念和实践相适应的国际秩序，姑且称之为"世界主义秩序"（见表4.2）。这一秩序应当具有如下特点：首先，在权力维度，具有一个最高的权威来源，它应该是超越民族国家权威之上的世界政府，这一权威来源可以保障个体价值而不是共同体价值得到平等和优先的尊重和维护；其次，在观念维度，世界主义的价值取向应当成为这一秩序的基石，其观念形态就应该表现为个体主义和普遍主义偏好以及跨国价值观取向；[①] 最后，在制度维度，民族国家的疆界将被新兴的全球公民社会所销蚀，而作为主权国家附属机构的政府间国际组织将被兼具权威性和执行力的世界政府所取代。在这一新型的世界秩序下，世界主义的理念将得到充分的彰显和贯彻。

然而，人道主义干预的实践所发生的时代语境是"民族国家秩序"，而不是理想中的"世界主义秩序"。那么，这一实践面对的实际上是一种不同于前两者的"行为框架"，姑且称之为"国际干预秩序"（见表4.2），首先，它具有"民族国家秩序"下权力维度的特点，即是一种无政府状态下权力的不均衡分配；其次，它具有"世界主义秩序"下观念维度的特点，即世界主义、个人主义、普遍主义和跨国价值观取向；最后，它具有"民族国家秩序"下制度维度的特点，即民族国家和政府间国际组织相结合的治理形式。但是，这三个维度是无法相互建构、相互兼容的，无法实现三维一体，因此，这一秩序也就不可能真实存在。

也就是说，人道主义干预的实践只能在一种不可能真实存在的"国际干预秩序"中实现，是不可能在"民族国家秩序"下真正实现的。那么，

这一干预实践在既有秩序下的异化就是不可避免的了。

五、道德的迷思

人类社会从来不乏对美好世界的向往和憧憬。某种程度上说，人道主义干预也是国际社会基于理想愿景的产物。这一理念的本质是世界主义的道德信念，它有着悠远的历史渊源和新近的现实情境。世界主义的最初清晰阐释可以追溯到古希腊的斯多葛学派。斯多葛学派认为，所有人无论种族、地位、财富都一律平等，都是"世界国家"（a world－state）的公民，共享一部申明正义的普适性宪法，共处在一个"世界性的兄弟社会"中，而"这个世界性社会乃是经由各种宽泛到足以把各个地方的人们全部含括进去的正义纽带而结合在一起的"。① 而人类社会在历经了两次世界大战的人道主义浩劫之后，人权的观念被国际社会普遍接受，并成为重要的国际规范。在此背景下，当震撼心灵的人道主义灾难摆在国际社会面前，迫使人们做出回应时，人道主义干预的问题就凸显了出来。

一定意义上讲，人道主义干预理念的提出和实践具有进步意义，它回应了国际社会的道德关切，试图追求一种更道德化的可能世界。然而，任何一种理念的实践都不能脱离它所处的实然语境，否则将成为空中楼阁，无法成为现实。不幸的是，纯粹的道德主义诉求、世界主义的价值取向和利益价值和谐论的预设，这些人道主义干预的理念基础与现有世界秩序的实然状态格格不入。这一理念的无私性和无义务性与干预者的自利本性难以调和，实践中干预目标和干预手段也难以统一，这些最终导致人道主义干预在实践中的异化。而进一步探究这一异化的深层次原因，则可以发现，在以权力博弈为主要表征的国际政治舞台，权力与道德的永恒张力是

---

① 【美】乔治·萨拜因：《政治学说史（第四版）》（上卷），邓正来译，上海：上海人民出版社 2008 年，第 193 页、202 页。

干预异化的直接原因，权力在干预的每一个阶段都在以各种面孔腐蚀扭曲着人道主义的道德目标。而究其根源，这种干预异化是人道主义干预理念与现有民族国家秩序难以相容的产物。

从索马里到科索沃，从科索沃再到利比亚，国际社会一再擎起人道主义的大旗进行国际干预，而这些国际干预却一再发生严重异化。为什么会这样？根源就在于国际社会对于人道主义干预的相关理念抱有一种持久的不切实际的道德迷思，对于国际道德过分自负，既认为这些道德理念是可欲的，又认为是切实可行的，而根本没有看到，在民族国家体系下，它并不具有现实可行性。真正要打破这种"干预－异化－干预－异化"的怪圈，恐怕要等到一种能够与世界主义理念相容相生的新的世界秩序的出现。而在这种世界新秩序出现之前，推动人道主义干预相关理念的规范化、制度化和法制化，则是尽量减弱干预异化的最好路径。

国际保护责任的伦理困境

——基于后实证主义的诠释

金 新①

【内容摘要】：国际保护责任，以其深刻的伦理意蕴为国际关系规范理论的研究提供了新的素材。国际保护责任在实践上陷入价值选择的两难情景：为实现一种善而采取的道德行为，必然损害另一种善。这种道德行为的悖论构成了国际保护责任的伦理困境。它在本质上是道德意识的内在矛盾。这种矛盾系因国际社会"康德型伦理文化"和"黑格尔型伦理文化"之间的冲突而生成。两种国际伦理文化都植根于西方中心的现代性国际体系。要消解这一伦理困境，存在两种可能路径：一是渐进路径，即国际伦理文化的涵化；二是激进路径，现有世界秩序的重构。就短时期而言，国际保护责任的伦理困境很难得到实质性的消解。

【关 键 词】：保护的责任；伦理困境；规范理论；后实证主义；国际伦理文化

"保护的责任（Responsibility to Protect，R2P）"，不仅是主权国家的政府责任，还是国际社会的集体责任。② 国际保护责任，以其深刻的伦理意蕴为国际关系规范理论的研究提供了新的素材。保护责任原则与不干

---

① 吉林大学行政学院国际关系专业博士研究生

② See ICISS, The Responsibility to Protect，Ottawa：International Development Research Center，2001.

涉原则之间的张力，使得国际规范内蕴的伦理取向和规范冲突背后的道德悖论成为值得深入研究的理论问题。规范理论"将世界政治中伦理判断的标准作为自身的研究主题，并探寻国际实践中广泛的道德包容和社会重建的共有原则"。[①] 但其道德标准的讨论往往抽离了人类实践背景，忽视了伦理道德文本背后复杂的社会历史动因，成为空洞的形而上式言说。本文致力于突破这种理论倾向，通过对国际保护责任伦理困境的探析，对国际伦理的深层次构造做一管窥。

就研究方法而言，鉴于"道德论证更多是阐释性的"，[②] 实证性方法并非伦理研究的最佳选择，这一研究将采取后实证主义的诠释性路径。同时，基于方法论多元主义的立场，笔者将综合运用现象学直观与还原、后现代主义解构与系谱学等多种后实证方法，对这一国际关系规范理论范畴的问题展开初步考察。这一研究的定位并非伦理科学的探索，而系道德哲学的思辨。

一、困境之意涵：基于现象学方法的考察

理解和诠释国际保护责任的伦理困境，首先应解决其"是什么"的问题。以"回到事物本身"为研究导向的现象学，有助于深刻考察这一伦理困境的现象与本质。[③] 这里借鉴胡塞尔（Edmund Husserl）所创的现象学

---

① Molly Cochran, *Normative Theory in International Relations*：*A Pragmatic Approach*，Cambridge：Cambridge Cambridge University Press，1999，p. 2.
② 【美】迈克尔·沃尔泽：《阐释与社会批判》，任辉献、段鸣玉译，南京：江苏人民出版社 2010 年，第 27 页。
③ 现象学意义上的"现象"不同于通常意义，实际上它将事物本身视为现象，且认为现象与本质之间并无二元对立关系。

方法,① 辅以舍勒（Max Scheler）的现象学伦理学策略，从事实与本质两个层面，对国际保护责任的伦理困境进行感知和描述。

（一）道德行为的悖论：伦理困境的事实直观

国际保护责任的伦理困境，作为国际社会生活世界的特殊现象，可通过现象学的直接直观得到整体描述和直观体验。现象的描述是一种直观的把握。现象学直观以一种不参与和无偏见的旁观者态度，从专注于现象的某一点而生发开来的自由联想，以实现对此现象的性质与形态等的清晰认知。这里的研究，旨在通过对国际保护责任的伦理困境的直接性明察，完全明晰地把这一事实和所知如其所是地呈现出来，以获得直观的明见性。舍勒的"伦常明察"（sittliche Einsicht）方法为这种伦理范畴的现象学直观开辟了路径。② 这里以"伦常明察"的方式，以一种本质直观对国际保护责任展开伦理现象学审视，在明见的自身被给予性中实现对国际关系善恶价值的直接把握。

首先将国际保护责任作现象学的"悬搁"处理，以作为国际保护责任的具体实践的人道主义干涉，作为对伦理困境直接直观的切入点。虽然国际保护责任可视为一种善的诉求，但人道主义干涉，无论武力方式还是非武力方式，都无法成为纯粹的善。虽然国际保护责任为人道主义干涉战争提供了合法性理由，但开战正义（jus ad bellum）并不能使战争的暴力和杀戮成为伦理意义上的内在善。正如康德所言，"战争只不过是自然状态之下的一种可悲的、以武力来肯定自己的权利的必需手段"，"战争的结局

---

① 施皮格伯格将现象学方法的要点划分为七个步骤（其中前三项具有普遍性）：（1）研究特殊现象；（2）研究一般本质；（3）理解本质联系；（4）观察现象在意识中的构造；（5）观察显现的方式；（6）悬搁对现象存在的信念；（7）解释被蒙蔽了的意义。参见 H. Spiegelberg, *The Phenomenological Movement*, Martinus Nijhoff, 1982, pp. 682—715. 鉴于本文主题并非纯粹哲学研究，这里主要运用其前两项。

② "伦常明察"亦称"伦理明察（ethische Einsicht）"。参见【德】舍勒：《伦理学中的形式主义与质料的价值伦理学》，倪梁康译，北京：三联书店 2004 年。

决定了正义是在哪一方的"。① 武力干涉是实现道德责任的恶的手段，即使在"保护的责任"规范之下，也只是一种必要的恶。至于非武力的干涉，也因其对主权国家内政的干涉而引起广泛的道德争议。

通过对人道主义干涉的伦常明察可发现，"保护的责任"在国际社会生活世界中的现实实践，其动机或出于"善心"，行为却并非完全意义的"善举"，结果在做了善事的同时也做了恶事。国家行为体为履行国际保护责任的干涉行动，从合道德的动机出发，却产生不合道德的结果。特别是武装干涉，以人道主义为道德理由却导致了组成干涉武装的个体生命的牺牲。② 确如美国学者巴巴拉·康里（Barbara Conry）所揭示的，"强制行动倾向于造成对它原本打算捍卫的那个原则的嘲弄。"③ 更主要的是，无论采取武力手段还是非武力手段，基于人道主义正义理由的国际保护责任，都对威斯特伐利亚主权秩序构成挑战。而在无政府的国际社会中，主权和不干涉原则是维持国际秩序的重要支柱。"保护的责任"与"干涉的权利"之间的张力，使主权国家的道德行为产生一种内在的悖论。

舍勒的现象学伦理学主张对作为德性之基的价值本身进行考察。就国际保护责任所蕴含的"善"的价值而言，其本质意涵存在内在张力，其外化过程亦遭遇外部抵牾。价值存在之间的深刻冲突，使得国际保护责任的具体实践既非真正的行为善，又非完全的道德善。具体而言，"保护的责任"和"不干涉内政"两种国际规范，分别蕴含着人权与主权两种价值诉求。人权与主权两种工具性价值的背后，又分别是正义与秩序两种社会终极价值。正义是一种善，秩序是另一种善。正义与秩序之间的冲突，本质上是一种善与善的对立和冲突。这导致国际保护责任陷入价值选择上的两

---

① 【德】康德：《历史理性批判文集》，何兆武译，北京：商务印书馆1990年，第105页。

② Daniel Baer, "The ultimate sacrifice and the ethics of humanitarian intervention", *Review of International Studies*, Vol. 37, Iss. 01, 2011, p. 302.

③ 【美】巴巴拉·康里：《美国干预地区冲突的徒劳》，【美】詹姆斯·P·斯特巴编著：《实践中的道德》，李曦、蔡蓁等译，北京：北京大学出版社2006年，第590页。

难情景：为实现一种善而采取的道德行为，必然损害另一种善。这种结果式的矛盾构成了道德行为的内在悖论，而这也正是国际保护责任伦理困境的核心表象。

（二）道德意识的冲突：伦理困境的本质还原

对伦理困境事实的直观，为实现对伦理困境本质的还原与明察奠定了基础。现象学方法的一个重要特征是把事实与本质联系起来，正如胡塞尔所揭示的：事实与本质具有不可分割性，"任何偶然之物的意义都在于具有一个本质"。① 现象学的"本质还原"（eidetic reduction）是把具体事实还原为一般本质，即把现实中存在的事物还原为意向的本质。② 现象学以意识现象起点，而意向性是意识的本质特征。对国际保护责任伦理困境的本质还原，应诉诸具意向性的道德意识。在现象学视域下，国际社会生活世界所存在的这种道德意识，是对国际伦理价值的意识，它指向现实的价值标准，通过意向活动对国际伦理的感觉材料进行处理。

现象学主张"将对象和世界的存在'还原''回溯'到他们的意向显现上，从显现出发来解释那个存在，还原和回溯才具有意义"。③ 在国际保护责任的伦理困境中，这种意向显现具象化为国际伦理实践中道德意识的自我显现。伦理困境对道德意识而言，既是显现场所又是显现过程。现象学意义上道德意识的意向性，在这里主要表现为作为意识活动的善的认知与作为意识对象的保护责任的结构性关系。就国际伦理范畴而言，这种意向性将道德行为的内在善与道德意识中善的观念统一起来。在国际社会生活世界里，善的观念本身是可以还原为个体体验的。由于个体内在思维

---

① 【德】埃德蒙德·胡塞尔：《现象学的方法》，倪梁康译，上海：上海译文出版社 2005 年，第 90—91 页。

② 现象学的还原方法同还原论的还原方法有着本质的区别。还原论的还原是把整体的性质和规律归结为低层次组分的性质和规律，这是胡塞尔所极力反对的；现象学的还原是排除一切先入为主的假设和成见，直接把握事物的本质。

③ 【德】埃德蒙德·胡塞尔：《现象学的方法》，第 40 页。

本身的差异性，道德意识自身也是分裂和存在冲突性的。

在意向显现的基础上，现象学方法将指向外在的超越的认识还原为内在的直观的认识。国际保护责任的伦理困境，在本质上是具象化的道德意识的内在矛盾。"善"是事物对于主体目的的效用，但作为实践理性的善的观念却并不具同一性。具象化的道德意识主要在三个问题上存在内在分歧：第一，道德行为的价值载体是什么？是作为个体的人，还是作为共同体的国家？第二，道德行为所应追求的核心价值是什么？国际伦理中的善，主要体现为正义，还是主要体现为秩序？第三，道德行为的判断标准是什么？是目的论的，还是义务论的？对这些问题的不同理解，构成了道德意识的对立与冲突。这使得作为主体的人在向善动机下的道德实践面临价值选择和行为标准的困境。国际保护责任的伦理困境亦可以此加以认识和理解。

二、困境之缘起：基于后现代方法的审视

在完成对国际保护责任的伦理困境"是什么"的现象学考察之后，还应进一步探究其"为什么"的问题。这一伦理困境因何缘起，其生成有何社会历史肇因，需要深入的解析。对此问题，这里主要使用后现代主义的解构（deconstruction）和系谱学（genealogy）等方法加以研究，以揭示该困境背后的伦理文化冲突，并发掘深层次隐藏的权力/话语关系。

（一）国际伦理的文化模式：困境缘起的解构阅读

后现代主义将包括整个世界在内的所有现象都视为"文本（Text）"，强调文本研究，主张以文本阅读和理解的方法来诠释对象。"保护的责任"正是一个典型的文本。这里以德里达（Jacques Derrida）

所创的"解构"策略对国际保护责任这一文本加以阅读，[①] 以揭示出其中被有意或无意遮蔽着的或排除掉的内在张力，探寻国际保护责任伦理困境的深层动因。解构方法反对将结构理解为绝对稳定的有单一中心的封闭体。对国际保护责任文本的解构性阅读，须打开国际保护责任的意义空间，取消文本的绝对界限，展现其在社会历史中形成的多重意义。在此基础上，打破国际保护责任文本结构的封闭状态，排除其中心意义，清除文本内蕴的二元对立的不平等关系。

这种解构须从意义的非单一性和文本的开放性着手，以一种文本意义来补充和替代另一种文本意义，把文本的内在差异暴露出来。以国际保护责任而言，在国际社会的主流观念中，它被视为伦理上"正当"且"应该"的。在理念层面，它被多数国家所赞同。2005 年将"保护的责任"写入文件的《世界首脑会议成果》以联大决议的方式通过，得到全球 150 多个国家的支持；2009 年联合国《保护的责任实施报告》在讨论中也得到多数国家的肯定。在实践层面，它多次被付诸实施，乃至出现被滥用的情况。[②] 但国际保护责任这一文本并非主流意识的一元结构，而是一种二元对立的结构。它既可解读为维护人道主义价值的道义原则，又可解读为挑战国家主权秩序的政治理念；既可解读为基于维护国际正义的向善心理，又可解读为出自拓展国家利益的自利动机。两种文本意义在当代世界是一种共时性的存在。

解构绝非简单的结构分解，而需触及结构的根基及其构成因素的关

---

① 解构（deconstruction）是德里达所提出的一种后现代主义文本分析方法，一般认为来自海德格尔的"摧毁（destruktion）"概念。它关注一个文本里的二元对立物及其相互关系，指出为何一方处于核心的、有利的和自然的地位，另一方处于被忽视、被压抑和边缘的地位，然后打破这种等级偏见状态，使二元双方处于无等级、平等的状态中。

② See Cristina G. Badescu and Thomas G. Weiss, "Misrepresenting R2P and Advancing Norms: An Alternative Spiral?", *International Studies Perspectives*, Vol. 11, 2010, pp. 354—374.

系，用德里达的话说，它"是一种对存在的权威或本质的权威的讨论"。①
这就需要在展示文本可能性意义的同时追溯它们的根据。国际保护责任文
本的解读方式是由文本之外的因素所决定的。决定社会行为体对文本意义
理解的，并非自由自觉的理性知识，而是自在自发的文化体系。"伦理经
验的正常性建基于人类生存的主体间性之上"，② 主体间性的国际伦理文
化，成为国际保护责任文本结构的根基。但其并非单一类型的存在。美国
文化人类学家本尼迪克特曾指出，文化是"一种或多或少一贯的思想和行
动模式"，③ 伦理文化作为文化范畴的特定概念，也是一种模式化的存在。
文化模式（cultural patterns）也存在于国际社会伦理生活之中。在现时
代国际社会的道德生活中，存在两种主要的国际伦理文化模式。根据其哲
学基底，笔者姑且将其分别命名为"康德型伦理文化"和"黑格尔型伦理
文化"。④（见表 5.1）

表 5.1　国际伦理文化模式

	康德型伦理文化	黑格尔型伦理文化
价值载体	个人/人类整体	国家
核心价值	正义	秩序
道德标准	义务论	目的论

---

① 【法】德里达：《德里达访谈录》，何佩群译，上海：上海人民出版社 1997 年，
第 18 页。

② 【德】K. 黑尔德：《对伦理的现象学复原》，《哲学研究》2005 年第 1 期，第 56
页。

③ 【美】本尼迪克特：《文化模式》，杭州：浙江人民出版社 1987 年，第 45 页。

④ 这里模仿了温特对无政府文化和怀特对国关理论的命名方法，即以指涉对象在
政治哲学上所契合的思想家来命名。康德的世界主义理念和黑格尔的国家至上思想与
这两种国际伦理文化深具相通之处。参见康德：《历史理性批判文集》，何兆武译，北
京：商务印书馆 1990 年；康德：《法的形而上学原理》，沈叔平译，北京：商务印书馆
1991 年；黑格尔：《历史哲学》，王造时译，上海：上海书店出版社 2001 年；黑格尔：
《法哲学原理》，范扬、张企泰译，北京：商务印书馆 1961 年。

思想基础	世界主义/社会连带主义	社群主义/多元主义
规范倾向	"保护的责任"原则	不干涉原则

当然，上表的归纳只是对两类文化模式核心特质的简单概括，具体的国际伦理文化事实上具有更多复杂的内涵。国际社会的伦理文化模式是个体道德意识在群体层面的观念基础，国际保护责任文本的二元结构正是因模式间的差异而生成的。作为观念世界的客观实在，伦理文化是一种主体间性的存在，它作为道德信念体系深刻影响着个体的伦理认知和道德判断。正如美国伦理学家弗兰克·梯利（Frank Thilly）所言："一个文明人会情不自禁地直接反对某些行为，因为那些行为是不正当的观念已经从他幼时就印在他心里了。"① 在此基础上，国际伦理文化的分歧导致了个体道德意识的冲突。虽然个体道德意识与人类文明具有不可分割的同步性，但是普遍的国际伦理文化的形成是相对晚近的。这需要探析国际伦理文化模式生成与内化的社会政治根源。

（二）伦理文化的政治根源：困境缘起的系谱分析

国际保护责任的伦理困境植根于国际伦理文化的分歧与冲突，而后者亦非无本之木，它在国际政治实践行为中产生，其生成有着深刻的社会历史背景。这里借鉴福柯（Michel Foucault）的系谱学方法，对国际保护责任伦理困境更深层次的根源进行探究。系谱学方法将"保护的责任"这种人类知识称为话语，它将话语与权力的运作联系起来，通过对支配性话语的解构，发掘文本间互动背后的权力结构，揭示文本建构中话语与权力的关系。系谱学的任务，就是去恢复被整体化叙事所压制的自主话语、知识

---

① 【美】弗兰克·梯利：《伦理学导论》，何意译，桂林：广西师范大学出版社2002年，第68页。

和声音。① 通过对国际伦理文化的系谱学分析，可对这一知识/话语与国际社会权力结构之间的关系与互动进行考察，进而揭示权力/知识之间的关系。

系谱学的考察以追溯对象的出身，标出对象的发生为途径。它直接去弄清"不在场的东西"，专注于"沉默的东西"。② 系谱学视域下的国际伦理文化并非现时性的文本，而是内生于威斯特伐利亚时代以来现代性的国际体系。黑格尔型伦理文化是现代主权秩序的产物。随着民族国家在欧洲的形成和发展，特别是 1648 年《威斯特伐利亚和约》的签订，主权原则逐渐成为处理国际关系的基本原则。进入 20 世纪以后，现代主权秩序更是完成了在全球体系中的扩张。随着主权原则成为政治现实，主权观念和主权学说成为国际政治生活中的主流意识。主权学说"把这些政治现实上升为法律理论，并因而既给予它们道义上的赞许，又赋予它们法律必要性的外表。"③ 在现实与理念的双重规制之下，个体的效忠归属完全指向国家共同体。主权国家成为国际伦理价值的终极载体，基于主权原则的国际政治秩序成为基本的价值诉求。黑格尔型伦理文化藉此形成和内化。

对康德型伦理文化的系谱学追溯，可诉诸现代人权规范的影响。虽然"天赋人权"理念源于启蒙运动，但正式的人权规范直到 20 世纪中叶的国际人权运动中才形成和发展起来。二战时代的人道主义悲剧唤起了战后普遍人权的意识，推动了人权立约的国际进程。1948 年联大通过了《世界人权宣言》，1966 年又通过了《公民权利和政治权利国际公约》和《经济、社会和文化权利国际公约》，全球范围的国际人权规范逐步形成。人权规范的发展与人权意识的普及形成共振，影响着国际行为体道德意识的

---

① 【美】道格拉斯·凯尔纳、斯蒂文·贝斯特：《后现代理论：批判性的质疑》，张志斌译，北京：中央编译出版社 2004 年，第 74 页。

② Jonathan Arac ed. , *After Foucault* , Rutgers University Press , 1988，p. 121. 转引自智河：《福柯系谱学探微》，《国外社会科学》1997 年第 1 期，第 52 页。

③ 【美】汉斯·摩根索：《国家间政治——权力斗争与和平》，徐昕、郝望、李保平译，北京：北京大学出版社 2006 年，第 317 页。

变化。体系向度上，"对人类家庭所有成员的固有尊严及其平等的和不移的权利的承认"，开始被国际社会视为"世界自由、正义与和平的基础"。① 单元向度上，人权成为"主流观念中国家道德目的的核心"，"越来越多地为主权提供着正当性基础"。② 人道主义的个体道德意识，被构建成为一种全球性的国际道德规范。以个人和人类整体为价值载体，以人道主义的国际正义为基本价值诉求的康德型伦理文化，得以在国际社会中形成和内化。

通过对国际伦理文化两类话语的物质条件的系谱学考察，可发现其中的文本共性。无论康德型伦理文化还是黑格尔型伦理文化，在思想渊源上都来自西方启蒙理性，在现实动因上都源于西方中心的现代性国际体系的形成和运行。在西方现代文明主导的世界秩序之下，作为中心的西方制造知识，作为外围的其他文明被动接受，地方性知识由此成为世界性知识。国际社会话语体系中西方的话语霸权，造就了国际伦理生活中不平等的文本秩序。以国际保护责任内含的人权价值为例，西方世界将其文本意义理解为个体权利与自由，而非西方国家则从其中诠释出集体生存与发展的文本意义。但在当前权力秩序之下，国际伦理的西方文本成为支配性的叙述，而其他言说则受到主流话语的忽视、压抑和边缘化，优势道德压倒了弱势道德。权力制造了知识，国际保护责任的伦理困境实质上源于话语霸权之下的知识矛盾，它是西方中心的现代世界秩序的产物。

三、困境之消解：基于社会建构论的探讨

对国际保护责任的伦理困境的诠释，不应仅是解构性和批判性的，还

---

① 《世界人权宣言》，引自董云虎、刘武萍编著：《世界人权约法总览》，成都：四川人民出版社1991年，第960页。

② Christian Reus-Smit，" Human rights and the social construction of sovereignty"，*Review of International Studies*，Vol. 27，Iss. 04，2001，p. 537.

应探寻解构之后的重构，批判之后的超越。伦理困境的深层成因使其道德解悖面临来自伦理文化和现代性世界秩序的复杂挑战。困境消解的出路何在成为值得深入思考的命题。这里试以社会建构论路径的诠释性理解，[①]在长时段的大历史视野下对该伦理困境可能的消解路径做一规范性探讨。

（一）伦理文化涵化：弱化困境的渐进路径

国际保护责任的伦理困境植根于国际伦理文化间的对立性。消解现有伦理困境，存在一种可能的渐进性路径，即国际伦理文化的涵化（Acculturation）。[②] 两种国际伦理文化模式间虽然存在质的差别，但随着国际社会的互动进程，二者在不断的接触过程中可以增进相互的认知、理解与影响，进而在一定意义上吸收对方的部分文化特质，使双方产生共性，形成一种双向的涵化。从社会建构论视角看，主体间性的国际伦理文化与国际行为体的道德意识和道德行为是相互建构的，伦理文化的涵化将使国际伦理实践的观念基础发生变化。在双向濡化的伦理文化之下，道德标准的共识将逐渐增加，道德意识的冲突将缓慢消融。对国际保护责任的伦理困境而言，这种变化虽非对困境的彻底性消解，却能使其渐进地弱化。

虽然两种国际伦理文化的社会化进程造就了国际行为体根深蒂固的道德意识分歧，但社会建构进程使得伦理文化的涵化（至少在理论上）成为可能。从社会建构论视角审视，国际伦理文化是一个存在演化进程的动态体系，道德实践的社会过程之中包含着文化涵化的生成机制。道德实践存在于社会性交往互动的过程中，此中国际伦理行为体的交流与沟通，使得

---

① 社会建构主义的存在三种研究方法：严格的社会建构主义、客观的社会建构主义和情境社会建构主义。这里的研究主要基于情境建构主义。参见 Joel Best，"Extending the constructionist perspective：A Conclusion and Introduction"，in Joel Best ed.，*Image of Issues：Typifying Contemporary Social Problems*，New York：Aldine de Gruyter，1989，pp. 243—252.

② "涵化"作为一个文化学概念，与同一文化内部纵向传播的"濡化"相对应，指的是异质文化间的持续接触导致一方或双方原有文化模式发生变迁的现象。

价值观念和道德标准等文化模因能够在行为体间实现双向的传播。行为体的道德意识与伦理信念在接触与冲突的同时也相互影响，私有知识在异质文化交流过程中发生改变。正如温特（Alexander Wendt）所指出的，共有知识与行为体信念之间不具有附着性质，如果信念发生变化，共有知识所构成的文化形态也就会发生变化。[①] 微观层面新的私有知识在社会互动中建构成为新的主体间性的共有知识，国际伦理文化的涵化由此得以实现。

以文化涵化弱化乃至消解国际保护责任的伦理困境，虽然在理论上是可能的，但在现实中却未必是可欲的。在长期接触中，两种国际伦理文化的深层次涵化存在两种可能结果：一是"整合"，即双方既保留了自身的部分模因，又吸收了对方的部分模因，两者相互协调，形成了一种新的伦理文化模式。二是"同化"，即一方完全接受了另一方的文化特质，从而导致一种伦理文化模式的彻底消亡。两者产生差别的现实依据是两种文化模式是否存在明显的强弱差异。在当前世界秩序语境下，康德型伦理文化对黑格尔型伦理文化具有较明显的优势。虽然两种文化模式都是西方中心的现代性国际体系的产物，但在作为中心的西方，主导性伦理文化已完成了一种历时性的置换，后起的康德型伦理文化已取代黑格尔型伦理文化成为主流。当前国际伦理文化的共时性对立实质上是具有空间属性的，即世界体系中心地带同边缘—半边缘地带的对立。在强势文化对弱势文化的冲击之下，"同化"成为比"整合"更具可能性的涵化结果。这对一些非西方国际行为体而言并非理想的愿景。

（二）世界秩序重构：超越困境的激进路径

国际保护责任的伦理困境源于西方中心的、现代性的世界秩序。要从

---

① 【美】亚历山大·温特：《国际政治的社会理论》，秦亚青译，上海：上海人民出版社 2000 年，第 203 页。

根本上实现对现有伦理困境的超越，最彻底的路径莫过于现有世界秩序出现本质性的变革。从社会建构论视角考察，国际伦理文化是嵌入于社会世界的实践之中的，所有行为体的道德意识都是社会实践的产物，其产生和发展有赖于特定的社会场景——在这里主要是特定的世界秩序。要超越当前秩序下的伦理困境，一个重要途径就是建构起一种新秩序，以重构国际关系的社会生活世界。与现有世界秩序相反，理想的新秩序应是一种去中心化的后现代世界秩序。它深刻地体现着"后现代全球意识"，[①] 反对人的异化，注重生活的意义、生命的价值及精神的终极关怀。在后现代世界秩序中，人将真正成为德性的人，从而实现至善。它以一种"正义的秩序"超越秩序与正义的价值冲突，实现二者的统一，从而彻底性消解国际保护责任的伦理困境。虽然目前这只面向未来的理想言说，但正如规范理论代表性学者之一查尔斯·贝茨（Charles Beitz）所言，"理想的理论……不能简单地因为指出它现在不能实现而被削弱。"[②]

国际政治的社会建构进程为世界秩序的重构创造了可能性。社会建构论以人类实践为分析起点，认为"当人们以人类行动者方式表达自己时，他们就是在创造促使这些实践变得可能的意识以及结构条件"。[③] 在此基础上，人们共同建构着他们生活于其间的社会现实。包括世界秩序在内的所有社会结构，都是行为体社会实践的产物。国际行为体之间，国际行为体与国际社会之间处在动态的互构过程之中，这种互构使世界秩序的变化成为可能。在全球性社会互动过程中，人类实践能够实现对世界秩序的解构与重构。社会建构是长期持续进行的，故世界秩序不存在任何意义上"历史的终结"，新秩序永远是可能的——只是其实现需要一个漫长的

① 参见王治河：《后现代全球意识》，王治河主编：《全球化与后现代性》，桂林：广西师范大学出版社 2003 年，第 3—10 页。

② Charles R. Beitz, *Political Theory and International Relations*, Princeton: Princeton University Press, 1999, p. 156.

③ 【美】乔治·瑞泽尔：《当代社会学理论及其古典根源》，杨淑娇译，北京：北京大学出版社 2005 年，第 184 页。

过程。

就当前而言，现有世界秩序正经受多方面的考验。正如罗伯特·考克斯（Robert Cox）的论断，"主导世界秩序的机制结构都面临着不同程度的压力。"① 这种压力首先体现为新兴国家的群体性崛起。从"金砖五国"到"新钻十一国"，一批新兴国家正以较快的增长速度从全球经济中脱颖而出。新兴国家的崛起，正在逐渐改变西方国家数世纪以来在世界秩序中的中心地位。除此之外，现有世界秩序面临着诸如非国家行为体冲击下后威斯特伐利亚体系的萌芽，全球地方化（glocalization）② 趋势中多元文化主义的兴起等多方面的挑战因素。但不应过于乐观的是，当前这些因素仅能构成秩序内部的结构性演化，而非世界秩序的根本性变革。就可预见的将来而言，去中心的后现代世界秩序依然远不可及。以秩序变革实现对伦理困境的超越，仍是一种长时段历史语境下的规范性诉求。

四、结 语

国际保护责任的伦理困境，主要表现为一种道德行为的悖论，这种德行悖论在本质上是道德意识间的冲突。道德意识的冲突植根于国际伦理文化的差异，而伦理文化分歧则是现代世界秩序的产物。要消解这一伦理困境，只能寄希望于世界秩序的根本变革或国际伦理文化间的深度涵化。就短时期而言，国际保护责任的伦理困境很难得到实质性的消解。

这里基于主观理解的诠释性研究，虽或为实证主义者所反对，但伦理学的"休谟法则"已表明"是"与"应该"并无必然联系，③ 长于事实范

---

① 【加】罗伯特·W. 考克斯：《思考世界秩序的不同方式》，《世界经济与政治》2010 年第 3 期，第 115 页。

② 【美】乔治·瑞泽尔：《当代社会学理论及其古典根源》，第 143 页。

③ 参见【英】休谟：《人性论》（下），关文运译，北京：商务印书馆 1983 年，第 509 页。

畴的实证性方法并不适合规范范畴的研究。对国际保护责任伦理困境的后实证主义诠释，虽无助于政策实践，但对学术研究而言，仍是必要且有价值的。

负责任的保护：道德风险的规制问题

刘　毅[①]

【内容提要】：近二十年来，关于主权的"保护的责任"依次走过成型、突进、争议等历程，已大致进入反思改进阶段。源自人道主义干涉争论时期的"目的与手段"问题再次成为概念捍卫者与质疑者的论争重点。"道德风险"论刻画了干预行动在目的、手段及非意料后果之间的悖论。对于道德风险的规制，似应考虑诉诸结果与常识，而不是单纯诉诸手段或目的本身。在适当平衡代价与效用、近期与长远、能力与意愿、动机与平衡等关键问题后，有可能推动此概念转向"负责任的保护"，以适应中国当前避免外部干涉并扩展海外权益的实际需求。

【关 键 词】：道德风险；规制；结果；常识；负责

一、保护责任理念的进展态势

自 20 世纪 90 年代起，"保护的责任"（Responsibility to Protect，R2P）作为国际人权保护领域的新兴概念，迅速崛起成为西方世界事实上的国际干预"指导原则"，显示出建构新国际共识与全球规范的强大潜力。作为一项规范性的概念，R2P 的兴起与成型过程却带有强烈的现实意蕴。

---

① 北京大学国际关系学院博士研究生

冷战结束后初期，由于世界局势的变动，国际社会在维持和平、保护平民、提供全球公物等方面陷入某种僵局，联合国相关行动出现很多不确定、不完善的情形，无法充分实现预期目的：1993 年索马里维和失败、1994 年卢旺达种族灭绝、1995 年塞尔维亚斯雷布雷尼察（Srebrenica）屠杀等事件提供了深刻的悲剧式证明。1999 年在科索沃问题上，俄罗斯威胁使用否决权，安理会再次不能采取行动。北约在科索沃的单独行动引发关于国际规范的激烈争议。基于数个重要案例的全球反思以及在联合国合法性护持方面的考量，时任联合国秘书长的科菲·安南紧急呼吁国际社会尽快设法达成共识，以改善相应形势。①

R2P 概念的前置基础是所谓 "主权的责任"（sovereignty as responsibility）。早在 1993 年，为适应全球范围内的国家内部冲突剧增现象，联合国委派弗朗西斯·邓（Francis Deng）作为特别代表研究关于国内流离失所者（Internally Displaced People，IDPs）问题的应对事宜。调研成果首次强调了主权的责任内涵（相对于绝对排他的性质而言），但仍将保护国内平民的主要责任寄予当事国。② 2001 年是 R2P 概念成型的关键节点。由加拿大政府组成的 "干预与国家主权国际委员会"（International Commission on Intervention and State Sovereignty，ICISS）正式向联合国秘书长提交了题为《保护的责任》的报告。由于报告的系统性、开创性以及对

---

① Kofi Annan, *Annual Report of the Secretary — General to the General Assembly*, 20 Sep. 1999.

② Francis Deng, *Sovereignty as Responsibility：Conflict Management in Africa*, the Brookings Institution, 1996；Francis Deng, *Masses in Flight：The Global Crisis of Internal Displacement*, the Brookings Institution, 1998.

传统人道主义干涉的重新框定（reframe），其在国际社会引起巨大反响。① 其后，R2P 的发展进入一种稍感意外的突进状态：最重要的标志是在 2005 年第 60 届联大上被成功写入有 150 多个国家的元首或政府首脑签署 的《世界首脑会议成果文件》。虽然该文件在立场方面相对 ICISS 报告有 某种后退，但也因此能够获得更多认可与国际共识，推进 R2P 概念原 则化。

此后在 2009 年，联合国秘书长潘基文向联大提交《履行保护的责任》 报告，提出了三个支柱的概念，即：国家的保护责任（运用必要手段，保 护人民免于种族屠杀、战争罪、族裔清洗、反人类罪，并因此改善主权）； 国际援助与能力建设（国际社会的责任形式）；及时而果断的反应（国家 明显不能或不愿保护人民免于四种罪行时）。② R2P 概念的此项胜利与之 前全球范围内对西方"人道主义干涉"或"新道德使命"观的抵制（敌 意）截然不同，关键的原因是规范倡导者采取了巧妙的构述策略。先前关 于"人道主义干涉"的争论主要围绕军事干涉行动合法性、主权与人权等 话题展开。这些话题相对狭窄，带有浓重的高政治、抽象式特点，经常将 讨论引入死角。③ 相对而言 R2P 讨论视角更宽阔、发散、具体：重点关注 弱者与受害者情感，尽量将注意力引向行动方案、代价、结果而不是干涉 本身。据学界归纳，R2P 推广者主要使用诊断式（diagnosis）框定和预期

---

① ICISS, *the Responsibility to Protect*, International Development Research Centre (IDRC) in Ottawa, 2001. UN General Assembly, World Summit Outcome Document, A/60/L.1, 15 Sep. 2005. Gareth Evans, *The Responsibility to Protect*, Fifth Committee of the General Assembly, GA/AB/3837, 4 Mar. 2008. Alex Bellamy, *R2P: Global Effort to End Mass Atrocities*, Polity Press, 2009. Alex Bellamy, *The Responsibility to Protect: Five Years On*, Ethics & International Affairs, 24 (2), 2010, pp. 143—69.

② Ban Ki—moon, *Implementing the Responsibility to Protect: Report of the Secretary—General*, A/63/677, 12 Jan. 2009.

③ Gareth Evans, *From Humanitarian Intervention to R2P*, Wisconsin International Law Journal, 24 (3), 2006, pp. 703—22.

式框定，构筑相对精致的道德实践框架。[①]

诊断式框定集中关注受害者一方而不是干预实施者的强权问题；重点强调"什么是错的，什么现象应受谴责"，将之前原本"不愉快但仍可忍受"的社会政治生活事实加以重构，成为必须纠正的问题。ICISS报告延续了之前关于主权责任的讨论，但是避免直接质疑"不干涉内政"这一保证秩序与行为可预期性的原则，而是反复强调主权作为一种"有条件的权力"，依赖于当事国对人权最低标准的尊重以及保障，并试图强调国际社会在国家不能或不愿妥善应对人道主义灾难时应承担的责任。这种相对低调的分析态度有利于超越具体环境下信仰与思维的差异，克服南北争端的政治化难题。

预期式框定的应用体现在ICISS报告对具体问题解决方案、行动动员、目标实现手段等方面的大量关注。ICISS考虑到国际社会围绕"人道主义干涉"存在的激烈辩论与理念分歧，以及原有关于干涉权力的措辞只能引发疲劳争辩、无助于解决问题的现实，于是选择以干涉方式、条件而不是干涉行动本身作为突破点展开论述。它强调"责任"包括预防、做出反应、重建，并以预防作为最重要方面，尽量少用侵入或强制方式。为此ICISS报告提出了著名的"军事干涉原则"：正当理由（已经或即将发生大规模丧生、种族清洗）；合理授权（安理会）；正确意图（阻止或减缓平民苦难）；最后手段（穷尽和平手段后）；均衡性（规模、期限上的最低强度）；合理成功机会（行动有可能达到预期结果）。[②]

尽管如此，R2P在发展过程中仍面临诸多质疑与困难。非西方国家多数基于政权安全等原因，对R2P仍采取审慎态度。联合国在R2P原则

---

① David Snow, Framing Processes and Social Movement: An Overview and Assessment, *Annual Review of Sociology*, 26 (1), 2000, pp. 611—39. 转引自黄超：《框定战略与"保护的责任"规范扩散的动力》，《世界经济与政治》2012年第9期，第64页。

② 相关分析参见 Gareth Evans, *R2P: Ending Mass Atrocity Crimes Once and for All*, the Brookings Institute Press, 2008, pp. 3—15.

的具体内容方面仍处于"继续审议"状态，R2P 法律化过程暂时搁置。基本上可以从背景、内容、前景等方面归纳 R2P 面临的挑战。

背景层面，R2P 体现的世界主义关怀、后现代式的良善构想，与目前的现代性国际环境之间仍存在诸多不适：无政府体系下的初级社会体制缺乏充足的组织化、制度化要素，不能为国家行为与国际道义提供充分担保；人的安全（human security）经常作为国家意志合法化的包装（特洛伊木马），国家安全、不同群体利益、原子式个人之间关系纠缠难解。这就是说，人道主义干涉问题的固有矛盾并未得到妥善处理，可能只被掩藏和绕开，其结果是 R2P 作出的各种妥协。比如：弗朗西斯·邓在其后论述中，同意将"主权的责任"也加以限制，承认当地权威或当事国在保护国内难民时，如果不"武断地屏蔽"国际援助，仍享有主体地位；联合国成果文件强调对具体个案区别对待，不采纳设立军事干预普适标准的建议等。[①]

内容层面，即使诸多外围问题已解决，R2P 自身逻辑架构的建设仍面临一个核心困难，即目的与手段的冲突问题。由于模糊定义更容易保证 R2P 共识的广泛性，许多困难并未给予足够认真的解释。例如：国家应如何保护人权才符合 R2P 标准，怎样判定国家"已经不能或不愿"履行保护责任，如何保证干预手段合理性（比如出现干涉的任意、武力作为优先手段、干预时烈度超出适当或对称要求等），如何改变对干预本身的关

---

① 相关分析参见 Alex Bellamy, Global Politics and R2P: From Words to Deeds, *Routledge*，2010，pp. 121—35.

注远远超过预防和重建问题，等等。① 基于无法调和、相互竞争的正义目的而允许更多战争与混乱，并不符合 R2P 原本含义。如果只强调"高尚目的"，不讨论过程、手段、结果的非正当性，无疑会使 R2P 概念的进展遭遇越来越多困难与阻力。

前景层面，R2P 实践过程就被干预方以及干预方而言，都存在若干问题。在被干预一方看来，由于 R2P 在主体资格、行动监督、后果问责等方面的关键缺陷，滥用这一原则有选择地打击他国十分方便；由于标准模糊、无法预先确定后果、行动评估的重叠验证（难以确切认定具体行动效果）等问题，干预行动可能不到位（卢旺达），或无限制（科索沃），或褒贬不一（达尔富尔），或突破既定规制（利比亚），甚至明显基于其他目的（格鲁吉亚、伊拉克等）。对行动方而言，即使干预资格较容易获得，干预缺失（deficiency）现象在无明显利益关涉地区或代价较高时，仍较为显著；相反，在利益攸关地区的干预经常过剩。区域组织在执行能力和资源方面较为有限，集体行动难题严重阻碍行动效果，"内部效率""外部效率"在行动过程中经常不能兼顾。R2P 倡导者不得不面对现实：这一概念在安理会常任理事国中所获得的政治支持并不理想。大国的怀疑主要是由于担心滥用（中、俄），或是担心妨碍行动自由（美、英）。利比亚战争后，R2P 共识的保持再次面临较大困难。

由此可见：由于国际关系规范理论的线性（linear）思路和进步偏见，R2P 的成功可能被夸大（overplay）。事实上，是否可以将规范研究直接

---

① ICISS 报告的主要贡献者，著名人权活动家加雷思·埃文斯（Gareth Evans）指出：目前 R2P 概念发展面临概念、制度、政治动员三方面挑战：概念上过宽或过窄理解都可能造成误解；制度上如何确保必要的预警能力、行动能力，强化制度网络；政治动员上如何提高国际意愿和共识，促进及时有效回应。可以看到：这些概括仍然是描述性的、表面意义上的。不能对核心难题的解决给予更多帮助。相关讨论参见 Thomas Weiss, Humanitarian Intervention: Ideas in Action, *Polity*, 2007, pp. 116 - 17; Alex Bellamy, R2P or Trojan Horse, *Ethics & International Affairs*, 19 (2), 2005, pp. 31 - 54.

应用到 R2P 仍存疑问。[①] 一项关于规范的概念产生后，如何掌控其含义、防止不当使用，往往超出规范设计者的能力范围。因此，应正本清源，重新澄清 R2P 核心难题，即目的与手段的冲突。

二、作为道德风险的保护责任

对于 R2P 在实践过程中的目的与手段冲突问题，"道德风险"（moral hazard）理论的刻画较有代表性。在 2000 年《联合国千年报告》中，科菲·安南提请注意人道主义干涉可能导致的非预期后果问题，即"有可能鼓励分裂分子、叛乱者、反对派等故意触动该国政府压制和侵犯人权，并以此引致更多外部干涉，获得对抗现政权的资本和进一步援助"。[②] 这一现象被艾伦·库珀曼（Alan Kuperman）称为"道德风险"。道德风险论认为：第三方势力的干预及援助实际上导致并鼓励作为反对者一方的个人或团体不断增强其野心（perverse incentive）与冒险行为（risky behavior），成为当事国国内武装冲突与人道主义灾难持续不断、难以遏止的主要触发因素（trigger）。[③] 库珀曼通过一系列实证研究表明，R2P 导致道德风险的内在机制主要在于外援预期导致威慑失败，即：由于外部干涉的可能性，反叛组织不相信现政权压制行动的可信性（credible），相反，他们将越来越具有冒险性，主动挑起事端，拒绝协商安排，期待成为政府压制行为的受害者，以某种可承受代价，配合外部干涉取得反叛胜

---

① Martha Finnemore and Kathryn Sikkink, International Norm Dynamics and Political Change, *International Organization*, 52（4），1998，pp. 887－917. Edward Luck, *Building a Norm：Responsibility to Protect Experience*, Brookings Institution Press, 2010.

② Kofi Annan, *We the Peoples：the Role of the United Nations in the Twenty－first Century*, A/54/2000，27 Mar. 2000.

③ Alan Kuperman, Humanitarian Hazard：Revisiting Doctrines of Intervention, *Harvard International Review*, 26（1），2004，p. 64.

利。在这一过程中，人道主义灾难可能源于政府军、反叛者或第三方势力，外部干涉实际上导致（cause）并延续（prolong）了国内暴力过程。[①]库珀曼提出：只有当一国政府行为严重不适宜（grossly disproportionate）才可以进行国际干预；外部行为体应尽量促进当事国政府与非暴力反抗组织就后者合法诉求实现和解；如缺乏有效军事力量保护平民免受暴力侵害，则不应出现因外部干预导致当事国政权更替或主权让渡情形；人道主义救援应保证反叛势力受益最小化。

道德风险理论作为西方学者对 R2P 的反思与实证批判，引起众多 R2P 倡导者的全力反驳。这些批驳意见大致有以下几种思路：寻找另外的数据，证明国内反叛组织在频度、持续时间、严重程度方面并无显著变动；指出库珀曼在 R2P 和人道主义干涉之间不加区分加以运用，在后者定义指涉方面不太确切（如外部干预不同种类的宽泛定义、国家行为明显不适宜的含糊界定）；指出道德风险理论持有过于简化（reductionist）的研究理念，忽略了复杂的社会政治经济背景与历史现实状况，故不能解释不同国家政府在应对反叛势力时的差异化选择，以及所产生道德风险的数量差异问题。[②] 因此"道德风险论"反对者得出主要结论是：对 R2P 的道德风险批判思路无效，主要是由于道德风险论者对 R2P 的误解，或由于过分依赖经济学、统计学方法导致片面结论。应当看到：R2P 的若干支撑论证同样带有随意性和模糊性。由于西方国家经常出现选择性忽略当事国具体情况、无原则地支持当事国反对势力并视之为人权正义化身的做

---

① Alan Kuperman，Suicidal Rebellions and Moral Hazard of Humanitarian Intervention，*Ethnopolitics*，4（2），2005，pp. 149—73. Alan Kuperman，Moral Hazard of Humanitarian Intervention，*International Studies Quarterly*，52（1），2008，pp. 49—80.

② Richard Price，*Moral Limits and Possibility in World Politics*，Cambridge University Press，2008. Alex Bellamy，On Limits of Moral Hazard，*European Journal of International Relations*，18（3），2012，pp. 539—71.

法，道德风险论对 R2P 的批评在一定意义上可能更接近事实情形。①

然而，道德风险论的主要问题并不在于此。道德风险论提供的主要启发点在于效用导向与结果（effect）关怀。其主要不足是：沉陷于结果论之中，无法给出有建设性的、体现积极进取、真正解决实际问题的行动方案。换言之，"道德风险论"在解构一种既有价值之后，并没有体现出足够能力创建一种新价值。它对于 R2P 的理论态度是一种所谓"至善论"（the best－being－the enemy－of－the－good syndrome）思维，不考虑 R2P 作为理念和实践的含义区隔，缺乏某种对进步概念的宽容度。回溯"保护的责任"原意，可以看到：它最初是为解决国内流离失所者问题，应对全球范围内对"人道主义干涉"先入为主的反对情绪，尝试在人权与主权之间建立可能的一致性，使两者相互支持。② R2P 的新内涵在实践扩展中不断获得，包括对国家动乱"外溢效应"的应对思考；寻求形式平等（例如主权）与实质正义（例如 R2P 所宣称的诸种道义目的）在实践中的关联与统合；寻求国际社会"监督"一国政府施行法治、对国民负责，阻止其滥用职权谋取私利的可能性；等等。它是一种改革性的、基于问题解决逻辑的思维路向。至于被滥用或出现某些意外结果的可能性，任何规范或制度都不能排除。这就需要 R2P 在具体扩延层面再做更多完善，例如考虑如何理顺预防、反应、重建之间关系，尊重当事国主体性；考虑平衡

① 政府的"武装平叛行为"是否具有正当性、是否构成国内人民享有基本人权的阻碍因素，在认定方面是一项复杂难题。分离主义、族裔对立、资源分配、长期贫困、民主诉求或国外挑动可能构成武装叛乱的事由。对此，西方社会标准以及政治体制并不能简单推广。如果缺乏充分事实理由否定武装平叛行为正当性，则不宜受到更严格限制。Arman Grigorian, Third－party Intervention and Escalation in Kosovo: Does Moral Hazard Explain it, *Ethnopolitics*, 4（2），2005, pp. 195－213.

② 具体做法之一，即确认人权亦具有非绝对性质，与主权类同。比如：基于人权的分层性，R2P 限定种族清洗、种族灭绝、战争罪、反人类罪作为基本理由，强调这些行为在道义逻辑上不可容忍，而且在绝大多数国际法和国际司法管辖机构中均被视为犯罪，应得到国际介入。这无疑是在人权与主权争执中划定红线，并作出必要妥协的做法。参见 Louise Arbour, R2P as a Duty of Care in International Law and Practice, *Review of International Studies*, 34（3），2008, pp. 445－58.

非军事手段、信度及威慑力因素等。

虽然结果论取向的解读对道德风险论而言过于突出，但实际上对 R2P 而言却并不足够。R2P 的关键难题，即目的与手段悖论问题（或者说道德风险悖论），仍需要结果意义上的规制与校正。这并不是说 R2P 缺乏结果考量，而是指其结果涵义具有某些误导性（misleading）。其核心逻辑是：为正义目的，采用非正义手段（军事）是正当的，当且仅当行动的结果达到自我认定的目的。这是将手段置于结果之上，后者仅作为陪衬或者正当性论证工具。ICISS 报告指出："只有军事行动具有合理的成功机会，亦即实现制止或避免最初触发干预的屠杀或苦难，才能证明有理由采取这种行动。"[①] 这种功利主义取向的思路基于行动者以及国际社会全知全能的假设，但过于切近，可能导致行动评价问题的混乱局面：该意义上的"结果"对总体福利的影响难以衡量和把握（比如有可能增加各方的心理成本）；实际效果验证需要时间，在不同层面上难以达成一致；并且由于标准单一性，有可能导致对必要规则的否弃，因此又回到动机和结果问题的纠结状态。[②]

因此，需要尝试一种以结果调解 R2P 目的手段冲突的新思路，重视结果的独立意义，将结果置于手段之前。广义上的道德风险论实际上凸显了手段的不可靠性：干预方式不当将会导致恶劣结果，压缩政治解决冲突的空间；粮食援助对许多冲突当事国而言已经成为战争的助燃剂；大量援助导致当事国民众的依赖心理，相应投机现象盛行；不同人道主义组织之

---

① 对该问题的讨论参见 Martha Finnemore, *The Purpose of Intervention*, Cornell University Press 2003；Rory Stewart, *Can Intervention Work*, Norton, 2011；Virginia Fortna, *Does Peacekeeping Work*, Princeton University Press, 2008.

② 事实上相比目标方，干涉方一般都会拥有巨大实力优势，而干涉结果如果违背普遍原则或国际共识，则错误一般可归于干涉者。参见 James Pattison, *Humanitarian Intervention and the Responsibility to Protect：Who Should Intervene*, Oxford University Press, 2010；Robert Jackson, *War Perils in R2P*, *Global Responsibility to Protect*, 2（3），2010，pp. 315－319.

间出现不良竞争与诋毁；等等。为分散和规制道德风险，真正实现所谓
"责任"，有必要在结果意义上考虑近期与长远两种思路，前者强调规范武
力，后者关注根源治理。就前者而言正义战争论（just war）能够给予较
多启发：它基本肯定战争作为追求一种正义目标的手段所具有的合理性，
同时注重总结和发展一套标准来规范武力过程，而非抛弃后者。[①] 实际
上，"保护的责任"核心应当是规范武力乃至寻求和解。虽然干预方在很
多情形下缺乏耐心，然而真正的保护所需要的更多不是武力本身，而是解
决问题，耗用各种资源以及更多时间，找到真正矛盾点，以非武力方式施
加必要的制度化压力，寻求更多当事方的满意。强调"负责任保护"，意
味着不断完善 R2P，在过程及手段之外更强调预防，注重生存、发展权
及更多涉及结构性预防、根源治理的议题，促进人权领域内议题联系，保
证在横向纵向意义上都能够体现结果对于道德风险的纵深规制效应。

三、行动取向与负责任的保护

确定结果导向对 R2P 目的手段冲突解决的关键意义后，宜应继续讨
论解决该冲突的行动原则与取向问题。这一问题前提是：确认"主权的责
任"与"国际社会保护"的连接正当性，由此确定相应行动方向，在行动
层面缓解 R2P 目的手段冲突。事实上，R2P 采用类似"市场营销"（mar-
keting campaign）的策略并未很好地解决这一问题，特别是在当事国未能

---

① 沃尔泽（Michael Walzer）等论者提出在现代战争条件下尽可能避免"附带伤
亡"的"双重原则"，大量强调结果与效用。具体标准包括：干预行动本身合法；直接
结果在道德上被允许；干预者意图良善，行为节制，不寻求邪恶结果或因之而寻求特
定手段；过程参照西季威克（Henry Sidgwick）善恶对等弥补原则。参见 Michael Walz-
er, *Just and Unjust Wars：A Moral Argument with Historical Illustrations*，Basic
Books，1992；Michael Walzer，*Arguing about War*，Yale University Press，2004. Tim-
othy Crawford，Moral hazard，Intervention and Internal War：A Conceptual Analysis，
Ethnopolitics，4（2），2005，pp. 175—93. Thomas Smith，Moral Hazard and Humani-
tarian Law，*International Politics*，39（2），2002，pp. 175—92.

合理地提供对国民的"保护责任"时，外部干预为何或如何具有正当性。对这一问题的回应主要有两种思路，即诉诸自然（目的）与诉诸常规（常识）。

诉诸自然与目的，是一种基于罗马法的思路。主要特征是对人性与普遍法律原则的强调，以自然法为主要依据，关注抽象的"权利"（rights of humanity）、"目的"（end）、"终极因"（a final cause）等概念。如果"人"的权利遭侵害，国家的存在不再具有合法性。它渗透着近似宗教式的"天赋人权"信仰。哈维尔（Vaclav Havel）的论证思路是：不断上诉至高层律（a higher law in the rank）作为依据，寻求有别于或独立于具体实践的道德准则和正义目的。① 所谓自然，指涉的是一种有自明性质的事实；它指向一个终极目的，并提供某个起点（a starting point）。然而，它的内恰性建立在"不断上诉"行动中，并且将权利置于诸善之前，在理念与行动的连接论证方面缺乏应有关注。这一点也为休谟（David Hume）所反对。休谟强调了德性（virtue）、自然（natural）及人为（artificial）等实践理性要素对自然法的特殊意义，表明正义原则实际是源于人类自身努力。② 基于"天赋人权"观的行动方案，在理论正当性方面存在若干致命缺陷：首先是施特劳斯（Leo Strauss）意义上的自然正当性向自然权利的偷换式颠覆，实际导致价值虚无，缺乏可供上诉的最终依据；权利无条件至上，不能节制其所涵括内容的泛化趋向；它承诺过高（永不剥夺），成本惊人（为恶风险小收益大），内在冲突不断（破坏他人权利者享有权利），往往无法保证过程持续性与结果公正。显然即使诉诸自然的思路具有良好动机，也很可能将导致 R2P 行动价值混乱、行为失序、缺乏可持续动力，无法保证正当结果。所以它至少在理论上考虑不周，缺乏应有

---

① Vaclav Havel, *Address of His Excellency* , President of the Czech Republic to Houses of Parliament, Ottawa, on 29 Apr. 1999.

② David Hume, in Stuart Warner and Donald Livingston, eds. , *Political Writings* , Hackett Publishing, 1994, pp. 4—7.

谨慎。

诉诸常规（convention）或常识，是一种更有现实意蕴与实践弹性的思路。它支持"人赋人权"，相信利益（interest）和意志（will）等趋于现实的要素；它更多不是强调目的或律法本身，而是强调施行的结果（results that come with exercising them）。这反映了由责任（抽象概念）到负责（具体实践）的转向，也是一种将常识置于目的之前的做法。在更一般意义上，所谓"存在"本身必须在"做"中实现并得到证明，存在无外乎做事，并且因意义而在（to be meant to be）。[①] 如果忽略现实境况与利益关系联结，一项偏重于理想主义的规范理念（R2P）就有可能面临"剥洋葱"效应：各层表面的抽象措辞剥离后，并未剩下任何内容（行动痕迹）。对于道德行动，需要各方意愿、利益、公共理念、负责任态度（obligation）等要素悉数在场。这意味着：进步是主动创造（created）而不是被发现（discovered）的；需要主动筹划、应用策略、设计各方利益流向及控制机制；调整期望值，增加实践耐心，具体解决问题。

在以上两种思路中，后者更贴近当前 R2P 实践的境况与困难（道德风险），能够为相应行动提供某些有益的原则指引，特别是：如何协调效率与公平、干预和限制的关系，在诉诸常识基础上尽量保证行动结果，实现由责任（responsibility）到负责（obligation）的转变。

首先是干预过程的利益与动机问题。不可否认，干预行动总是存在道德价值与自利价值的显性重叠或隐性暗合，并且即使最"真诚"的国家也会隐藏这种自我取向的"巧合"结果。人道主义的工具性质涉及行为者动机不可测度性、区分机制的缺乏等因素，在很大程度上影响相应行动的对

---

① 赵汀阳：《预付人权：一种非西方的普遍人权理论》，《中国社会科学》2006 年第 4 期，第 17—30 页。

象国与具体模式选择。① 例如，单边干预相比联合国框架下多边干预而言，更容易倒向自我利益，尽管在效率方面往往更胜一筹。对这一问题的积极方案应该充分考虑而不是先在回避各方利益问题，寻求利益的激励、竞争、规制以及制衡机制，将现实与实践摆置于最终目的之前，尽量实现利益与道德的"积极均衡"。

其次是干预行动的节制问题与有限性。鉴于干预国实际动机的复杂性（缺乏客观的评价标准）、国际社会价值观的差异性质（比如西方世界的民主冲突以及歧异的人权标准）、道德风险的不确定性等原因，R2P 实践的目标、方式很难预期或者得到控制，在干预后社会秩序重建过程中，干预者一般会根据自己的价值及利益标度，对目标国政治与社会权威重设施以深度影响，实际上将维持和平（peace keeping）退变为制造和平（peace making），原本宣称的道德正当性不断流失。为规制这一风险，简单逃避任何行动、寄托于朴素的"道德元律"、仍将 R2P 局限在道德伦理范式中，都属于一种过于简单化的思路。应对这一难题的明智方法首先是回归现实，调整各方心态，较少强调干预行动的政治性；对行动必要性做出审慎分析；抱持务实态度，避免期望过高。最关键的行动原则是：将 R2P 目标和过程保持在一定限度内，快进快出，无损主权，使"道德风险"降至最低限度。如能在不直接介入的情况下经过努力，积极促成有关问题的政治解决，则更为明智。

为此，与负责任保护（obligation in protection）相适应的行动方案，

---

① 对于所谓"一致性"问题（人道主义危机国的干预状况并不一致），学者辩称：不能因为无法在所有地方做同样事情，就什么也不做。这固然是正确的，但仍需要明确做什么和怎样做的问题。参见赵汀阳：《预付人权：一种非西方的普遍人权理论》，《中国社会科学》2006 年第 4 期，第 25 页。

实际上更侧重实践与常识，优先于目的本身。[1] 以下要点可以成为"负责"的必要内涵：认真考虑主权与人权的矛盾点，愿意尝试并努力规范武力，调和目的与手段的冲突；明确授权主体与标准，在维护联合国权威现状的前提下，首先寄希望于当事国政府而不是开始即诉诸最后手段；[2] 考虑以负责为主线，优先应用各种非军事手段（政治外交经济等），稳固R2P 的实践成果；有所为有所不为，保证不得已的军事行动仍不失其有限性；行动尽量避免单边主义，倡导多边机制；考虑将目标框定为"对目标国人民及行动结果负责"，确保结果有益于地区稳定，在此前提下，尽可能推进建立军事行动的监督、制约、限定及过当问责机制；[3] 等等。

四、道德风险规制的若干思路

基于以上讨论，关于 R2P 目的手段冲突问题，解决思路是诉诸结果和常识，而不是单独诉诸手段或目的。基本目标是从"保护的责任"转向

---

① 关于 R2P 概念中的"责任"与"负责"的深入辨析，参见 William Bain, Responsibility and Obligation in the Responsibility to Protect, *Review of International Studies*, 36（1），2010，pp. 25 – 46；Gary Watson, *Two Face of Responsibility*: *Agency and Answerability*, Oxford University Press, 2004, pp. 260 – 88；Louise Arbour, R2P as a Duty of Care in International Law and Practice, *Review of International Studies*, 34（3），2008, pp. 445 – 58.

② 在 ICISS 报告中，相关问题表述是："国家蓄意行动，或是疏于行动或无力行动，或是一国出现了瘫痪形势"，即提供了军事干预行动的"正当理由"；安理会常任理事国"在未影响本国利益时不得行使否决权"；"通过授权进行军事干预的决议得到大多数国家支持时不得阻挠"；安理会未作出决议时的替代方案包括联大紧急特别会议审议、由区域组织采取行动等。这未能体现国际社会应有的耐心，而是有可能导致问题进一步复杂化。ICISS, *The Responsibility to Protect*, International Development Research Centre（IDRC）in Ottawa, 2001.

③ 例如在 2011 年利比亚战争中，当事国政府在干涉行动之前并未屠杀平民，大部分伤亡来自干涉战争本身；西方国家在得到安理会关于设立禁飞区授权后，公开支持反对派，擅自将打击范围扩大至该国全部军事系统，强推政权更替。为此联合国安理会轮值主席、南非常驻联合国大使巴索·桑库（Baso Sangqu）呼吁对北约"违反人权的行为"进行调查。

"负责任的保护"。如图 6.1 所示。

图 6.1 基于结果与常识的道德风险规制思路

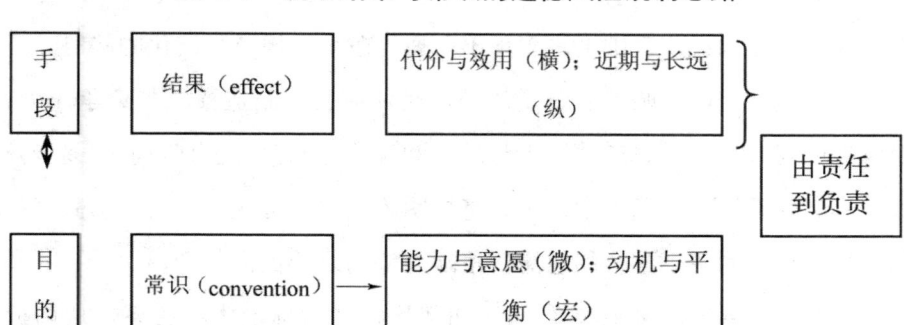

在结果意义上规制 R2P 所引致的道德风险，可以从横向和纵向两方面考虑。其中，较为适切的议题包括代价与效用、近期与长远等。

代价与效用议题主要就 R2P 对象国而言，首要目的是尽可能降低行动的代价，获得最大效用。实际上，西方世界的民族国家整合历史一直充斥着暴力与人权侵害，这些代价对现今的非西方国家而言似乎并不容易绕开。① 为此，关于 R2P 的评测应该在某种意义上关乎实际的代价与效果对比，以可观察的人道主义罪行实施代价上升、R2P 行动出现效果超过代价的显著趋势、在实施方式或过程与结果等方面呈现更多关乎人权保护的认同与价值共享、行动合法性能够承担较长时间的检验等特征为阶段性目标，而不是以道德至上的方式，经过貌似善意的行动却未出现真正的改善。作为一种途径，代价和效用考量有可能使当事国各方更有效率地停止冲突，实现和解。具体思路包括：引导 R2P 的实施方式转向柔性，综合采用协商、合作、引导、自愿服从等政治方式保证行动更适应当地复杂状

---

① Robert Jackson, *Quasi — States*： *Sovereignty*, *International Relations and the Third World*, Cambridge University Press, 1990. Nicholas Wheeler, Legitimating Humanitarian intervention：Principles and Procedures, *Melbourne Journal of International Law*, 2 (2), 2001, p. 566.

况，尝试建立国际社会行动国与当地民众及政府的信赖关系；尽量在保持军事威慑（强制）可信度与效度的情况下，考虑另外的激励机制，如报偿（rewards）、竞争（competition）、劝服（persuasion）等，使当事国各方在后果逻辑（利益）基础上，表现出向适当逻辑（规范）演化的趋势。具体方式可包括：武力暗示、显示决心、集体制裁、制造稀缺与竞争压力、经济援助与政治支持、道德压力与反复劝说等。调解过程宜采取"逐步升级、不失弹性"的时间方案设定，坚持明确条件不可变更，及时遏制事态的不良发展，为主动配合的意愿、争端态势的改善提供奖励。①

近期与长远议题主要涉及 R2P 如何平衡"治标治本"关系，从切近的审慎发展，逐步过渡到积极的根源治理。由于 R2P 的道德风险问题尚未妥善解决，尚不能保证相关行动取得良善结果；国际机制目前也不能做到直接给予个体民众以有效、公平、妥当、普遍的保护，R2P 法律化过程仍需得到审慎控制，其具体范围应限制在"种族灭绝、战争罪、族裔清洗和危害人类罪"的标准表述，配合现行国际法以及联合国框架内提供的多种人权保护模式，而不宜宽泛地将所有人权保护项目全数纳入。在 R2P 的施行过程中，具体国家的预防责任最为关键，国内经济政治社会等保障措施、社会冲突的缓解、社会秩序的保障、包容文化的培育等问题，都首先需要当事国政府的积极行动及其后续效果，此后再考虑国际社会与大国提供帮助鼓励的补充责任（residual responsibility），以确保 R2P 真正有利于（而不是包办）负责任主权的实现。R2P 的真正前景，在于它所提出的"预防"以及"重建"责任，即当事国问题的根源治理。英国学派著名人权学家文森特（John Vincent）指出，"人权的追求与实现必

---

① 关于规范的推进策略，相关研究十分丰富，在此不详细展开。有关规范与理性的关系研究可参见 Miles Kahler, Rationality in International Relations, *International Organization*, 52 (4), 1998, pp. 919—41.

须经由世界各种不同文化的实践过程，而不只是来自其中一种文化的政治选择"。[1] 具体国家的人权发展，更像是国内社会进步的结果而不是原因。社会结构问题，如贫困、被剥夺、法治缺位、社会不公正、国内整合度低下、政府缺乏足够资源提高其治理能力等原因，已事实上成为叛乱、种族冲突、民族分离主义、政治极端主义的首要动因，并在很大程度上决定R2P 实践效果的不可持续性（恶的重生）。为此，国际社会特别是全球大国、发达国家，都有必要在这一方向投入更多资源，给予更多具有实质意义的发展援助，改善目标国家的生存境遇。R2P 的发展内涵是唯一能够在根源上解决问题、促使目标国走向秩序、人权、良治、多元的途径。直接制裁、匆忙诉诸军事行动、简单推动政权更替，或者仅停留于操作化、应急性的预防努力，都不能称为"负责"的保护方式。较为合理的 R2P展开轨迹似应是：由经济社会发展到政治革新，再到安全秩序稳固与人权保障，取得较理想的政治与社会结果。

在策略层面，R2P 道德风险的规制有赖于一种回归常识、尊重常规的思路。具体可以从微观（能力与意愿）与宏观（动机与平衡）两个维度继续讨论。

能力与意愿问题主要涉及 R2P 主导国家。为提高行动效率与绩效，改变集体行动困境对干预效果的影响，确有必要考虑能力问题，推举相对客观公正的行为主体（国家或国际组织）发挥主导作用。同时，主导国家能够在稳固意愿和塑造预期方面给予国际社会必要的"公共物品"：在行动能力与可信性方面或多或少表现出稳固或坚持的态度，完成必要的国家间协调工作，对克服集体行动难题助益甚多。[2] 研究表明：一般集体行动

---

① John Vincent, *Non—Intervention and International Order*, Princeton University Press, 1974, p. 82.

② Douglas Heckathorn, Collective Sanctions and Compliance Norms: A Formal Theory of Group—Mediated Social Control, *American Sociological Review*, 55（3），1990, pp. 366—84.

分为两个阶段，第一阶段，成员提供公共物品，第二阶段，成员提供公共物品惩罚搭便车或不合作等背叛行为；在第二阶段，其执行成本低于第一阶段，因此不需要完全可信，只要存在某些可能性，营造出一种不确定性威慑，极有可能导致合作行动的维系。当然，考虑到相关行动往往伴生政治经济等道德外目的，以及如果严格限制这一目的将很可能破坏相关国家提供公共物品的意愿，放纵这一目的有可能导致"保护过当"的道德风险，为此需要提高相关行动的制度化水平，适度允许主导国享有某些"机制化利益""威望利益""优先合作利益"，以及在参与重建过程中的"合理权益"，同时应明确"结果原则"与责任原则，讨论增强制度与法律对于"故意保护过当"问题的具体约束办法。这一办法同样应突破单纯道德目的，而延伸至制度化、规范化利益操作层面。同时，在安理会统一协调下，适当考虑扩充执行主体资格，重视区域组织的关键影响力，形成灵活有度、竞争与牵制并存态势，引导中长期形势趋向于合作共赢、共同收益，逐步弱化大国影响。[①]

动机与平衡问题属于宏观或中观层面，更注重自利动机的制度化限制与规范。相关研究表明：规范作为对行为适当性的稳定预期（stable expectations）和共享观念（shared ideas），其作用机制可以在强（观念构成理性）、弱（利益限制理性）光谱之上得到刻画。[②] 相关选项包括"交往

---

① 区域组织的优势在于：在安理会难以达成一致意见时，可以规避或绕开投票僵局，解决迫急问题；可以节省联合国行动的物质与人力成本；最重要的是，地区国家间相似历史经历和安全文化，更有利于问题在因地制宜、尊重特殊性、避免外部势力过分干涉的情况下妥善解决。Alex Bellamy and Paul Williams，Who´s Keeping the Peace：Regionalization and Contemporary Peace Operations，*International Security* ，29（4），2005，pp. 157—95.

② Jeffrey Checkel，*International Institutions and Socialization in Europe* ，Cambridge University Press 2005. 这一问题的大量讨论参见 Douglas Heckathorn, The Dynamics and Dilemmas of Collective Action, *American Sociological Review* ，61（2），1996，pp. 250—77；Douglas Heckathorn, Collective Action and Group Heterogeneity：Voluntary Provision versus Selective Incentives, *American Sociological Review* ，58（3），1993，pp. 329—50；etc.

与议程变化、舆论说服与社会动员、团体认同规范与资格准入、国际传授和压力、双层博弈、变更外部环境性质"等等。比如：基于多边主义框架的国际介入一般被认为具有更明确和可接受的合法性；履行 R2P 责任时用以限制军事行动的区分原则、预防原则、比例原则，已经成为比较明确的国际规范。① 此外，尽管在国际组织的责任主体资格、联合国与成员国责任分担问题上仍存在某些争议，联合国组织体系在相关行动监督、调查、责任认定以及缓冲意见分歧、协调各国立场、做出最终决策、组织维和行动等方面，无疑具有公认的权威性与正当性。当前，在综合应用国际关系规范理论（normative theory）提供的行动选项方面，国际社会并未取得理想进展，目前仍停留于原始的、低层次的政治话语争议，如道德与自私、霸权主义与强权政治等。只有适当搁置这些抽象的政治争论，恰当平衡强制水平与可预期结果、干预效率与审慎克制、规范与利益、革新与常识等关系，关注切实可行的解决议案，R2P 才能向"负责任"方向演进，获得可预期的进展前景。

五、负责任保护与中国新外交

2003 年以来，学界逐渐对中国新外交（China's New Diplomacy）达成基本共识。② 它的核心论点是：新世纪以来中国已经逐步摆脱"受害者心态"，以更加开放、灵活、正常、自信的"大国气度"介入世界事务。"中国新外交"与"负责任保护"的关键链接点，在于对主权问题的重新理解。主权含义的历史演进脉络是：从绝对专制权力到国家权力再到社会与公民主体权力、人的权利。它不再是一个单一、孤立的术语，而是一种

---

① 参见 Anne Orford, *International Authority and the Responsibility to Protect*, Cambridge University Press, 2011.

② Evan Medeiros and Taylor Fravel, China's New Diplomacy, *Foreign Affairs*, 82（6），2003，pp. 22—35.

多元、综合、分层的复杂实践范畴。国家对于主权的态度具有镜像含义。著名学者吉登斯（Anthony Giddens）指出："强国曾经是为战争做好最充分准备的国家。今天，这个概念的含义必须改变：一个有足够自信的国家是接受对主权加以新的限制的国家。"① 对全球化时代的中国外交而言，追求传统的自我利益，同时遵循由国际社会共识所定义的共同利益，并不容易取得平衡；维护主权、反对干涉、保持政治稳定并且延续在第三世界和周边地区的传统影响力（长期坚持不干涉原则的结果），构成第一重挑战；扩展海外利益与影响力，恰当介入外部事务、主动塑造事态则构成第二重挑战。中国在达尔富尔、缅甸问题出现之初的尴尬与被动（被指"不负责任"），即证实了坚持绝对主权、简单理解不干涉内政原则，已不能满足现实需求。

对此，中国及时做出了积极回应。对于 R2P，中国在联合国框架内参与了这一概念及其执行意见的讨论，接受了 2005 年《联合国世界峰会成果文件》，并着手对其进行限定性解释，强调当事国在执行"保护责任"时的主体地位，以及联合国作为授权方的权威性。中国尝试在限定 R2P 执行环境方面做出更多努力，强调预防、治理、能力建设、穷尽和平手段，推动这一概念向较为稳妥谨慎的方向发展，使 R2P 概念得到正确应用而不是滥用（abuse）。具有中国特点的务实斡旋、穿梭外交、耐心对话、争取冲突软着陆的种种举措，是中国加强对外介入而没有引起反弹的基本保证；中国的对外开发援助秉承公正合理、符合实际原则，条件灵活适度，注重实际效果，并不刻意将介入过程的手段选择直接挂靠本国的狭隘利益，明显有别于西方国家刻意提高政治、生态、人权标准的做法；中国对非洲整体维和能力提升事业的投入、对区域组织和关键国家的政治及资源支持、对建立宽基座、多层次援外机制的探索，成为参与"负责任保

---

① Anthony Giddens, *The Third way*: *Renewal of Social Democracy*, Polity Press, 1998. p. 137. 对中国外交当下问题的深入探讨，参见王逸舟：《创造性介入——中国外交新取向》，北京：北京大学出版社 2011 年。

护”事业的珍贵经验。

当然，中国在平衡主权与介入方面仍有较多理论和实践空间。中国在介入时机、评判标准、操作形式方面需要做更多探索，以求建立既符合全球治理新要求、又能得到当事国和危机地带民众多数接受的“创造性介入”理论，能够对 R2P 道德风险的规制提供更多创新思路与实践启示。

国家恐怖主义概念厘定中
保护的责任扩大化中的作用分析

——兼论保护的责任中的中国外交应对

李永强[①]

【内容摘要】：在对国家恐怖主义的概念厘定中，保护的责任所需要发挥的作用是至关重要的：既涉及理论认知分析，也涉及国际社会与大国责任的互动。而从保护的责任自身的概念与实施现状分析，在应对国家恐怖主义的过程中，推进国际社会就保护的责任达成必要的共识。而作为负责任大国的中国，有必要考虑通过相应的措施推进中国在保护的责任进程中所发挥的相应作用。

【关 键 词】：国家恐怖主义；保护的责任；国际社会；大国责任；中国外交

国家恐怖主义是目前国际社会在应对恐怖主义中尚未取得一致认知的领域，但不意味着国家恐怖主义并不存在。结合人类发展的历史，尤其是近代以来的历史发展而言，对于国家恐怖主义从理论到现实的关注与积极应对，是国际社会也是大国的责任。保护的责任是联合国所积极主张的、国际社会需关注且大国需要落实的重要理念之一，在其不断发展与完善的过程中，以保护的责任厘定国家恐怖主义是具有一定的学理价值与现实意义的。

---

① 吉林大学行政学院国际关系专业博士研究生

结合保护的责任现实，这一理念客观上是存在相当显著缺陷的，但在国家恐怖主义的概念厘定中，有必要参照不断发展与完善的保护的责任，作为针对国家恐怖主义理论认知与政策应对的重要参考变量之一。

一、国家恐怖主义概念厘定

国际问题的研究中，对恐怖主义的定义多种多样，根据荷兰莱顿大学的一项研究表明，涉及恐怖主义的定义共有 109 种之多。其中 83.5％的定义涉及暴力，65％的定义涉及政治目标，51％的定义涉及强加的冲突与恐惧。[①] 因而，对于恐怖主义林林总总的诸多定义中，可以对其中的共性有所认知，即定义中的共同因素涉及以下三点：第一，暴力的使用；第二，政治性目标；第三，以大量人口为目标散播恐惧为目标。[②] 换而言之，对恐怖主义的定义为：恐怖主义是暴力实施者基于政治目的对非武装人员（包括军队中处于非战斗状态的人员）有组织地使用暴力或以暴力相威胁的行为，其目的是以特殊手段把一定的对象置于恐怖之中，迫使其做原本不会做的事情。[③] 因而，可以对恐怖主义做出具有较为普遍性的定义认知：恐怖主义是以暴力为主要手段，通过在公众中制造恐惧而实现政治性目标的行为。

对于国家恐怖主义，结合人类发展演变的历史而言，尤其是近代以来世界历史的演变历程，可以对国家恐怖主义从概念到政策层面进行简要分析：结合上文对恐怖主义的概念介绍，对恐怖主义的概念延伸则视为对国家恐怖主义进行分析的基础，当前国际社会对于国家恐怖主义的理论认知

---

① Schmid, Jongman and Irving Louis Horowitz, *Political Terrorism*, Transaction Publishers, 1998, pp. 5—6.

② Ariel Merari, *Terrorism As A Strategy of Insurgency*, *The History of Terrorism*, University of California Press, 2007, p14.

③ 李少军：《国际政治概论》（第二版），上海：上海人民出版社 2005 年，第 436 页。

与政策应对并不明确。从概念与政策层面分析，国家恐怖主义的概念是结合国家与恐怖主义的两个主体，可以将国家恐怖主义视为以国家为行为主体的恐怖主义，即作为国际关系行为主体之一的国家，进行大规模的恐怖主义活动：比如，在 1931—1945 年间，日本在对华侵略战争中针对中国平民的大规模暴行。这种活动是得到国家在外交与军事层面的某种或主动或被动的应许与默认的，日本政府至少在侵华战争时期并未有效阻止本国军队对中国平民的杀戮。

国家恐怖主义的行为存在着相对深刻的根源，首先，在于国家政治结构因素，国家恐怖主义的行为出现的原因在于国内的政治结构对国家军事力量的约束。在第二次世界大战中，日本政府对于大本营（即参谋本部与海军军令部）缺少必要的约束，政府无法约束军方在战场上的针对平民与战俘的大规模暴行。例如，1937 年 12 月到次年 1 月，侵华日军华中方面军在南京对中国平民和战俘实施大规模屠杀，受害者在 30 万以上。

其次，国家恐怖主义受到国家政治文化的影响，政治文化对于国内成员的影响是相对深刻与长期的。国家政治文化中的对于强者的推崇与对弱者的无视、宽仁文化因素的缺失与失位对可能成为促使国家恐怖主义不断影响乃至左右外交与军事政策的因素。在二战中乃至现在的德国和日本法西斯势力都积极宣扬种族主义、民族优劣论，将这种宣传作为国家政治文化的形式加以固化和渗透，造成整个国家无视他国生存与发展的基本需求。在希特勒统治下的法西斯德国对犹太人（包括本国犹太人在内）通过集中营等方式进行有计划的、大规模的种族灭绝活动。

再次，国家恐怖主义受到军事因素的影响，即军队本身对于国家恐怖主义活动的影响。军队本身是国家机器中必不可少的组成部分，但很多国家的军队已然构成一个或者多个特殊的利益集团。以二战中的日本军队为例，这支军队在军队建设中严重忽视后勤的作用，军队在战争中缺少必要的补给，这就使得"以战养战"成为日本军队维持军队战斗力的有效方针之一，即依靠对占领区内居民生活资料的抢夺，甚至通过恐吓与屠杀夺取必要的食物。而"以战养战"本身就构成了日本军队的国家恐怖主义的写实。

最后，国家恐怖主义的现实因素，随着全球经济发展逐渐趋缓，欧洲和日本在21世纪后的右翼极端势力不断膨胀，尽管尚未上升到国家决策层面，但右翼极端势力在欧洲和日本的不断膨胀已经构成国家政策中较为明显的影响因素之一。在日本，右翼势力的不断整合中，日本政客借助对过去日本国家恐怖主义行为的辩护，进而美化侵略战争、赢得右翼势力支持并掠取政治资本的行为已经屡见不鲜了。例如，2012年3月，日本名古屋市长河村隆之对于南京大屠杀的否定言论，造成南京与名古屋之间城市交流的中断。① 显然，不能排除，随着时间的推移与右翼极端势力的不断做强做大，国家恐怖主义成为其政策主张的可能性是存在的。

对此，可以根据下图对保护的责任进行理解：

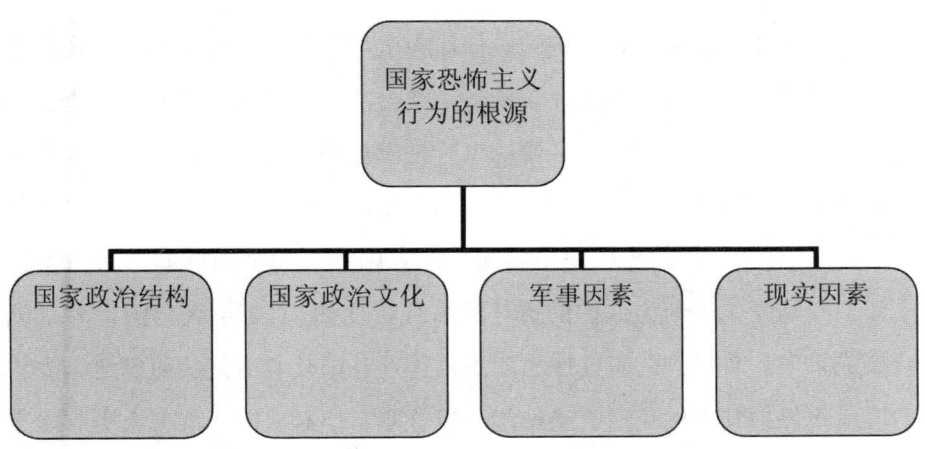

综合上述分析，对国家恐怖主义概念厘定的探索可以概括为，结合人类在近代以来的历史演变历程而言，国家恐怖主义构成了对于人类普遍意义上的生存与发展的重要挑战。这种挑战不单局限于国际法与国际道德领

---

① 《河村市長、南京発言撤回せず 重ねて「大虐殺無かった」》，朝日新聞，2012年2月22日。

域，更为重要的是，对于国家恐怖主义的应对与约束需要国际社会与大国责任领域的有效作为。可否这样认为，国家恐怖主义行为是人类历史在21世纪以前的全人类的悲剧，但21世纪的人类与国际社会需要在全球治理的有效实施进程中，采取必要的措施约束国家恐怖主义的活动。尽管对国家恐怖主义尚未达成明确的一致性的共识，但是这并不意味着可以对可能存在的国家恐怖主义活动听之任之，也不意味着对人类历史上国家恐怖主义活动可以肆意美化与赞扬。即国家恐怖主义虽在处于概念厘定的现在进行中，但历史上所出现的可以视为国家恐怖主义的历史现实与现实中所存在的对与国家恐怖主义历史所相关的现实中的美化与赞扬，构成了对国家恐怖主义在历史与现实中的关联作用。

二、国家恐怖主义的保护的责任审读

当前的国际社会中，保护的责任作为全球治理中的最为重要的观念之一，已然开始逐步涉及国内社会到国际社会的方方面面。针对国家恐怖主义而言，以保护的责任进行必要的审读是应对国家恐怖主义在现实中蔓延与对历史上的国家恐怖主义进行翻案的有效措施之一。

自2001年保护的责任提出以来，西方国家所积极倡导的"人道主义干涉"原则开始逐渐为保护的责任所取代，比如2005年联合国世界首脑会议成果中，对保护的责任作出如下描述"各国政府清楚、明确地接受它们应承担保护其人民免遭灭绝种族、战争罪、族裔清洗和危害人类罪之害的集体国际责任。在和平手段证明不足以解决问题，而且国家当局显然无法做到这一点时，愿为此目的通过安全理事会采取及时、果断的集体行动。"[①] 而对保护的责任的基本认知而言，随着国际社会对待这一问题共识的不断提升，比如2009年联合国秘书长潘基文在联合国大会的报告中

---

① 《联合国大会第六十届会议，世界首脑会议成果27》，2005年。

的人权、法治、预防灭绝种族与保护责任、民主和良政部分，指出"秘书长极其重视整个联合国系统预防灭绝种族和其他大规模暴行的责任"并提及落实执行预防灭绝种族和其他大规模暴行的三项责任"各国对人民的责任；国际社会对国家的支持；以及在国家显然不能保护本国人民免遭特定犯罪之害时，国际社会根据《宪章》及时作出果断反应"。[①] 同时随着通讯、信息技术的不断发展、互联网的全球性普及，新闻媒体、非政府组织的报道，全球公民社会的不断深化等都促进了保护的责任成为某种意义上的国际性共识。

旨在预防灭绝种族和其他大规模暴行的保护的责任事关整个人类的生存与发展，既是当前国际事务中的现实性问题，也是一个普遍性的道德问题。然而，就保护的责任而言，鉴于霸权主义与强权政治仍是当前国际社会不稳定的主要根源之一，保护的责任并未能够全面地得以实现其所期许的目的。有学者指出，在理论上，"保护的责任"因其概念解释宽泛、主观随意性强而极易被滥用；在实践上，"保护的责任"提出者为防止偏差而设计的种种限制在现实中的形同虚设，已有的先例均后果严重，与"保护"的初衷相去甚远。[②] 换而言之，保护的责任鉴于其固有的缺陷并未得到国际社会的认同，真正意义上落实保护的责任仍旧任重道远。

因而，在全球治理的进程中，尽管一方面保护的责任在外交中是具有相应普世意义的，但是在国际关系的现实中，对于保护的责任从实施到评估，都是存在一定疑问与困境的。即一方面，国际社会需要对在处于弱势地位的人群进行必要的保护，避免可能出现的种族冲突与屠杀，避免相应的人道主义灾难；但是另一方面，鉴于某些国家可能借助人道主义灾难行使霸权主义、强权政治，某些国家通过对历史的曲解误读甚至颠覆篡改，借机美化侵略战争对于国际社会和平、合作与稳定可能造成的负面冲击。

---

① 《秘书长关于联合国工作的报告（2009）》。

② 曲星：《联合国宪章、保护的责任与叙利亚问题》，《国际问题研究》2012 年第 2 期，第 14 页。

就保护的责任与国家恐怖主义的关系分析，可以这样认为，保护的责任所涉及的范围中，对于针对人民的种族灭绝等大规模反人类罪行的约束是国家恐怖主义所积极主张的；而国家恐怖主义所主张的行为，尤其是针对本国或者他国人民的种种犯罪，也是保护的责任在其不断发展与完善的进程中所需要应对的。比如 20 世纪 90 年代初期，阿富汗塔利班政权所实施的极端宗教统治，构成了一定程度与范围的国家恐怖主义行为。

由此可见，保护的责任是需要不断发展与完善的，而在这一过程中，需要考虑对于国家恐怖主义活动的应对。其中的必要性在于，首先，从国际关系的现实分析，保护的责任是需要国际社会和各国政府所需要认可的国际责任，而对于 21 世纪的国际社会及其所包括的所有国家而言，这种旨在预防与应对大规模反人类罪行的保护的责任也是涉及对国家恐怖主义的；其次，从影响上分析，国家恐怖主义所造成的影响，需要国际社会与所有国家在历史与现实维度进行坚决的应对。对于保护的责任而言，国际社会与各国政府，尤其是大国政府所需履行的而且需要不断推进其不断发展与完善的国际责任，是可以视为遏制国家恐怖主义的有效措施之一的。

针对保护的责任的动态审视中，结合保护的责任不断发展与完善的进程，应对国家恐怖主义将可视为推进这一进程中重要课题。通过对保护的责任不断发展与完善，有助于在应对霸权主义、强权政治的同时，更为有效地保护广大发展中国家的基本人权，即生存权与发展权；而对于这一权利的保障，则是旨在对其他民族进行反人类罪行的国家恐怖主义所极力消解的。这就使得对国家恐怖主义的保护的责任审读可以诠释为对保护的责任与国家恐怖主义的在逻辑与现实中的对立。

三、保护的责任扩大化的概念审读

在陈述联合国所已经给定的、涉及保护的责任的概念分析中，将保护的责任设定为一国国内所出现的针对本国国民的所涉及的四种罪行，即灭绝种族、战争罪、族裔清洗和危害人类罪。而对这四种罪行的分析主要涉及的主客体为保护的责任中所涉及的一国政府与本国公民之间的关系。然而，结合上文中国家恐怖主义在历史与现实中的所作所为，有必要考虑在国家恐怖主义概念厘定汇总将保护的责任进行相应的概念扩大化，这将涉及国家恐怖主义行为所涉及的对国内外普通公民的暴行，视为保护的责任所必须应对的对象。

因此，将保护的责任这一正处于不断发展中的概念，或者将其理解为：保护的责任还只是发展中的一项国际规范，有待完善，其本身并不构成国际法。[①] 但这并不能影响将保护的责任在概念审读中的扩大化。毕竟将保护的责任在概念审读中的扩大化，将对国家恐怖主义的概念厘定发挥重要作用：

首先，保护的责任扩大化的概念审读，将使保护的责任在概念设定范围中与厘定中的国家恐怖主义概念范围相吻合，这种吻合将有助于通过将保护的责任现实化、具体化的实现中，推动对国家恐怖主义在概念厘定中的积极作用。这将推动保护的责任在理论层面的不断发展与深化。

其次，保护的责任扩大化的概念审读，将是保护的责任在实际运用中更加适应对国家恐怖主义的现实制约。尽管保护的责任面临着种种困境，但随着保护的责任在国际社会中的共识性不断增强，保护的责任对国家恐怖主义的现实约束所发挥的作用将可能是至关重要的。

因此，将保护的责任在概念审读扩大化之后，将使其在国家恐怖主义对内对外的实施中、在历史与现实的关联作用中，发挥更为积极有效的作用：这将推动保护的责任现实性作用的逐步显现、发展与深入。由此，就构成了保护的责任在理论与现实中的有效互动。

同时应当注重将保护的责任扩大化概念审读与西方国家在 2011 年开始的西亚北非乱局中借机开展的大规模武装军事干涉相混淆。

---

① 苏长和：《"保护的责任"不可滥用》，《解放日报》2012 年 2 月 8 日，第 4 版。

首先，保护的责任在概念审读中的扩大化，是涉及理论与现实的互动中，是对国家恐怖主义发挥积极作用的；但结合西方国家在西亚北非乱局中所实施的军事行动不同，西方国家的行为构成了对一国政权的颠覆，并在颠覆政权之后人为制造了更为严重的人道主义灾难，加剧了保护的责任所涉及四种罪行的程度。

其次，在保护的责任现实化的过程中，是基于对保护的责任所涉及的实施国家、国际组织与实施对象国家的相关利益的，比如保护的责任所涉及的人权利益等；而西方国家所主张的、所滥用的保护的责任则是在于借机增强西方国家在地区与全球的霸权。

结合 21 世纪的国际关系现实分析，从 2011 年的西亚北非动荡到 2013 年日本国内频频出现的否认二战战争罪行、美化侵略战争的言论。换而言之，从西方国家滥用保护的责任以不断谋求本国之私利和霸权利益，到日本在现实不断以否认战争罪行、美化侵略战争所带来的亚洲国家与公众对日本的军国主义、法西斯势力复活的担忧。有必要对日本涉及否认战争罪行、美化侵略战争的言论与日本外交安保战略变化的现实建议理解：

对此，仅以 2013 年以来安倍晋三执政后为时间段进行例证分析，2013 年 5 月，安倍先是明确表示"侵略的概念尚未确定"、[①] "这是历史学家的任务，我们是要面对未来"[②] 的言论，在否定侵略定义的同时，加以对未来的强调否认对历史的客观认知。10 月，安倍在美国表示，"如果大家把我叫做右翼军国主义者，那么请便吧"，[③] 这种言论的出现，已然明确表明安倍作为日本政府首脑在日本的历史与现实问题的看法至少是难以

---

① Shinzo Abe's inability to face history, *The Washington Post*, April 27th 2013.

② Japan Is Back, May 16, 2013, http：//www. foreignaffairs. com/discussions/interviews/japan—is—back.

③ 2013 年ハーマン？カーン賞受賞に際しての安倍内閣総理大臣スピーチ，平成 25 年 9 月 25 日，日本首相官邸网站：http：//www. kantei. go. jp/jp/96 _ abe/statement/2013/0925hudsonspeech. html.

符合国际社会的共同认知的。长期以来,日本的右翼势力、军国主义分子对二战中日本的战争罪行,对日本所发动的、造成亚洲各国深重灾难的侵略战争的态度是相当暧昧甚至可以视为是对历史观念与国际关系现实认知的反动。换而言之,这种反动与历史上的日本所出现的带有国家恐怖主义性质的法西斯统治与现实中对历史上国家恐怖主义所造成了战争罪行的否认、对侵略战争的美化,构成了对某种国家恐怖主义的形式。

同时,日本在外交与安全事务中,不断实施对中国的压力,造成了地区安全的持续紧张。尽管21世纪的日本外交安保战略并未明确地表述出其所具有的国家恐怖主义性质,但这种包括否认战争罪行、美化侵略战争的现实性做法以及在参拜靖国神社问题上的暧昧态度,已经使历史上饱受二战中日本所实施的国家恐怖主义摧残的亚洲尤其是到东亚地区的公众在21世纪的国际关系现实中不得不对这种局面保有必要的担心与警惕:东亚地区的公众难以认可日本政府的历史问题上的看法,这就造成对改善对日关系的民意基础的缺失。

以2013年的中日关系互动为例,根据《中国日报》所发布的《2013年中日舆论调查报告》指出,中国人对日本"印象不好"的比例达到92.8%、"日本没有对侵华历史作出真诚道歉和反省"超过63.8%,超过6成,较去年(2012年)的39.9%出现大幅上升。① 这种局面的出现就使得中日关系的改善面临着缺失中国民意基础的现实。其具体作用在于:第一,中国公众很难认可中国政府可能在2013年以后,在日本政府并未改变现有立场的前提下,对中日关系改善所做出的积极努力。第二,民意基础的缺失在相当程度上阻碍了中日两国的正常交流,日本对华公共外交的开展则在中国公众中很难实现。第三,随着时间的推移与日本政府在历史问题上的僵硬立场,中日关系整体上的改善在21世纪第二个十年将可能

① 2013年中日舆论调查报告,http://www.chinadaily.com.cn/hqzx/2013−08/05/content_16872036.htm.

面临更为艰难的局面。

结合保护的责任扩大化的概念审读的基本现实分析，将保护的责任概念审读扩大化之后，就为应对国家恐怖主义提供必要的理论与现实基础；在这也就为将保护的责任视为推进国家恐怖主义概念厘定提供了相应的条件。

四、对国家恐怖主义概念厘定中保护的责任扩大化

上述的分析与论证中，国家恐怖主义与保护的责任概念扩大化作为两个尚未确定的进程，两种进程的积极互动构成了在国家恐怖主义概念厘定中的推进，这种推进的动力即在于将保护的责任进行扩大化的概念审读，是保护的责任更为全面、切实地适用于国家恐怖主义的概念厘定。

对此，有必要考虑在国家恐怖主义概念厘定的推进进程中，纳入概念扩大化之后的保护的责任，这是可以产生相应的积极效应的：第一，自2001年保护的责任提出以来，经过联合国、国际社会实践的不断完善，保护的责任已经形成了相对完善的概念厘定与理论体系。这就为保护的责任在概念审读中的扩大化提供了相应的基础，而这是可以推进对国家恐怖主义的概念厘定的。

第二，随着国家恐怖主义的概念厘定的推进，这也将为保护的责任在概念审读扩大化之后提供理论支撑与现实论据。尤其是结合 21 世纪第二个十年以来，从西亚北非地区到东亚地区一系列纷繁复杂的国际关系互动的现实。

第三，尽管国家恐怖主义从理论到运用的相关层面都存在很多尚未解决的问题，但随着概念审读扩大化后保护的责任逐步深入，将使保护的责任视为推动包括国家恐怖主义在内的诸多国际问题在历史与现实维度中进行综合治理的手段之一。因此，从发展的视角分析，国家恐怖主义概念厘定中保护的责任扩大化的相应作用将不仅仅局限于理论本身，而且将结合

国际关系的现实实践加以展现，并在有效合理运用的前提下，将持续发挥相应的作用。

结合在国家恐怖主义概念厘定中的保护的责任现状与发展进程，中国作为国际社会中越来越重要的角色，需要在保护的责任扩大化所涉及的不断发展与完善的进程中发挥相应的作用：即中国在不断推进保护的责任成为名副其实的国际社会共识、成为名至实归的国际社会公共产品，中国需要通过外交层面的外交资源与外交智慧的整体运用，既要制约现实中的国家恐怖主义，也要约束对历史上国家恐怖主义的美化乃至翻案。

五、保护的责任的中国维度

中国是国际社会中的普通成员，同时作为最大的发展中国家，也需要承担相应的国际责任：即中国有责任推进保护的责任不断发展与完善的进程，而在保护的责任提出之前，西方国家也多以"人道主义干涉"或者"人权高于主权"对中国内政进行粗暴干涉。

随着中国在 21 世纪不断融入国际社会，从加入 WTO 到成为 G20 成员，与中国综合国力不断增长相对应的是中国国际地位不断提高。而作为一个负责任的大国，中国也需要承担也已经开始承担相应的国际责任。保护的责任作为一种国际社会正在逐步认同的共识，中国需要在推进这一共识不断发展与完善的进程中有所作为。在积极维护与促进中国和平发展的实现的基础上，有效运用中国外交发挥相应作用是可以考虑的关键性向度之一。

对此，有必要考虑通过中国外交对保护的责任进行必要的诠释，即以中国外交视角审视保护的责任，这是中国外交所需要注重的。具体而言，依循与服从和平发展的战略背景以中国外交在周边外交、大国外交、维和外交、公共外交与对外援助外交等诸多中国外交的实施层面对于保护的责任进行诠释，其中至少涉及以下四方面的相关原则：

首先，需要注重对保护的责任进行历史与现实的双重视角审视。对于中国外交而言，从历史的角度审视保护的责任，过去的实践表明保护的责任可能仅仅是服务于西方国家进行以人道主义干涉为名，行霸权主义和强权政治之实的外交策略。长期以来西方国家的对华干涉对中国的外交影响是深远的，从对华军售制裁到支持海外的分裂势力、从干涉中国的人权问题到在中国近海组织大规模军事演习与抵近侦察活动等，因而，渐趋代替"人道主义干涉"的保护的责任并非能够较为容易地获得来自中国公众的信任，至少冷战历史的记忆并未使中国公众能够接受西方国家所积极倡导的保护的责任。从保护的责任所实施的现实审视，所谓保护的责任并未能够避免人道主义灾难，相反，保护的责任中可能成为西方国家进行霸权主义干涉的工具，这种可能性已经为 2011 年的利比亚战争、2012 年以来的叙利亚冲突所证实。因此，以中国外交的实施审视保护的责任，需要中国外交在推进保护的责任不断发展与完善进程的同时，在这一进程中更为有效地维护中国的国家利益。

其次，保护的责任落实需要通过中国外交加以向国际社会诠释，即以中国的声音诠释保护的责任。对于不断发展与融入国际社会与不断推进和平发展的战略需求的中国而言，保护的责任是中国上述进程中所需要面对的。而中国外交的积极实施是有助于将保护的责任加以落实，至少将保护的责任在其不断落实的进程中呈现出必要的中国声音：第一，保护的责任不应制造更大的人道主义灾难；第二，中国有必要考虑积极参与保护的责任进程中，谋求进一步的外交主动，比如中国积极向出现人道主义灾难的国家（苏丹、利比亚、伊拉克、阿富汗等）提供相应的人道主义援助[①]，再如，中国 2013 年 6 月，首次派出安全部队到年初一度发生大规模人道

---

① 中华人民共和国国务院新闻办公室：《中国武装力量的多样化运用白皮书》，2013 年 4 月。

主义危机的马里，参与维和行动，① 这是中国对于保护的责任较为有效的参与。第三，保护的责任在完善与落实的进程中，积极诠释和平发展的中国公共外交的参与是值得关注的，中国需要考虑借助保护的责任不断完善与落实，实现将保护的责任作为中国参与国际事务、提供国际公共产品的有效途径之一。

再次，保护的责任需要中国外交的积极参与，这种参与需要在多个层面的深层次进行展开。中国外交对保护的责任进行参与，需要在联合国、在大国关系、在周边外交、在对外援助与维和等层面中发挥更为积极的作用；而从深层次的外交参与分析，中国外交对保护的责任参与中，自 21世纪以来中国的参与需要体现出更为积极的参与作用、在很多地区的外交活动中也有必要发挥更为重要的主导作用。比如，苏丹达尔富尔地区的维和行动中，中国的参与有必要促使联合国在苏丹的维和行动避免转化为某些西方国家打击苏丹政权、在苏丹制造更大的人道主义危机的危险。

最后，保护的责任的不断完善需要中国外交提供必要的保障，就目前保护的责任相关现状而言，并不符合当前国际形势变化的整体需求，因而，国际社会需要通过多重措施的共同努力促进保护的责任不断完善。其中，结合中国外交的实践，中国外交的积极实施是能够为保护的责任在不断完善的进程中提供必要的保障的：仅就公共外交的实施而言，通过公共外交的积极实施能够向国内外公众积极宣传保护的责任、公共外交监督保护的责任在其实施的过程中的某些不稳定因素、通过公共外交形成对保护的责任运行机制的有效监管。

总之，保护的责任本身存在相当的问题，而随着国际社会的发展演变，以中国外交对保护的责任进行积极诠释的基础上，结合全球治理的实际情况，中国外交的实施是有助于保护的责任进一步发展与完善的。对

---

① "中国将向马里派遣联合国维和部队"，中华人民共和国国防部网站，2013 年 6月 27 日，http：//news. mod. gov. cn/headlines/2013－06/27/content_4456639. htm。

此，作为正在实现和平发展与负责任大国的中国，可以在充分认识到保护的责任所具有缺陷的同时，积极推动保护的责任在不断发展与完善的过程中，成为国际社会全球治理的重要举措，中国外交在其中的作用是值得关注的。

就中国外交的实施进程而言，保护的责任是目前中国外交所涉及较少的领域。但随着中国不断融入国际社会全球治理的进程，从环境保护到自然灾害防治等诸多领域都需要中国作为负责任的大国发挥相应的作用，外交则是中国积极进行包括保护的责任在内国际参与的有效途径之一。具体而言，可以将中国外交在保护的责任中所面临的现实概括为：一方面，作为负责任的大国需要践行其国际责任，而对于保护的责任参与，包括周边外交、大国外交、公共外交、对外援助外交在内的中国外交需发挥相应的外交公关、以和平的方式避免保护的责任所涉及的人道主义灾难，比如种族屠杀、大规模针对平民的暴力活动或粮食危机等等。

以周边外交层面对中国参与保护的责任进行分析而言，结合 2013 年初以来的朝鲜半岛局势为例，随着朝鲜进行第三次核试验、美韩多次进行针对性的军事演习，国际社会出现主张对朝进行经济制裁的声音，比如美国、日本等国都积极主张对朝实施严厉制裁；① 同时，也出现了要求中国参与对朝制裁，以图实现朝鲜弃核，其理由在于没有与占朝鲜对外贸易额 70％的中国参与的对朝制裁与压力是很难有所作用的。② 然而，按照美日等国所理解的对朝制裁，可能意味着中国要中断或暂停中朝之间的正常贸易，而这势必会造成朝鲜出现大规模人道主义灾难，尤其是造成朝鲜粮食与燃料的短缺，使朝鲜政府在保护的责任中落实中保障本国公民生存的能力受到影响，进而可能造成朝鲜半岛出现大规模的动荡，这与国际社会所

---

① 《朝鲜第三次核试验引起国际社会强烈反应》，新华网，2013 年 2 月 13 日，http：//news. xinhuanet. com/2013－02/12/c_114671899. htm。

② Chico Harlan, N. Korea's nuclear test raises tension, shows progress toward viable weapon, *The Washington Post*，Feb 12th，2013.

倡导的保护的责任是存在一定违背的。

结合这一局面中国外交所发挥的作用则在于通过必要的外交公关，使国际社会、国内外公众认可中国在朝鲜半岛事务中所发挥的积极的、正面的作用。中国政府所积极主张的维持朝鲜半岛的和平稳定，实现半岛无核化，主张通过对话协商解决问题①的立场是需要借助公共外交加以向全球范围内阐释的：即中国在朝鲜半岛问题上的立场与主张是符合国际社会、符合联合国所力图避免的人道主义危机的需求的、是致力于维护朝鲜半岛和平与稳定的。一旦朝鲜政府因外部援助与经济条件的急剧恶化，将使朝鲜政府可能失去对本国民众实施保护的责任的行为能力。这与保护的责任所要求的三项责任也是基本相符的，即维持朝鲜半岛的和平与稳定、以对话协商解决问题是符合 2009 年联合国秘书长潘基文在联合国大会中对保护的责任中所涉及的三项责任。

再以中国公共外交在实施的过程中与保护的责任的实践进行互动为例，面对国际反华势力及其所支持的民族分裂势力等在国际上屡屡指责中国政府的民族政策所带来的挑战。比如 2013 年 10 月，西班牙国家法院所受理的西藏民族分裂势力的关于中国政府在西藏实现"种族灭绝"政策的诉讼。② 显然，民族分裂势力意在将旨在保护人民存在的保护的责任作为其分裂国家与民族的工具，对此，中国需要进行必要而积极的应对，维护保护的责任应有之义：不仅仅需要使西班牙法院认识到受理诸如此类的诉讼是对中国内政的干涉，更需要让包括西班牙法院在内的西班牙国内的进

---

① 张业遂：《坚决维护朝鲜半岛和平与稳定、实现半岛无核化》，中华人民共和国外交部网站，2013 年 4 月 10 日，http：//www. fmprc. gov. cn/mfa _ chn/wjbxw _ 602253/t1027922. shtml。

② Spanish court indicts former Chinese President Hu Jintao over Tibet abuse, http：//www. independent. co. uk/news/world/asia/spanish — court — indicts — former — chinese—president—hu—jintao—over—tibet—abuse—8879822. html；Spain court names ex — China President Hu Jintao in probe of alleged genocide against Tibet，*The Washington Post* ，Oct 11th，2013.

而是整个欧洲内尽可能多的政治行为体认识到西藏现今的繁荣与富裕、和平与稳定与中国政府的民族政策是密不可分、息息相关的；避免将保护的责任这一国际共识变为分裂势力的工具，并开展相应的应对措施。

对于类似的局面可以考虑相应的外交措施，尤其是公共外交公关所发挥的作用：第一，通过公共外交公关促使西班牙法院放弃相关诉讼，对中国内政的干涉是违法国际法的，也是违反中国国内法的。第二，可以考虑在条件允许的前提下，邀请西班牙的法官到中国的西藏去，感受西藏的现实与中国的政策，直接破除分裂势力的谎言。第三，通过公共外交开展媒体公关，向包括西班牙在内的整个欧洲社会各个阶层展示现今西藏的繁荣，进而将影响向全球范围内扩散，让国际社会更加充分地了解西藏的现实与感知西藏美好的未来。

六、中国在保护的责任中所面临的困境

同时，中国作为负责任的大国在参与保护的责任的进程中是面临着相应困境的，中国既缺乏参与保护的责任相关的经验，也缺少必要的制度保障。自 1949 年中华人民共和国成立以来，中国长期是西方国家所主导的国际社会所干涉的对象，而到冷战结束后，西方国家仍然对华存在某种敌意与不公，比如对华军事贸易禁运等。中国在相当长的一段时期内并未能够有效地参与到国际社会的全球治理进程中，而对于尚存在诸多问题的保护的责任，中国所发挥的作用则更为有限。因而，缺少经验的中国如若在保护的责任中发挥相应的作用，还有待时日。

同样，中国对国际社会全球治理的参与尚缺乏相应的制度保障，所谓保护的责任的相关进程中尚缺乏必要的制度建设：第一，国际社会尚缺少对某些国家借助所谓的保护的责任进行大规模军事干涉的约束机制，保护的责任在自身实践的进程中包含着"以暴抑暴"的色彩，比如西方国家在2012 年以来的叙利亚冲突中，以人道主义灾难为由，对叙利亚反对派进

行支援；第二，对于如何落实保护的责任尚缺少必要的实施机制，目前国际社会在全球治理中并未对有效地落实保护的责任达成有效的、富有现实性的共识，毋宁说相应的机制性建设。

此外，对于保护的责任本身，处于历史与现实的实践，是存在相应顾虑的。中国对保护的责任是应当参与的，但中国毕竟是发展中国家，中国的国力相对有限；对于在世界各地落实所谓责任的保护中国尚缺少必要的实力，比如军事力量的远程投送与部署能力、军队的训练程度，同时，与发达国家相比，中国"以和为贵"的历史文化传承等因素都可能制约中国进行类似发达国家所进行的武装干涉。

因而，从整体上看，保护的责任在落实中确实存在着沦为西方国家霸权主义、强权政治的工具的可能，这是保护的责任所面临的基本现实之一；而更为值得关注的是，在中国周边外交实施的过程中，中国的外交面临着的相当明显的考验：保护的责任需要国际社会与所有国家的共同努力，实现其发展与不断完善的过程，这一过程中无论是对于现实中的国家恐怖主义应对还是对待历史上的国家恐怖主义的态度，都是保护的责任所需要有所作为的。

结合中国外交的现实，在中国周边外交中，对日外交面临的困境之一在于日本政府的历史问题主张虽为直接涉及落实保护的责任，但却在事实上屡屡违背保护的责任中所涉及的大规模暴行：尽管保护的责任在时间断限上多是针对当前国际社会中可能出现的人道主义危机，尤其是种族清洗与其他的大规模暴行。但日本政府对于二战历史上的日本军队各种大规模暴行的否认、歪曲与美化，比如 2013 年日本首相安倍晋三否认对侵略的定义[1]、大阪市长桥下彻提出慰安妇必需论[2]等，都在不同程度上说明了

---

① Editorial Board，Shinzo Abe's inability to face history，*The Washington Post*，April 27th 2013.

② 「慰安婦は必要だった」「侵略、反省とおわびを」橋下氏，朝日新聞，2013 年 5 月 13 日。

日本政府从中央到地方，在涉及旧日本军队的大规模暴行问题上的强硬与非理性的态度和立场。这难以赢得包括中国在内的周边国家的有效认同，同时，对日本能否在保护的责任中切实履行国际义务，很多亚洲国家是抱有疑虑的，在饱受日本侵略苦难的亚洲公众看来，鉴于日本政府对待历史问题的态度，日本自卫队在海外的活动很难得到这些公众认可。

这也为中国在参与保护的责任中所发挥的积极作用，因日本在涉及保护的责任的历史认知问题上坚持的错误立场而陷于困境。一旦中国开展相应的改善对日关系的外交活动，在历史认知问题上存在日本政府与某些政治势力不断挑衅的前提下，从中国对日政策的调整到中日关系的整体改善都将面临较为明显的困境。

七、结 论

在中国履行相应的大国责任的同时，可以考虑将保护的责任视为中国向国际社会、向周边地区提供公共产品的一种方式。比如，中国为维护东北亚地区和平与稳定局面、中国海军在索马里海域的巡航、中国参与维和行动、参与极地开发等，都可以提供更为积极的作用，进而有助于遏制西方国家利用保护的责任作为行使霸权主义、强权政治的工具。

中国对保护责任的参与，依照上文的理解，主要考虑依据与保护的责任所密切相关的周边外交、大国外交、维和外交、公共外交与对外援助外交的相互协调，实现外交资源的优化配置与外交智慧的充分运用。

中国外交需要对周边外交、大国外交、维和外交、公共外交与对外援助外交投入更多的外交资源并实现资源的优化配置，这将涉及在中国外交实施中投入更多的物质资源，包括人员与财政资源：增加包括外交部在内的诸多外事部门的人员数量与增加新的外交机构；在外交活动中投入更多的资源，尤其是联合国范围的外交活动。继续完善现有的外交决策与实施机制，包括2013年11月决定建立国家安全委员会在内的机制建构，在相当广泛与深入的层面上构成中国外交在决策与实施中的资源优化配置。

与此同时，在增加外交资源投入、实现外交资源的优化配置的同时，需要考虑与保护的责任相适应的外交智慧的灵活运用。这将涉及对中国参与保护的责任中更多的外交智力资源的建设与有效合理的运用，比如有必要考虑将中国外交智库的学术科研活动与实践活动，参与中国在保护的责任实施进程中的实践。

"保护的责任"：俄罗斯的立场

顾　炜[①]

【内容提要】："保护的责任"是近年来国际社会广泛争论的重要概念之一，不同国家对此的看法存在差别，主要的争论存在于保护责任的实施主体、保护责任的国际规范性等方面，反映了各国在人权与主权关系问题上的态度差异。俄罗斯作为主要大国，能够对"保护的责任"概念的发展产生影响，因此，把握俄罗斯的立场具有重要的理论和现实意义。本文在回顾俄罗斯有关人权与主权关系问题的观点和实践的基础上，分析俄罗斯在"保护的责任"问题上所持有的立场，并就其立场的特点及其形成的原因作出简要分析。

【关 键 词】：保护的责任；国家主权；俄罗斯；人权与主权

人权进入国际关系领域后，有关人权与主权关系的问题成为国际社会争论和斗争的焦点议题之一。冷战后，各国之间的争论愈加激烈，更在20世纪末，因为科索沃危机中"新干涉主义"的实践，达到白热化的程度，造成了国际社会的分裂。在此背景下，2001年12月，"保护的责任"概念提出，为这一争论引入了新的视角。

---

①　北京大学国际关系学院博士研究生

一、人权与主权关系和"保护的责任"

主权国家的建立以拥有国家主权为基础，所谓"国家主权"，"是国家具有的独立自主地处理自己的对内和对外事务的最高权力"①。随着人权概念的推广，保护人权成为各国的基本共识。通常而言，国家是进行人权保护的主体，其所保护的对象是本国公民，国家采取诸多举措促进本国人权保护工作的开展。各国政府采取的发展本国经济、维护社会秩序、促进国家发展、尊重民众利益、维护法律尊严等种种措施，都能够起到保护本国公民基本人权的作用。当普通公民可以安居乐业、获得发展时，就意味着其基本的生存权、发展权得到了保障。当国家有效地保护了本国公民的人权时，一方面有利于国家获得民众的支持，提升政府的合法性和威望；另一方面也有利于国家获得国际社会的承认，继而在国际上获得相应的成员身份。② 从主权自身的发展看，上述这些工作将有利于增加主权的建构性要素，③ 也即是说保护人权促进了国家主权的巩固。反过来，当国家主权得到巩固和加强时，也就意味着强有力的政府能够更好地开展人权保护工作。当本国公民在外国面临基本人权受到威胁的情形时，主权强大的国家可以采取撤出侨民、撤出驻外机构和人员等应急措施，能够对本国公民起到相应的保护作用。但随之而来的问题是，如果一个国家不能或不愿保护它的公民时，又该如何去做？对此问题，新世纪诞生的概念——"保护的责任"做出了回答。

2001 年 12 月，"干预与国家主权国际委员会"发布了一份题为《保

---

① 周鲠生：《国际法》（上册），北京：商务印书馆 1981 年，第 75 页。

② Mahmood Mamdan, "Resposibility to Protect or Right to Punish?" *Journal of Intervention and State building*, Vol. 4, No. 1, 2010, p. 54.

③ 国内有关主权的建构性要素的分析，参见卢凌宇：《论冷战后挑战主权的理论思潮——重新思考国家主权》，外交学院博士论文，2002 年 5 月，第 104—115 页。

护的责任》的报告，[①] 第一次系统阐述了"保护的责任"概念。2004 年，由时任联合国秘书长安南任命的"威胁、挑战和改革问题高级别小组"，在其报告《一个更安全的世界：我们的共同责任》中，首次采纳了"保护的责任"概念。2005 年，联合国秘书长安南在联合国大会上做了题为《大自由：实现人人共享的发展、安全与人权》的报告，[②] 再次提出"主权国家有责任保护公民的权利，保护公民免受犯罪、暴力和侵略的危害"及"集体负有提供保护的责任"。《2005 年世界首脑会议成果》再次确认了该概念，表明国际社会在该问题上达成了一定程度的共识。"保护的责任"在领土、国民和政府之外，给国家主权赋予了"第四个"基本属性。[③] 该概念提出：主权不仅意味着权力，更重要的是一种责任，保护公民的生命与安全的责任；当一个国家不能或者不愿提供保护时，国际社会应当担负提供保护的责任，帮助国家保护公民免遭种族灭绝、种族清洗、战争罪和反人类罪的侵害。在和平方式不能实现保护目的时，国际社会将按照《联合国宪章》采取强制性集体行动，实施干预。[④] 从这一内涵中，我们发现"保护的责任"概念将人权与主权关系的争论引入了新的阶段。当主权国家不能或不愿保护公民时，国际社会可以肩负责任，帮助国家实现对公民的保护。从公民的角度看，无论是本国还是国际社会对保护责任的承担，都使公民的人权能够得到切实的保护，这在某种意义上是一种"双重保险"。这是国际社会能够就此概念达成共识的重要原因之一。

---

① ICISS, *The Responsibility to Protect* , Ottawa：International Development Research Center，2001，pp. 11—18.

② Kofi Annan, "In Larger Freedom"：Decision Time at the UN, *Foreign Affairs* , May/June 2005.

③ ICISS, *The Responsibility to Protect* , Ottawa：International Development Research Center，2001，p. 136.

④ UN General Assembly, *World Summit Outcome* 2005，Resolution A/RES/60/1，October 24，2005.

但这些共识实际上是"一种脆弱的共识",[①] 各国从本国立场出发对这一概念进行了不同的阐释，并围绕相关问题展开激烈争论，不仅削弱了概念本身的影响力，更给相关实践带来困扰。既有的研究针对相关争论从如下几个方面进行：第一，"保护的责任"概念的内涵及发展历程；第二，"保护的责任"对国家主权和不干涉内政原则的影响；第三，"保护的责任"的实施方式和实施主体；第四，"保护的责任"的国际规范性。[②] 与实践相联系，上述第三个方面——"保护的责任"的实施方式和实施主体是争论的焦点，国际社会如何帮助国家实施"保护的责任"令各国争论不休。联合国安理会作为可对实施保护责任的行动进行授权的机构，得到相当多国家的赞成，也因为 1674 号和 1706 号决议案的通过，具有了实践的基础。基于《联合国宪章》的相关规定，安理会可以授权地区或者次地区组织作为"保护的责任"相关行动的执行主体,[③] 非洲联盟成为支持"保护的责任"的地区组织，显然代表了一些赞同的声音。而美国则主张一旦安理会的行动失败，地区性组织和成员国可出于人道主义目的采取行动,[④] 特别是"成员国可以采取行动"的提法，给西方大国继续实行人道主义干涉和单边行动提供了借口。美国的这一立场遭到相当多国家的反对。持反对意见的国家实际上是担心被外部力量干涉本国内政，特别是被实力强大的西方国家实施干预，从而损害自身的国家主权，但从保护人权和人道主义的理念出发，又必须承认"保护的责任"的存在价值。因此，

---

① 汪舒明：《"保护的责任"与美国对外干预的新变化——以利比亚危机为个案》，《国际展望》2012 年第 6 期，第 66 页。

② 有关国内外当前研究现状的总结，可参见如下两篇文章的部分内容：黄超：《框定战略与"保护的责任"规范扩散的动力》，《世界经济与政治》2012 年第 9 期，第 59 页；邱美荣、周清：《"保护的责任"：冷战后西方人道主义介入的理论研究》，《欧洲研究》2012 年第 2 期，第 123 页。

③ UN, *Report of the Secretary—General on Implementing the Responsibility to Protect*, U. N. Doc A/63/677, January 12, 2009, pp. 24—25.

④ United States Institute of Peace, *American Interests and UN Reform*：*Report of the Task Force on the United Nations*, June, 2005, Washington, pp. 28—33.

"保护的责任"概念的提出让各国在人权与主权关系问题上进行了新的思考。各国对这一概念的立场因为国际争论的持续和相关实践的开展也发生着相应的变化，这些变化同各国既往在人权与主权关系问题上的认识与实践不无联系，因此，为了更好地理解各国对"保护的责任"概念所持有的不同立场，我们也有必要进行相应的溯源研究。

二、研究俄罗斯的意义及其立场溯源

本文主要研究俄罗斯对"保护的责任"概念所持有的立场，其立场的形成显然与其过往的实践密切相关，因此，这部分内容首先阐述研究俄罗斯的意义，然后追溯其在人权与主权关系问题上的认识与实践。

（一）研究俄罗斯的意义

本文选择俄罗斯作为分析的案例国，基于如下一些考虑。首先，大多数国家都有遭到外部干涉的隐忧，包括像俄罗斯这样的大国，如何推进本国的人权保护以应对西方大国以人权为借口的干涉进而更好地维护本国的主权，这是各国在人权与主权关系上必须解决的重要问题，俄罗斯的观点和实践将提供一定的借鉴。第二，俄罗斯本身具有独特性，很难简单地将其列入发达国家或发展中国家之列，但其安理会常任理事国的身份又会对"保护的责任"概念的发展产生重要影响，其立场和做法值得研究。第三，作为大国的俄罗斯，实际上具有对外干涉的能力，也即是说"保护的责任"同样可以成为它的某种借口对有关国家实施干涉行动。因此，对俄罗斯的研究，一方面可以展示单个国家在"保护的责任"概念问题上的立场变化，分析各国对该概念持有接受或质疑态度的原因，揭示部分国家矛盾心理产生的根源，另一方面也能够借此展示"保护的责任"自身的发展以及它在成为国际规范的道路上所面临的障碍。

（二）俄罗斯的立场溯源

独立后的俄罗斯在完成内部转型的同时，在一些问题上，一方面为更好地融入世界，部分接纳了西方的观点，另一方面也逐渐形成了具有自身鲜明特色的立场和做法。在人权与主权关系问题上就鲜明地体现了这样的变化。

1. 促进人权保护与强化国家主权

1993 年，俄罗斯联邦通过了现行宪法，其中第十七条第一款规定："依据公认的国际法原则和准则并按照本宪法，俄罗斯联邦承认并保障人和公民的权利与自由"，[①] 从而宣告了国家对人权的保护。该宪法中有关人权的章节曾被普京评价为"世界上同类宪法法律中最好的"。[②] 1996 年，俄罗斯通过了《俄罗斯联邦人权全权代表法》，[③] 依法设立了人权全权代表，旨在切实履行保护公民的职责。叶利钦将 1998 年命名为"人权年"，足见独立之后的俄罗斯日益重视保护人权。但在世纪之交，车臣问题的严峻形势让俄罗斯面对着遭到外部干涉的隐忧，西方国家不断以人权为借口指责俄罗斯的军事行动造成了人道主义灾难。此后，普京治下的俄罗斯采取了诸多措施巩固了国家主权，并凭借经济实力的恢复改善了普通民众的生活，为更好地开展人权保护打下了基础。2001 年，普京下令改革和完善了总统人权委员会的相关条例，并推动相应工作的开展，此后逐步建立起多元化的人权行政救济制度。

在这些工作中，俄罗斯逐步认识到强化主权进而促进人权保护的路径

---

① Конституция Российской Федерации, http：//constitution. kremlin. ru/，2013—7—5；宪法的中文文本，参见庞大鹏：《从叶利钦到普京：俄罗斯宪政之路》，长春：长春出版社 2005 年，第 281—315 页。

② ［俄］普京：《千年之交的俄罗斯》，《普京文集——文章和讲话选集》，北京：中国社会科学出版社 2002 年，第 11 页。

③ 《俄罗斯联邦人权全权代表法》，http：// www. chinalawedu. com/news/15300/15</2006/1/ma616484044142160002181344 _ 182419. htm，2013—6—15。

应该成为国家的当然选择。同时，"保证人的权利和自由，无论对于发展经济还是对于俄罗斯的社会经济生活都极端重要"，这样的价值观决定了俄罗斯"对提高国家自主性、对加强其主权的追求"，即是说保护人权决定了要加强主权。最终，俄罗斯提出了"主权民主"的理念，它意味着"作为一个主权国家，俄罗斯能够也将自主地决定民主道路上的一切时间期限，以及推进民主的条件"，① 这也意味着"在国家主权面临威胁的情况下，对公民的民主权利和自由的某些限制是俄罗斯民众可以接受的，也符合俄罗斯的传统和民众的长远利益"。②

2. 反对"人道主义干涉"和尊重他国主权

20 世纪末，有关人权与主权关系的争论愈演愈烈，到 1999 年，围绕科索沃问题，这一争论更加白热化，并进而爆发了科索沃危机。作为争论高潮的科索沃危机反映出西方国家的一种新动向，即认为"国际法发生了重大变化，人道主义干预的合法性取代了不干涉内政的外交原则"，③ 国家主权已经过时，"国家主权不及人权重要"。④ 对于科索沃危机，俄罗斯坚持政治解决的立场，强调尊重南斯拉夫的主权与领土完整，"反对绕过联合国安理会对主权国家动武"，认为"只有在完全尊重南斯拉夫的主权和领土完整的情况下，通过政治对话才能找到摆脱危机的办法"。⑤ 尽管北约不顾俄罗斯等国的反对，对南斯拉夫实施了空袭行动，但俄罗斯的立

---

① ［俄］普京：《2005 年致联邦会议的国情咨文》，《普京文集（2002 —2008）》，北京：中国社会科学出版社 2008 年版，第 179—195 页。

② 左凤荣：《俄罗斯的民族传统与普京的强国战略》，《中共中央党校学报》2007年第 3 期，第 88 页。

③ ［奥］赫尔穆特·克拉默、维德兰·日希奇：《科索沃问题》，苑建华等译，北京：中央编译出版社 2007 年，前言第 7 页。

④ ［美］理查德·N. 哈斯：《新干涉主义》，殷雄、徐静译，北京：新华出版社2000 年，第 5 页。

⑤ 李大光等编：《散不尽的硝烟——科索沃战争回顾与评析》，北京：国防大学出版社 1999 年，第 112 页；另见《人民日报》1999 年 2 月 13 日、《参考消息》1999 年 2月 14 日。

场在这一过程中得到了鲜明体现，俄罗斯否定"人权高于主权"的说法，反对使用武力和所谓的"新干涉主义"，坚定地维护国家主权。进入 21 世纪后，俄罗斯的立场保持了相当程度的连贯性，"坚决反对那些利用推行民主思想和维护人权为幌子，实际上是企图干涉他国内政的行动"，[①] 倡导尊重别国的主权。2003 年伊拉克战争前后，俄罗斯与德法等国一起站在了美国的对立面，就是这一立场的鲜明体现。

通过以上的回顾，我们对俄罗斯在人权与主权关系问题上的立场有了基本的把握，这也成为我们认识俄罗斯对"保护的责任"概念所持立场的基础。

三、"保护的责任"：俄罗斯的立场

"保护的责任"在 2001 年 12 月提出后，逐渐成为国际社会新的讨论焦点。作为联合国安理会的常任理事国之一，俄罗斯积极参与到相关的讨论中，其立场值得研究。

（一）2008 年以前俄罗斯的立场

2008 年与格鲁吉亚的冲突被俄罗斯视为是捍卫"保护的责任"的第一次实践，[②] 此后国际社会的有关争论也更多围绕具体的实践展开，因此，就俄罗斯的立场而言，从 2008 年开始，有关这一概念的争论从单纯的理论探讨向理论探讨与具体实践相结合的方向转变。由此，本文以 2008 年为界，分阶段研究俄罗斯的立场。

---

① Моторин В. Спасти рядовой суверенитет. http：//www. lenta. ru/articles/2007/04/13/answer/，2013—1—9.

② Статья Министра иностранных дел России С. В. Лаврова "Лицом к лицу с Америкой: между неконфронтацией и конвергенцией", опубликованная в журнале "Профиль" №38, октябрь 2008 года, http：//www. mid. ru/BDOMP/Brp＿4. nsf/arh/B3C8684DEA14B242C32574E1002FD07B? OpenDocument，2013—10—14.

作为世界主要大国，俄罗斯参与到"保护的责任"概念发展的一系列进程中。2004年，安南任命的"威胁、挑战和改革问题高级别小组"的报告首次采纳了"保护的责任"概念，成为该概念发展历程中的一个重要节点。高级别小组中汇集了许多重要人物，其中就有曾担任过俄罗斯总理和外长并对俄内外政策曾产生过重要影响的著名学者普里马科夫。尽管普里马科夫与俄罗斯官方的意见并不完全一致，但他的参与也使报告文本体现了来自俄罗斯的影响。高级别小组的报告公布后，在国际社会中引发了争论。部分国家完全拒绝它的合理性，其他的国家（包括很多非洲国家）准备有条件地支持它，但各国在武力使用问题上的分歧比较巨大。俄罗斯的理解是，"保护的责任"概念提出的本意在于国际社会应当将此原则作为集体行动的基础，同种族灭绝、种族清洗和危害人类罪进行斗争；所有保护平民的协议应当被批准和执行；并应当加强同国际刑事法院等机构的合作，但它强调这份报告中的一系列建议需要澄清或进一步阐述。①

2005年3月，安南秘书长的"大自由"报告提出后，针对"保护的责任"概念的讨论继续升温。4月，俄罗斯代表丹尼索夫谈了对这份报告的看法。他指出："报告的内容与俄罗斯的原则立场一致，即应加强联合国及其安理会在国际集体安全体系中所发挥的中心作用，优化联合国这一世界性组织的结构并提升它在所有领域内的工作效率。"关于"保护的责任"概念，他认为"这是一个正在形成的规范"，"严格地说，国际规范的形成应当预见到它能够获得国际社会的广泛支持，但我们目前还未看到存

---

① Статья заместителя директора Департамента международных организаций МИД России В. Ф. Заемского "Необходимость перемен в ООН", опубликованная в журнале "Международная жизнь" №9, 2005 год, http: //www. mid. ru/BDOMP/Brp _ 4. nsf/ arh/EF99DFFEE0810ADEC325707A00223F2B? OpenDocument，2013－10－11.

在这种水平的支持。"① 俄罗斯的质疑表明它认为"保护的责任"因所获支持的有限性，还没有达到成为"国际规范"的条件，但俄罗斯也认可"保护的责任"概念中所提出的国际社会提供帮助的必要性。丹尼索夫进一步说，"清楚的是，大规模侵犯人权或种族灭绝的情况可以使国际社会有理由进行干涉，从而促进问题的解决"，但俄罗斯强调"这种行动只能由联合国安理会授权进行，安理会根据《联合国宪章》第7章判定国内或地区危机是否已经威胁到国际和平与安全。而安理会的决定应当建立在可靠信息的基础上，并考虑相关地区组织的立场。"对于武力的使用，俄罗斯的态度是"武力应当是最后手段"。②

2005年9月，联合国大会召开前夕，俄罗斯外交部就相关问题向媒体做出了官方回答。俄罗斯认为，"保护平民的首要职责应该属于国家，只有在必要的情况下，才可能由国际社会提供帮助"，也即是说"保护人权的主要职责应该由国家来承担，同时，国际机构和机制，包括监督机制应该完成辅助性的角色。"③ 可见，俄罗斯并不否认国际社会的保护责任，但它强调国家是保护公民的主体。同一时期，俄罗斯外交部国际组织司副司长扎耶姆斯基发表的文章也反映出俄罗斯对该概念的理解和立场。他指

① Выступление Постоянного Представителя Российской Федерации при ООН А. И. Денисова на пленарном заседании Генассамблеи ООН по докладу Генсекретаря ООН "При большей свободе: к развитию, безопасности и правам человека для всех", Нью—Йорк, 6 апреля 2005 года, http://www.mid.ru/BDOMP/Brp _ 4.nsf/arh/75752279741FE29CC3256FDD002CD43B? OpenDocument，2013—10—12.

② Выступление Постоянного Представителя Российской Федерации при ООН А. И. Денисова на пленарном заседании Генассамблеи ООН по докладу Генсекретаря ООН "При большей свободе: к развитию, безопасности и правам человека для всех", Нью—Йорк, 6 апреля 2005 года, http://www.mid.ru/BDOMP/Brp _ 4.nsf/arh/75752279741FE29CC3256FDD002CD43B? OpenDocument，2013—10—12.

③ Ответы официального представителя МИД России М. Л. Камынина на вопросы российских СМИ в связи с предстоящей 60—й сессией Генеральной Ассамблеи ООН, http://www.mid.ru/BDOMP/Brp _ 4.nsf/arh/0E119A2FBCE9B54AC325707A003B5D6C? OpenDocument，2013—10—13.

出，一些国家建议使用"保护公民"（защите гражданского населения）的说法，以突出此种保护应当由国家完成，而国际社会只是通过和平手段提供协助。而另一方，即概念的拥护者相信，"如果人们感到危险并拿起武器，那么国际社会应该支持他们，包括使用武力支持，此时不干涉内政的原则和国家主权不应该成为无法克服的障碍"。就此问题，俄罗斯的立场是："在同人道主义灾难作斗争的过程中，联合国应该发挥中心作用，成为担保人，防止国家或地区机构采取未经授权的预防性措施，实施惩罚或者武力干涉。在采取武力应对某国国内的威胁时，只有联合国安理会可以确认对国际和平和安全构成的威胁并进行授权。"[①] 从上述观点中，我们可以总结出两点：第一，俄罗斯有对"保护的责任"可能被滥用的担忧；第二，俄罗斯强调武力干预行动只有得到联合国安理会的授权才能进行，联合国应该发挥中心作用。

扎耶姆斯基在文章中还提出了一个值得注意的观点。他认为安理会在判定是否存在对国际和平与安全的威胁时，不应当超越《联合国宪章》第7章所设定的框架，这是俄罗斯的一贯立场，但他同时又指出，应当考虑一些软性的威胁，如环境恶化、危险疾病的扩散、饥饿等等。[②] 如果我们仔细分析这些软性威胁的成因，那么可以发现在俄罗斯的立场中，"保护的责任"所提供的保护不应仅仅局限于严重危害人权的罪行，还应该考虑这些软性威胁对公民造成的伤害。因此，在"保护的责任"应针对何种威胁的问题上，俄罗斯还持有一些不同看法。

---

① Статья заместителя директора Департамента международных организаций МИД России В. Ф. Заемского "Необходимость перемен в ООН", опубликованная в журнале "Международная жизнь" №9, 2005 год, http：//www. mid. ru/BDOMP/Brp _ 4. nsf/arh/EF99DFFEE0810ADEC325707A00223F2B? OpenDocument，2013－10－11.

② Статья заместителя директора Департамента международных организаций МИД России В. Ф. Заемского "Необходимость перемен в ООН", опубликованная в журнале "Международная жизнь" №9, 2005 год, http：//www. mid. ru/BDOMP/Brp _ 4. nsf/arh/EF99DFFEE0810ADEC325707A00223F2B? OpenDocument，2013－10－11.

从上述的分析中可以看到，俄罗斯对"保护的责任"概念的立场尽管与其之前在人权与主权关系问题上的立场一脉相承，但也随着国际社会的讨论在发生着一定程度的变化，并且没有形成固定不变的立场。这一特点从"保护的责任"这一概念在俄文中所使用的不同短语形式也能反映出来。在 2005 年 4 月丹尼索夫的发言中，他使用的是"保护方面的责任"（ответственность по защите），而在扎耶姆斯基的文章中，他使用的是"为了保护的责任"（ответственность за защиту）。尽管这两种短语结构在意义上差别不大，指的都是"保护的责任"，但前者更体现出"保护"本身所具有的责任属性，而后者则更加突出了责任的目的是"保护"。两种短语并存的现象持续多年，目前更多场合使用的是"保护方面的责任"（ответственность по защите）这一形式的短语指代"保护的责任"。

2005 年 9 月《世界首脑会议成果》再次确认了"保护的责任"概念。2006 年 3 月，人权理事会成立，取代了之前的人权委员会，负责在全球范围内促进保护人权的工作。俄罗斯积极参与了人权领域的这些改革进程。2006 年 9 月，俄罗斯在第 61 届联大会议上进一步阐述了有关人权保护和"保护的责任"的立场。作为当选的人权理事会首任成员国，俄罗斯认为"人权理事会是各国在权利保护领域内发展建设性相互关系的重要场所"，该组织"应当由普遍、公正、客观和非选择性的原则进行指导，为促进和保护人权及基本自由进行建设性的国际对话与合作"。① 俄罗斯积极参与了人权理事会的相关工作。在人权领域，俄罗斯认为并不存在严格遵守人权保护标准的理想国家，因此也不能在国际关系中将一些国家有选择地区分为"好的"或"坏的"，或者区分为人权的"强烈捍卫者"和"故意破坏者"，它坚决反对双重标准和人权问题政治化，反对将人权作为国际关系中施压的杠杆。俄罗斯倡导国际合作，认为"各国之间的相互配

---

① О позиции России на 61 — й сессии генеральной ассамблеи ООН，http：// www. mid. ru/BDOMP/Brp ＿ 4. nsf/arh/0D691B5560C567F0C32571EF00221EC5？ OpenDocument，2013－10－13.

合有助于解决当前迫切的人道主义问题","国际社会在权利保护领域应当集体做出决定，考虑所有利益相关国家的意见"。① 这些观点与俄罗斯在反对"新干涉主义"时所持的立场基本一致。关于"保护的责任"，俄罗斯认为 2005 年世界首脑会议成果文件中的相关章节是各方利益平衡的结果。保护公民的主要责任应由有关国家承担，而国际社会发挥补充性的次要作用。当所有和平手段用尽或者无效时，国际社会通过安理会的授权采取行动，并且保护的责任仅仅涉及防止出现国际法所定义的严重罪行（如种族灭绝、反人类罪等等）。俄罗斯明确反对试图扩大"保护的责任"概念解释范围的行为或者对联合国框架内通过的相关文件的成果进行隐蔽性解释的行为。②

（二）2008 年之后俄罗斯的立场

2008 年之后，有关"保护的责任"的讨论更多围绕具体实践和事件展开，俄罗斯的立场也更多体现在其中。

1. 针对俄格冲突的解释

2008 年 8 月 8 日，格鲁吉亚向其境内的南奥塞梯首府茨欣瓦利发动进攻，这场突发的战事使格鲁吉亚军队进入茨欣瓦利，但却造成了在当地执行维和任务的俄军和大量平民的伤亡。据俄罗斯方面的消息，格鲁吉亚的进攻导致了一千多名当地居民和 12 名俄罗斯维和部队人员的死亡。③格鲁吉亚的进攻开始 12 小时后，俄罗斯开始发动反攻，尽管实际战斗中互有攻守，但俄军还是凭借强大的实力最终占据了优势。8 月 12 日，在时任欧盟轮值国主席的法国总统萨科奇的调停下，俄格双方达成关于停火

---

① О позиции России на 61 — й сессии генеральной ассамблеи ООН，http：//www. mid. ru/BDOMP/Brp _ 4. nsf/arh/0D691B5560C567F0C32571EF00221EC5？OpenDocument，2013—10—13.

② Там же.

③ 吴宏伟主编：《俄美新较量——俄罗斯与格鲁吉亚冲突》，长春：长春出版社2009 年，第 2 页。

的六点协议，自此，一场持续 5 天的俄罗斯同格鲁吉亚的冲突宣告结束。俄格冲突不仅恶化了两国之间的关系，改变了独联体地区的形势，也对俄罗斯与美国和欧盟的关系造成影响。尽管俄格冲突受到非常复杂的地缘政治、民族矛盾、大国博弈等诸多因素的影响，但有关俄罗斯出兵理由的一些阐述却体现出俄罗斯在人权与主权关系以及"保护的责任"问题上的鲜明立场。

俄罗斯出兵回击的逻辑在于，"在地处格鲁吉亚境内的、不承认格鲁吉亚为主权国家、并且已经宣布独立的一个地区里来捍卫持有俄罗斯护照的居民和合法的俄罗斯维和部队士兵的安全"，[①] 即保护境外本国公民。而 2008 年 10 月，在有关俄格冲突的一篇文章中，俄罗斯外长拉夫罗夫对俄罗斯出兵的原因再次作了解释。他指出，"我们是在帮助弱者，帮助南奥塞梯和阿布哈兹免受萨卡什维利的沙文主义和帝国主义的侵害"，因此，"俄罗斯成为捍卫新原则的第一个国家，这些原则包括人的安全和保护的责任，这种捍卫不是在破坏国际法，而是建立在国际法的基础上。这是不得不采取的措施，战争是无法选择的。"[②] 这就意味着俄罗斯出兵的目的是为了维护这两个地区的和平，保护当地居民（而不仅仅是俄罗斯公民），使其免受大规模暴行的威胁。此时的格鲁吉亚政府作为战争的发动者，其行动已经威胁到当地居民的生命和安全，[③] 而俄罗斯则是在国际法的基础

---

① 冯绍雷：《从俄格冲突到国际金融危机的"危机政治经济学"——俄罗斯与大国关系的变迁及其对中国的启示》，《俄罗斯研究》2009 年第 3 期，第 73 页。

② Статья Министра иностранных дел России С. В. Лаврова "Лицом к лицу с Америкой：между неконфронтацией и конвергенцией"，опубликованная в журнале "Профиль" №38，октябрь 2008 года，http：//www.mid.ru/BDOMP/Brp_4.nsf/arh/B3C8684DEA14B242C32574E1002FD07B? OpenDocument，2013－10－14.

③ 有关格鲁吉亚是否是战争的发动者存在争议，而格鲁吉亚最初的出兵所造成伤亡的具体人数也存在各种不同的统计数据（参见"纪念"人权中心召开的特别新闻发布会上披露的数据，http：//www.hro.org/node/3068，2013－11－29），但无论人数是上千还是几百的量级，都已经可以让俄罗斯以履行"保护的责任"为由出兵进行干涉行动。

上不得不采取武力干涉行动，履行"保护的责任"。因此，俄罗斯成为践行和捍卫该概念的第一个国家。

尽管俄罗斯怀有成为这个"第一"的自豪情绪，但如果对照"保护的责任"概念和国际社会就此形成的共识来看，俄罗斯并不是在履行"保护的责任"。即便有关格鲁吉亚的军事行动是否已经构成战争罪等罪行不存在争论，但是仅仅就实施干预行动的条件——获得安理会的授权后，由国际或地区组织实施干预行动——来看，俄罗斯的出兵显然不符合"保护的责任"概念的相关规定，既没有获得安理会的授权，也不是一次联合国框架内的多边行动。俄罗斯违背了它之前的立场，换句话说，"保护的责任"变成了俄罗斯武力出兵的借口。俄罗斯以履行保护责任的名义，同格鲁吉亚发生冲突，实际上违背了不干涉内政的原则。

2. 利比亚危机中俄罗斯的立场

如果说俄格冲突作为"保护的责任"的实践并不被大多数国家认可的话，那么之后发生的利比亚危机则成为"保护的责任"从概念向实践发展的重要事件。

2010 年，利比亚危机日益恶化，西方主要大国试图以承担"保护的责任"为由，对利比亚采取军事行动。为了避免再现伊拉克战争时的情况，防止西方的军事干预造成卡扎菲政权的更迭，2011 年 3 月，俄罗斯在安理会决议的表决中投了弃权票，反对西方采取空袭行动。但两个月后，俄罗斯改变了立场，2011 年 5 月的八国集团峰会上，时任俄总统的梅德韦杰夫表示"卡扎菲政权已失去合法性，他必须下台"。此时的俄罗斯与其他七个西方发达国家的立场相同，其理由同样是卡扎菲政府没有履行保护利比亚人民的责任。外界对俄罗斯的"变脸"褒贬不一，① 有关其立场变化的原因也众说纷纭。但如果联系到 2008 年拉夫罗夫有关俄格冲

---

① 《俄对利比亚态度转变，俄外交"变脸"常令世界惊讶》，《环球时报》2011 年 6 月 6 日。

突的表态，我们就不难理解俄罗斯立场的变化。俄罗斯赞同国际社会有关"保护的责任"所达成的基本共识，但为了实现本国的国家利益，"保护的责任"也可以被用来作为实施干预的理由，即便此时的干预可能给其他国家的主权造成损害或违背不干涉内政的原则。

随后，西方国家以"保护的责任"为由对利比亚实施了武力干涉，更迭了卡扎菲政权，但却由此引发了更大规模的难民潮和人道主义灾难，且利比亚国内的局势更加混乱，普通民众的基本权利得不到保障。因此，国际社会开始重新思考"保护的责任"，各国对这一概念的立场发生了新的变化。

3. 叙利亚问题上俄罗斯的立场

随着 2012 年的临近，叙利亚危机日益紧迫，以美国为主的西方世界试图"如法炮制"，按照利比亚危机的处理模式解决叙利亚问题，"保护的责任"面临继续被滥用的可能。对此，俄罗斯秉持了更为坚决的态度，并采取了更加主动的对策。2012 年 2 月，俄罗斯与中国一起在联合国安理会两次否决了包含武力解决叙利亚问题的决议草案，在联合国大会表决时投了反对票，并在此后的联合国人权理事会的涉叙议案表决中投了反对票。[1]

此后，俄罗斯在多个场合表达了对"保护的责任"相关问题的立场。2012 年 9 月，金砖国家外长在纽约举行会晤。俄罗斯强调，武力只能是在万不得已时，在联合国安理会的授权下使用。金砖国家也一致认为，"保护的责任"只能为和平和人道主义的目的而实施。[2] 2012 年 9 月 13 日，拉夫罗夫接受媒体采访，阐述了俄罗斯有关涉叙议案的立场。"我们

---

[1] 有关中俄投票反对相关议案的原因的分析，参见曲星：《联合国宪章、保护的责任与叙利亚问题》，《国际问题研究》2012 年第 2 期，第 6—18 页。

[2] Сообщение для СМИ о встрече министров иностранных дел государств — участников БРИКС, http://www.mid.ru/BDOMP/Brp _ 4.nsf/arh/ DEBB5F28EF4BF96944257A860020118F? OpenDocument, 2013—10—14.

投票否决将导致叙利亚政权更迭的议案，是因为《联合国宪章》不允许从外部进行干涉而改变当前存在的政权，应尊重国家的主权和领土完整。中国和俄罗斯是为了捍卫《联合国宪章》。"当被问及如何评价"人道主义干涉"时，拉夫罗夫指出："'人道主义干涉'是违背《联合国宪章》的概念。这个术语现在已经不能使用，因为它带有自我暗示的性质，人们更倾向于用另一个术语'保护的责任'来代替。""2005 年峰会期间组织了专门讨论，峰会的成果文件中设立了独立章节，阐明'保护的责任'的意义，但当时的文件中没有一个词提及这个术语可以被用来作为对其他国家的内政进行外部武力干涉的理由。我再重复一遍，只有在《联合国宪章》基础上通过的决议才是合法的。"① 随后，拉夫罗夫回顾了科索沃冲突、伊拉克战争和利比亚战争中所发生的事情，强调联合国安理会的模糊性决议也可能被作为授权而滥用，俄罗斯则继续支持在 2012 年 6 月 30 日达成的有关叙利亚问题的日内瓦公报，强调需要迫使叙利亚冲突各方尽快停止军事行动并坐到谈判桌前。② 2012 年 9 月 25 日，第 67 届联大会议上，俄罗斯再次申明了自己的立场："保护公民免遭种族灭绝、种族清洗、战争罪和反人类罪侵害的责任是遵照 2005 年峰会成果性文件中有关章节的条款确定的。我们认为，在贯彻这一概念的问题上，关键是获得联合国安理会的授权。如果和平的调节手段不足，而国家政权又无法保护它的公民时，应当向该国提供全面的帮助，这是'保护的责任'概念实践的聚焦点。从试图扩大解释'保护的责任'概念所带来的恶果看，我们反对采取轻率和仓促的步骤将概念的武力成分应用在具体国家的事务上。主要的一

---

① Интервью Министра иностранных дел России С. В. Лаврова журналу "Международная жизнь" "Российская дипломатия и вызовы XXI века", 13 сентября 2012 года, http://www.mid.ru/BDOMP/Brp _ 4.nsf/arh/B372318C7259396F44257A7800478F33? OpenDocument，2013—10—14.

② Там же.

点是：'保护的责任'不应该被用来作为更迭不受欢迎的政权的借口。"①

　　除了被动应对西方的压力外，俄罗斯还主动对危机进行斡旋，2013年9月更是提出"销毁叙利亚化学武器"的建设性建议化解了战事一触即发的叙利亚危机，从而在一定程度上避免了"保护的责任"被滥用。2013年11月19日，俄罗斯外长拉夫罗夫接受采访时，阐述了俄罗斯对"保护的责任"概念的最新立场。他指出："当出现一国政府侵犯公民的情况时，我们必须保护这些人，就像我们在利比亚保护平民一样。但一个经典的例子是，联合国安理会设立禁飞区的授权被严重歪曲了，当北约部队打着保护平民的旗号介入战争时，被北约炸弹炸死的平民有多少呢，谁也不愿意去计算。如果严肃地讨论'保护的责任'这个概念时，我们就会提出这样的问题：它究竟是权利还是义务？如果是一个自然资源丰富的国家出现此种情况，我们的西方同仁就会向我们宣称'不能容忍，要用空军甚至是使用地面部队介入'，但如果是个贫穷的国家发生了同样的情况，他们就会说'政府迫害了人民'，呼吁进行帮助，但谁也不会做什么。这样就出现了选择性的战争，也就意味着存在着某种目录，你可以从中进行选择。如果说这是一种义务，那么干涉的标准是什么？多少平民受迫害是可以容忍的水平？100还是1000？要明白，这是没有意义的事情。一旦开始谈论这样具体的范畴，原有的观点就失去意义了。因此，俄罗斯认为，合法使用武力的条件只有两种，符合《联合国宪章》的自卫（单独或集体自卫）以及联合国安理会的决定。"最后，拉夫罗夫强调"保护的责任"最终形成的共识是在联合国安理会指导下进行。② 可见，俄罗斯又回到了它最初的立场上，更加强调联合国的作用。

---

　　① Позиция Российской Федерации на 67 — й сессии ГА ООН，http：//www.mid.ru/BDOMP/Ns — dmo.nsf/arh/5AAA09D2D879B94D44257A84003B8DFD? OpenDocument，2013—10—14.

　　② Интервью Министра иностранных дел России С. В. Лаврова "Российской газете"，Москва，19 ноября 2013 года，http：//www.mid.ru/BDOMP/Brp _ 4.nsf/arh/4992A5918FBBCB5D44257C280047E2D0? OpenDocument，2013—12—1.

四、俄罗斯立场的特点及其形成的主要原因

"保护的责任"概念提出至今已过去了十余年，作为主要大国，俄罗斯一直参与到该概念的有关讨论中。俄罗斯的立场一方面受到它在人权与主权关系问题上的立场的影响，另一方面也具有一定特殊性，并随着概念本身的发展而产生相应的变化。整体上看，俄罗斯一方面积极肯定"保护的责任"概念在保护人权方面的作用和意义，强调联合国安理会授权的重要性，反对滥用该概念，但在另一方面，为了维护自身的国家利益，它也会以履行"保护的责任"为由采取武力干预行动，从而违背不干涉内政的原则，就像它在俄格冲突中所宣示的那样。而俄罗斯在利比亚和叙利亚问题上的不同立场，除了有防止该概念被滥用的考虑外，更重要的因素是利比亚和叙利亚对其具有不同的战略利益。因此，俄罗斯对"保护的责任"概念所持有的立场受到其国家利益的深刻影响，其特点在于实用性而非理念性。也就是说，俄罗斯更多是从本国利益出发，在有关"保护的责任"的相关争论和实践问题上采取不同的立场。形成这一特点的原因，一方面在于该概念并非俄罗斯自己提出，并不具有理念上的完全认同，另一方面，更重要的一点是它与俄罗斯外交一贯具有的实用主义色彩非常吻合。同时，不能忽略的是，俄罗斯作为大国，有能力进行单边干预行动，这是"保护的责任"可以被俄罗斯进行实用性对待的重要客观原因。

总之，"保护的责任"有其重要的理论和现实意义，有利于切实地保护人权，这是该概念在国际上获得一定程度共识的重要原因。但从实践的发展看，"保护的责任"存在被滥用的可能，从而损害他国的国家主权并违背不干涉内政的原则。由此，"保护的责任"在成为国际规范的道路上还面临着一定的障碍。无论是"保护的责任"这一概念的发展还是俄罗斯的立场变化，都值得我们持续关注和认真研究。

联合国武力强制行动与"保护的责任"

王聪悦[①]

【内容提要】：本文以《联合国宪章》第七章第 42 条为依据，对国际关系学界关注较少的联合国武力强制行动同当今国际社会所倡导的"保护的责任"之间的关系进行了剖析，旨在探讨"保护的责任"理念在指导联合国实践，特别是武力强制行动过程中所产生的效用，并以时效性较强的利比亚战争为案例展开说明，解释了联合国武力强制行动目前对"保护的责任"的贯彻程度以及仍存在的缺陷，为此理念在联合国行动中的进一步发展和完善提供借鉴。

【关 键 词】：保护的责任；武力强制行动；利比亚战争

武力强制行动根据定义和实施方案即为安理会单方判断情势，采取一切必要的武力手段对违反《宪章》的目标国开展以打击为目的的行动，并

---

① 中国人民大学国际关系学院外交学专业博士研究生

以《宪章》第 42 条为指导原则[①]。在安理会的具体实践中，此种行动因较为敏感而特殊常有可能与人权、国家主权原则发生碰撞，且随安理会改革的推进，适应"保护的责任"对国际社会维护世界和平、促进共同发展的要求。

故而，论及"保护的责任"作为联合国近些年较为推崇的保护人权理念时，不得不首先探讨本文的研究重点——联合国武力强制行动同"人道主义干涉"以及不干涉内政原则之间的相关性，毕竟后两者是"保护的责任"理念正式出台，且在联合国实践中发挥作用的前提和关键。

一、联合国武力强制行动
与人道主义干涉、不干涉内政及"保护的责任"

人道主义干涉（Humanitarian Intervention）的定义在国际法和国际关系学界都尚存争议。英国著名国际法学者伊恩·布朗利（Ian Brownlie）将"人道主义干涉"定义为"一个国家、交战团体或一个国际组织威胁或使用武力，目的在于保护人权"[②]。还有一些学者则明确表达了对此行为的反感，安东尼·阿伦（Anthony Clark Arend）和罗伯特·贝克（Robert J. Beck）就指出，"人道主义干涉"是未经目标国被承认政府同

---

① 依据《宪章》文本，安理会打击非法使用武力包括三个环节：其一，安理会判定事发地区（国家）形势。即判断是否存在对国际和平与安全的威胁、破坏，对应采取的相关措施提出建议（第 7 章第 39 条）。其二，若第一步证据确凿，且建议无效，则安理会有权依据情况对侵略一方采取有拘束力的非武力强制行动，包括经济制裁、外交孤立、政治封锁等（第 7 章第 41 条）。其三，如若上述办法被尝试或认为仍无力维持或回复国际和平与安全，安理会将采取军事措施，即本文所言及的武力强制行动，直接使用武力或以武力相威胁（第 7 章第 42 条）。

② Ian Brownlie: *Humanitarian Intervention*, *in Law and Civil War in the Modern World*, John Norton Moore ed., 1974, p217.

意和未经《宪章》第 7 章授权的行动[①]。诚然，人道主义干涉因涉嫌"挂羊头卖狗肉"，以保护人权之名而为侵略之实，且运行机制和法律基础尚不完备，被人们广为诟病，但冷战之后，安理会加强对人道主义干涉的广泛介入和引导，逐步将其纳入第 7 章所制定的规范当中，使此种"集体的人道主义干涉"获得了合法性地位，似乎有越来越多的学者有条件的认同人道主义干涉，比如亨金教授称：各国不愿正式接受这种干涉为"禁止使用武力原则"的例外，但国际法学界已经普遍承认《宪章》不禁止这种行为，只是应严格限于拯救生命之必须[②]。

从定义来讲，所谓人道主义干涉系指一国或国家集团、国际组织为了阻止或遏制他国境内发生的严重违反基本人权的行为，未经他国政府应允，而使用武力或武力威胁。它具备如下特征：被干涉国出现普遍违反人权的行为；干涉基于人道主义考虑而开展；未获得被干涉国同意或要求（人道主义"干涉"和"援助"的根本分歧）。人道主义干涉可分为集体的人道主义干涉和单方面的人道主义干涉两种。单方面人道主义干涉由来已久，早在一战之前，国际法学界便对此种为保护人权而插手他国事务的行为表示关注，但基于对冷战前后的相关国家时间的考察，单方面的人道主义干涉一方面容易将大国意志强加于他国，既未达到保护对象国人权目的，还进一步干涉其主权。另一方面在现代国际法，包括条约法和国际习惯法上都找不到法律依据，故而并未成为违背"禁止使用武力"原则的合法理由。集体人道主义干涉是经联合国授权的，出现时间较晚，与前者相比争议较少，主要原因在于它有相对明晰的法律依据——序言"重申基本人权，人格尊严与价值"、《宪章》第 7 章等，且干涉国滥用权力的危险可望得以排除或降至最低限度。武力强制行动同人道主义干涉的重叠恰恰表现在这一类别当中，所以下文提到的人道主义干涉，仅指有联合国授权的

---

① Anthony Clark Arend & Robert J. Beck：*International Law & the Use of force：Beyond the UN Charter Paradigm*，London. Routledge，1993，p113.

② Louis Henkin：The Use of Force：Law and U.S. Policy，pp41—42.

集体形式。后者与前者关系如图：

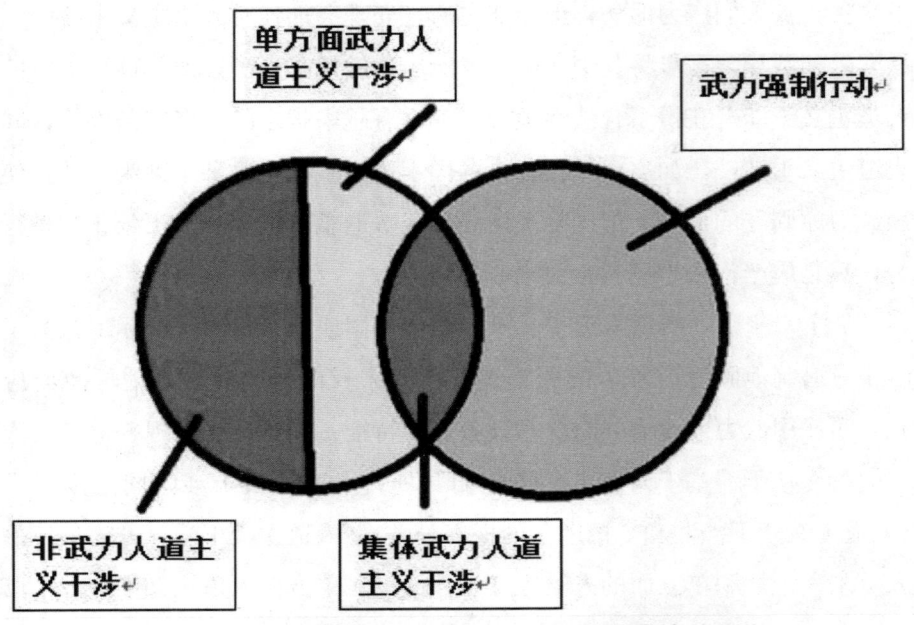

图 9.1　人道主义干涉同武力强制行动的关系

　　如图所示，人道主义干涉也可分为武力和非武力两种，非武力方式晚于武力而出现，包括道义上的劝说、经济制裁、外交孤立等。如果说非武力手段实际是以制裁之措施解决侵犯人权的问题，那么武力人道主义干涉则是武力强制行动就人权问题的具体表现，因此完全享有武力强制行动一般特征、法律基础的同时还将保护人权视为比恢复和平更加紧要的目标。武力强制行动的实施对象是一切有违国际法及《宪章》规定并在和平方式下解决无效的国家或地区，而武力人道主义干涉则特别针对那些对其国民，尤其是宗教的、种族的、少数民族的待遇专横、不公正、残酷，以至达到震骇人类良知之程度的行为。当然，从另一个角度说，安理会开展武力强制行动甚至是人道主义干涉都有可能进一步带来危害个人人权①的风险，部分联合国授权国家军队的军人、受战争波及的非战人员生命不保，战争难民流离失所等，但对集体人权如种族平等权、民族自决权、发展权、环境权、和平权等不能不算是一种救赎。

"不干涉内政原则"是国际法在长期发展过程中已逐步确立的基本原则之一，集中表现为《宪章》第 2 条第 7 项，与主权概念密切相关。既然主权国家平等，就意味着，一国不得以任何借口干涉他国主权范围内的事务，主权在国际法语境下始终享有对内最高和对外独立性。武力强制行动涉及国家主权的部分有三点：其一，安理会因其强制性，可完全依照安理会决议，突破主权之束缚，对一国展开武力攻势，干预一国领土完整和主权独立。其二，安理会有权力授权成员国动用或直接征用他们主权控制范畴内的军事资源。其三，由于武力强制行动对被打击国而言的被动性和安理会的完全自主性，故而实施过程中也将承担被滥用而破坏他国主权独立的风险。正因为武力强制行动既可能涉及人权保障又可能突破国家主权，且撇开武力强制行动不谈，人权保护与不干涉内政原则兼容性较差，所以同两者均有牵连的武力强制行动显得异常敏感。

"保护的责任"旨在重新解读起始于让·布丹（Jean Bodin）的主权概念，使其适应新时期全球治理对个人的关注和关怀。在这一语境下，主权意味着双重责任：对外尊重别国主权，对内保护国民尊严和基本权利。具体到国家外交事务上，保护的责任要求国家承担保护其社会免遭大屠杀，妇女免遭有计划、有步骤的强奸和儿童免受饥饿的责任，在有关国家不能或不愿履行这一职责或其本身为罪犯的情况下，由国际社会代为采取相关行动。从内容上说，"保护的责任"依照采取保护措施的先后步骤划分包括三项：预防的责任、做出反应的责任和重建的责任。"所谓预防的

---

① 按享受权利的主体分，人权包括个人人权和集体人权两种。个人人权：生命、人身和政治、经济、社会、文化等各方面的自由平等权利。

责任要求一国凭借主权威力采取适当政治和外交手段、经济和法律手段及预防性部署等军事手段，预防破坏性冲突及其他形式的人为灾难；做出反应的责任则是在预防失效，人为灾难难以控制，且所属国家不能或不愿纠正这种局势的情况下，国际社会成员有责任采取包括政治、经济及司法措施等干预措施，甚至在极端情况下发起军事行动。重建的责任是指提供恢复、重建和和解的全面援助，消除造成伤害的原因的责任"[1]。简而言之，保护的责任这一概念试图突破国际主权对危害人权事件发生后所产生的阻碍性因素，主权固然值得国际社会尊重，但主权当中保护国民免于伤害的责任，则是在新安全观大行其道的今天更值得全世界加以重视。此概念从提出到由联合国向各国推广历时四年，其中涉及几份重要文件，作为该概念实践成果的重要组成：2000 年联合国前秘书长科菲·安南的《千年报告》对人权问题进行了深刻反思[2]。同年 9 月，以加拿大政府为主导在联合国大会上宣布建立"干预及国家主权委员会"（The International Commission on Intervention and State Sovereignty），且于次年向安南提交名为《保护的责任》的报告，正式提出并解释了此概念[3]。2005 年安南秘书长提交了《大自由：实现人人共享的发展、安全和人权》（*In larger freedom：towards development，security and human rights for all*）的报告，并于第三部分"免于恐惧的自由"中再度提到："在威胁并非紧迫而是潜在的情况下，《宪章》充分授权安全理事会使用军事力量，包括为预防目的使用军事力量，以维护国际和平与安全"[4]。2005 年《世界首脑

---

① 徐杰：《"保护的责任"与国家主权》，《中国国际法年刊》（2005 年卷），第 139—155 页。

② 科菲·安南秘书长"千年报告"：《"我们民众"：21 世纪的联合国的角色》（中文本），http：//www.un.org/Chinese/about un/prinorgs/ga/millennium/sg/report/sg.htm.

③ "干预和国家主权委员会"的报告院：《保护的责任》（2001 年 12 月），中文本。

④ 大自由：实现人人共享的发展、安全和人权 http：//www.an.org/chinese/largerfreedom/part4.htm.

《会议成果》进一步表达了各国对"保护的责任"所达成的共识，但若动用武力措施所牵涉的问题还有待商榷①。以上文件，均涉及此概念同武力强制行动之间的关联。

首先，保护的责任是人权和主权的交合部分，也就是说此构想希望国际社会本着并不过多突破主权界限的原则对泯灭人性的恶性事件及时采取符合国际法要求的措施，而集体安全体制下，如若一国不能将动乱作为内政妥善处理，那么就会被联合国安理会接手。当然，近些年也有部分学者否定了以武力强制行动承担"保护的责任"的合法性，认为国内人权问题既不属于传统的国际和平安全范畴，《宪章》制订68年来，国际法学界对这一概念的解释也并无任何拓展，因此，他们相信国际上目前将安全观过分拓展和泛化了，所谓综合安全并非《宪章》中提及的"安全"，人权问题并不能用武力强制行动的办法解决。然而，总体上来说，人权事务本质上来讲是受到主权约束的，一国国境范围内的人权，如果局面可控且政府当局具有制止灾祸的意愿和能力，那么其他国家甚至安理会都不能率先插手。可是，一旦发现人道主义灾难不能被所在国及时应对，那么这种情势势必会造成难民成群、民不聊生等人间悲剧，并不断向周边国家蔓延，成为影响国际和平安全的导火索，由此其他势力有责任步步开展预防、做出反应和参与重建。从这种意义上看，《宪章》第7章或者更为敏感的武力强制行动能够帮助安理会更好的处理人权问题，承担保护的责任。

其次，"保护的责任"的内容给武力强制行动合理展开做出了制度上的完善以及原则上的深层要求：一般而言，武力强制行动是安理会提供的一种攻击性的、破坏性的救助方式，唯有情势紧急否则较少使用，这主要

---

① 文件决议号 A/RES/601。2005年9月14日至16日，近200个国家或地区的元首和政府首脑于在纽约联合国总部聚集一堂，纪念联合国成立60周年。此前的第五十九届联合国大会最终于2005年9月13日通过了《大会高级别全体会议成果文件草稿》（决议号 A/RES/59/314），以提交于第六十届联合国大会高级别全体会议即首脑会议审议。首脑会议随即通过了该草案；随后草案在联大六十届会议上亦通过。

是因为一方面动用武力就有可能伤及非战人员，破坏一国生产生活，导致安理会授权派兵国家以及目标国出现更多人员伤亡，另一方面，纵使被授权的国家军队最开始的打击活动具有合法性，但很难保证它们不会假公济私，利用打击他国的机会谋取私利。"保护的责任"从步骤上增加了预防和重建，虽然不一定针对人权问题，但武力强制行动也可以效法之，安理会不能仅仅等到动乱发生后才判断形势，应对冲突易发区实施长期监控和预测，抑制威胁于萌芽之时，方能更好地体现安理会维护世界和平之努力。另外，武力行动过后，安理会往往会安排人员、物资帮助重建，但武力强制行动的开展便潜在地说明，目标国当权政府业已丧失对国家的管理和控制能力，因此，如何在动用武力之后及时撤出授权国军队，帮助该国恢复国家主权的完整及承担"保护的责任"之能力，与此同时扫除战争残余，重建家园是需要安理会开展武力强制行动前后需要综合考虑的问题。

二、"保护的责任"在联合国武力强制行动中的实践

——以利比亚战争为例

就具体案例来看，自 2011 年 2 月 16 日以来爆发的利比亚战争，堪称联合国采取武力强制行动，责成利比亚承担保护的责任的突出案例，此案例不仅体现了安理会对"保护的责任"这一理念的贯彻落实，更暴露了理论付诸实践时尚无法完全克服的缺陷，值得在探讨联合国武力强制行动同"保护的责任"之间关系一题时重点关注。

利比亚因地缘价值突出、石油资源丰富，且时任总统卡扎菲对内采取集权高压政策，对外积极宣称反对霸权主义，同欧美树敌，再加上受到邻国突尼斯"茉莉花革命"的影响，导致反对卡扎菲政权的示威游行在当地轰轰烈烈地展开，政府当局武力镇压失效。随后，反政府武装于班加西成立临时政权——全国过渡委员会，利比亚内战爆发。卡扎菲政权急于平息事端、稳固统治，故而派遣大量战机，对反政府武装的地面部队展开轰

炸，致使大量百姓家毁人亡。国际危机集团（International Crisis Group）的报告表明利比亚当局对平民的轰炸和袭击可能构成了危害人类罪①。阿拉伯国家联盟（下简称"阿盟"）对利比亚局势迅速做出反应，中止了利比亚代表团在阿盟参加活动的权力并向联合国安理会提出干预建议。作为回应，安理会 2 月 26 日通过第 1970 号决议，对利比亚当前局势表示严重关切，并决定对利比亚实施严厉制裁。同时依据安理会的授权，国际刑事法院首席检察官奥坎波 3 月 3 日在荷兰海牙总部宣布，从即日起对卡扎菲当局武力镇压和平示威民众而可能犯下的危害人类罪正式予以立案彻查。然而卡扎菲政权无视安理会的制裁决议，继续武力镇压平民抗议，且在同反政府力量交锋过程中占据上风。对此，阿盟、美国、英国和法国等倡议召开第 6498 次会议，并于 3 月 17 日通过第 1973 号决议，根据第 7 章决定"在利比亚设立禁飞区，要求有关国家采取一切必要措施保护利比亚平民和平民居住区免受武装袭击的威胁，同时不对利比亚领土的任何地方派驻任何形式的外国占领军"②。也就是说，第 1973 号决议为多国部队在利比亚展开武力强制行动提供了法律依据，其中唯一的限制就是禁止派遣地面部队对利比亚实施军事占领。3 月 17 日起，美国、法国、英国、意大利、加拿大、丹麦、挪威、荷兰、比利时、西班牙、卡塔尔、阿拉伯联合酋长国、科威特等国通知秘书长，将采用军事措施强制执行 1973 号决议，以保护利比亚境内可能遭受袭击的平民和平民居住区。

安理会授权多国部队干预利比亚内战的决议中最为关键就是"禁飞区"，一般意义上讲，禁飞区分为两种：其一是主权国家在某些请示下对自己的领空划定区域，采取管制飞行措施；其二则是国际组织针对冲突在

---

① 国际危机集团是总部设在布鲁塞尔的独立非营利跨国组织，引文参见加雷思·埃文斯为英国《金融时报》撰稿的《联合国必须对利比亚采取行动》，http：//www. ftchinese. com/story/001037170

② 参见安理会第 1973 号决议案（S/RES/1973）（2011）："保护平民"第 4 款，http：//www. un. org/zh/documents/view _ doc. asp？symbol＝S/RES/1973（2011）.

冲突区域划定的限制空域，以阻止相关方的飞行器在管制空域内的飞行活动。利比亚禁飞区自然属于后一种，特点有三：第一，采取单向禁飞，防止卡扎菲的飞行器进入禁飞区域，从而谋得绝对制空权，最大限度削弱敌方的空军行动。第二，多国联合共同设立，此次禁飞区在阿拉伯联盟的呼吁之下获得安理会授权，英美法在获得正义理由的前提下开始了名为"奥德赛黎明"的打击卡扎菲政府军事行动。第三，耗资巨大，以空制地。对禁飞区的维护和打击卡扎菲的过程中，联军使用了多款战机，为配合空中打击，在地中海共部署 25 艘军舰。其中美英军舰与潜艇向利比亚发射了110 至 112 枚"战斧"巡航导弹。法美分别出动了"戴高乐"号和"企业"号核动力航空母舰。仅从武器装备来看，此次禁飞区无疑造价不菲。美军仅在对利比亚空袭第一天就发射了 110 枚巡航导弹，花费超过了 1 亿美元，一周内便花掉近 10 亿美元[①]。而联军之所以采取这样高精尖的武器，就是为了能在短期内扭转反对派武装同卡扎菲政府军之间的实力差距，遵守安理会决议不在地面派驻军队的同时一举歼灭卡扎菲训练有素的地面部队。这种"以空制地"的打击方式使得多国部队擅自将安理会第 1973 号决议中建立禁飞区并授权多国部队使用武力的目的扩大了，从保护平民到对利比亚开展进攻性军事打击，使得禁飞区不仅仅具有保护功能，更具有烈度极强的攻击性能。

禁飞区的成功建立使多国部队迅速遏制了卡扎菲军队的进攻，打击了有违人道的军事行为。可以说，这是安理会首次如此迅速地准许采取包括军事行动在内的强制措施保护平民，是国际社会对"保护的责任"理念的典型实践。当然，若仔细推敲，此次行动仍有诸多值得质疑之处。

第一点，根据第 1973 号授权，安理会出于对"保护平民"的考虑而授权多国部队建立禁飞区，同时可采取除布置地面部队以外的一切手段打

---

① 程星原：《安理会在利比亚设立禁飞区的背景及作用》，《国际资料信息》2011年第 5 期，第 9 页。

击卡扎菲政府武装。因而虽然从程序上来讲，多国部队之举无可厚非，但其并未遵守武力强制行动所应考虑到的目的正当性及手段相称性原则。按照决议规定，此次行动的目的是"在空中禁止卡扎菲的力量，以免威胁平民目标"，而实践中，多国部队则将决议作为幌子对利比亚展开了长时间、高强度的打击，包括对利比亚政府军的轰炸与对卡达菲及其家人的谋杀等，完全超越了安理会的授权目标和相称的武力使用限度。他们希望利用安理会的权威，实现两大基本目标：其一，铲除长期同西方作对的卡扎菲政权，方便本国在利比亚获得更多经济、政治利益。其二，反对派成立的全国过渡委员会势单力薄，帮助反对派打赢卡扎菲领导的政府武装，不仅有利于西方向利比亚灌输符合自己需要的民主政治理念，更能趁新政府缺乏国内执政根基和民众基础，加速向利比亚国内的渗透，将自己的势力植入其中，进一步将利比亚同化，使其成为自己部署全球战略和谋求大国地位的一颗棋子。对此，美、英、法三国首脑也在2011年4月14日发表联合声明，称安理会决议并未授权"以武力推翻卡扎菲政权"。但以北约为主的多国部队未在极端的情形下采取空袭行动，甚至对利外交部长业已宣布停火接受禁飞决议仍不予理睬，也未调查其是否真正遵守诺言即继续空袭。在禁飞区的目标实现后更将军事行动目标锁定为压缩卡扎菲控制的地盘和打击其军事力量，为反对派创造与政府军对攻的条件，对卡扎菲采取斩首行动。显然，这些都超过了安理会的授权范围。在此过程中，甚至造成了更严重的人道主义危机，大量平民百姓由于多国部队的空中打击而遇害，故而多国部队后来的打击行动毫无疑问是同安理会决议的初衷和主旨相背离的。

第二点，利比亚战争中武力行动的开展充分体现了大国，特别是常任理事国的政治立场对行动效果的影响。当面临利比亚平民需要安理会出兵保护时，各国多参照本国国家利益来决定是否采取武力，这样一方面使得安理会的武力强制行动仍然受到大国意志的主使，行动方案等也要以主要大国的意愿为重，严重侵害了安理会在应对国际和平与安全问题方面至高无上的权威；另一方面，如若各大国各怀鬼胎，难以推出合意，那么将影响安理会强制行动的反应速率和实施效果。此次武力强制行动的主要参与国包括美国、法国、英国。作为多次主导安理会授权行动的美国，并不希望过多卷入利比亚战事中，毕竟它当时还深陷伊拉克和阿富汗两场战争泥潭，开辟第三战场较为吃力。同时，美国更担心若主导此次行动是否能在利比亚成功扶植亲美政权，以防"费力不讨好"，将利比亚变成军阀混战、恐怖主义组织丛生的失败国家。有鉴于此，美国尽量减少同利比亚战事的牵涉，采取先集中兵力给利比亚防空力量以致命打击，然后迅速脱身，让欧洲及阿拉伯盟友继续完成之后的禁飞任务。法国则比美国更热心于主导利比亚战事，不仅在内战之初迅速承认反对派组成的过渡委员会，断绝同政府当局的外交关系，还替代美国当起了打击卡扎菲政权的先锋。法国作出这样的反应主要是为了在其中谋求更多的政治、经济利益。经济方面，如果卡政权倒台，反对派政府合法化，新政府中的亲法势力将使得法国在利的石油、贸易利益得以扩大和固化。另外，萨科齐2007年曾就南欧政治格局提出建立"地中海联盟"的构想，欲将南欧及西亚北非等地中海沿岸国家组织起来建立一个政治、经济、文化联盟，然而这一构想当时受到卡扎菲的强烈反对，被认为是欧洲企图同化、侵略北非国家的又一阴谋，现如今推翻卡扎菲政权势必对"地中海联盟"的顺利推进大有裨益，有助于法国同德国争夺欧陆领导权。相比法国，英国的目的更为远大，除了在利比亚有巨大的石油利益外，就是想借此机会加速"回归欧洲"的脚步，在欧盟内发挥有效的领导作用。美法英三国在主导安理会授权的武力强制行动时并未将联合国"维护世界和平，促进共同发展"的宗旨放在首位，出兵利比亚也并非完全响应安理会"保护平民，实行人道主义"救助的号召，而是各自盘算参与其中收益如何，这样的出发点无疑促使多国部队背弃安理会授权保护平民的旨意，而将剿灭卡扎菲政权甚至其家人和本人作为战争的终极目标，一定程度上暴露出安理会授权成员国开展军事行动存在视"授权"同"放权"，常常为到大国意志所操控的缺陷。今后的改革中，不论是在内部意见的统一上还是在具体行动能力的建设上，安理会武力强制行动都还有很长的路要走。

第三点，武力强制行动迄今仍缺乏执行机制。利比亚战争是安理会受到"保护的责任"理念的驱动，首次开展的武力强制行动，然而最终还是以"人道主义干预"告终，结果并不如理论预期所描述的那样乐观。这同"保护的责任"主导下的武力强制行动缺乏执行机制，对行动时间、程度等限制均不明确有关。在利比亚事件中，联合国的保护责任特别顾问关于利比亚内战中出现的严重侵犯人权与危害人类事件的报告对安理会决定进行干预，保护平民意义非凡。但对"保护的责任"能否得到各国普遍接受，能否真正有效贯彻，避免回到"人道主义干涉"的老路，尚需联合国及有关区域组织进一步组织探讨，具体商议。安理会就地区出现人道主义危机而授权采取包括武力在内的强制措施是"保护的责任"从理论到实践的重大跨越，但仍因机制残缺，不免再度成为大国干涉小国内政的工具，因此保持安理会客观中立性的运用强制性武力，制定详细的军事行动准则，以防获得授权的军队在当地政治纷争中选边站队，甚至成为冲突的一方是安理会首先需要解决的问题。

三、小 结

综上所述，欲探究武力强制行动同人道主义干涉、不干涉内政原则特别是同"保护的责任"之间的关系，应明确如下三点：首先，联合国武力强制行动是集体安全机制的产物，它秉承了"人人为我我为人人"的精神，希望在一国或地区情势危急的时候为安理会提供一种强力有效的应对方式，以打击违反国际和平与安全之不法行为，对于某些企图铤而走险的国家来说，既是一种打击手段更是一种威慑和钳制。

其次，武力行动不同于一般维和，维和所动用的武力原则上仅限于自卫，不做攻击之用，且蓝盔部队保持中立，不对争端任何一方动武，武力强制行动则是有计划有目的的使用武力，为的就是制服扰乱国际和平与安全的一方，重建和平。武力强制行动同制裁性质不同，后者采取和平方式，惩罚力度较轻，发生于事端之始，前者称为国际社会对一国或地区最严厉的打击方式，动用武力，发生于一切手段统统无效之末，故而成为了安理会践行"保护的责任"概念的终极以及最具暴力性质的方式。

最后，需要承认的是，虽然武力强制行动在理念上往往会同人道主义干涉、不干涉内政原则及保护的责任相冲突，但在很多方面是相辅相成的，该暴力手段如运用得当可以作为一国人权、主权的终极保障。虽然正如前文所说，该行动常常会在法条和实践中引发争论，毕竟这种行动会对一国的军事、政治安全造成影响，另外冷战结束后，因为运用较少，其机制不甚成熟，遇到突发事件难以迅速转化为行动，但仍有其存在的意义和价值，值得安理会不断准敲，加以改进，从而使"集体安全之矛"更为锋利。

东北亚问题与中国新一代"创造性介入"

——从 R2P 型"六方会谈"转向 RP 型"七方会谈"的简析

[韩] 金相淳①

【内容提要】：如人权高于国家主权，此人权同样高于大国的强权政治；如国家主权高于人权，此国家主权同样高于强权大国的人权上。国家主权的根本力量来源于本国的人权，人权就是国家主权的核心因素；人权与国家主权之间谁高谁低的老争论已经无用，双高双低之平。全球化本身是一种国际社会的国内化，联合国安理会应该以和平共处、互相平等原则、负责任的保护（RP）精神来保护"人权"和"国家主权"，维护和平全球治理，安理会才实现具有说服力的、负责任的大国领导地位。

【关 键 词】：人权；国家主权；保护的责任（R2P）；负责任的保护（RP）；六方会谈；七方会谈

中国是个崛起中的新兴大国，是个联合国安理会成员的大国。针对西方大国的强权政治，中国如何做负责任的大国确实有了丰富的经验；但需要自身创新的"软实力"和"公共产品"方面，中国目前还有不足。为了在国际社会有所作为，中国应该从如下问题思考起：第一，人权与国家主权关系如何？到底人权高于国家主权，还是国家主权高于人权；第二，保

---

① 北京大学国际关系学院博士研究生

护的责任（Responsibility to Protect，以下简称为 R2P）① 在国际社会有何意义？即，在国际社会具有合法性和正当性，就是否应当实践武力干涉？武力干涉的正当性和合法性由谁认可；第三，中国如何发挥作用？中国"是否"和"如何"进入"创造性介入"的负大国责任的时代；第四，后冷战时代，东北亚问题应该如何解决？中国有何作用？

一、人权与国家主权的高低之争：双高双低之平

人权与国家主权关系如何？到底人权高于国家主权，还是国家主权高于人权？其人权与国家主权之争目前还在争论之中，难以判断的原因在于各国立场不同、其主权的权利也不同，在全球化过程中各国的发展环境和条件也不同等等。国家主权概念含有三个基本假定：主权国家是国际关系里的主要行为体，其他行为体是次要的；国际社会和法律松散乏力，任何国家准则的落实依赖主权国家的认可与合作；主权国家的政府不受约束地行使立法和执法的权利。② 国家主权本质上具有对内对外两层含义：对内本质是"最高性""控制性"；对外本质是"独立性"③"平等性"以及"全球一致性"④。对主权国家的经典描述是"完全自治"的、因而是独立的且不服从任何其他国家法律秩序的国家（或社会）；在它之上，除了国际法的世俗权威以外，不存在其他任何的世俗权威；它通过一个有效的法律秩序而结合起来，它的特殊地位和组织使它能代表这个国家的人民参与

---

① 保护的责任（R2P 或 RtoP）是由联合国提倡而于 2005 年确立。R2P 的重点在于预防和制止四种罪：灭绝种族罪、战争罪、危害人类罪以及种族清洗。

② 王逸舟：《国际政治概论》，北京：北京大学出版社 2012 年，第 41 页。

③ 李斌：《"保护的责任"对"不干涉内政原则"的影响》，《法律科学》（西北政法大学学报）2007 年第 3 期，第 133 页。

④ 靳凤林：《全球化与中国主权伦理的深度更新》，《甘肃理论学刊》2009 年 7 月，第 6 页。

国家间的往来，决定相互间的重大事务。①

人权与国家主权在现实的互动中，随着全球化进程的不断加快，二者关系也在不断地融合：同质性方面，人权与主权其根本目的都是为了促使人的价值实现和维护人的基本尊严；异质性方面，人权和主权在现实运作过程中，则隶属于不同的价值领域的范畴，人权是个体的权利，而不同于人权的国家主权是整体的最高权力。② 国内人权的保护、实现和发展应当体现着宽容与多元化，不能在国际社会强制推行某种普适性的人权标准和实现方式，也不能简单地依赖外部的武力等强制干预，而必须主要通过主权国家和国际社会的共同协作努力和全面的综合治理。③ 因此，在国内而言，国内的人权（或许称为"民权"）还是高于该国的国家主权。因为，国内人权（民权）是构成社会的最基本必要的条件，由于这种基本社会的结构才会能够形成一个稳定的民族国家，等于一个国家应保障其国民的生命安全和生活幸福。在一个国家内，其国民的人权是该国主权的最重要的成本。

那么在国际社会中的人权和国家主权的关系如何？国际社会与国家主权又是什么关系？王逸舟教授主张，主权制约有如下十种：1）民族与国家的不重合，带来政府权威的失效或下降；2）政府的能力和责任感，直接影响主权的强弱；3）资源多寡和外交质量，制约着主权保持的难易；4）文化认同与民众心里，从内部制衡政府对外发言权；5）国际干预的加强和国际法的"强化"，一定程度上抵消了主权权威；6）国际组织的加强，减弱了国家自主性；7）非国家行为体的壮大；8）经济跨国活动和各

---

① "完全自治"是指，一个国家可以自由地和不受干涉地规定它的国体和政府形式、内部组织和国民行为、对内政策和对外政策。参见，王逸舟：《探寻全球主义国际关系》，北京：北京大学出版社 2005 年，第 65—66 页。

② 翟列妮、曾庆亮：《关于人权与国家主权关系的思考》，《改革与开放》2012 年8 月刊，第 98 页。

③ 赵洲：《"保护的责任"与宽容、多元的价值秩序》，《北方法学》2013 年第 2期，第 120 页。

国相互依赖，使主权形态发生改变；9）全球性危机的加深，也使主权有了新的约束；10）科技进步和相应法规的出台，可能超越或限制某些主权。① 随着全球化的进程，传统的绝对主权概念也有所变化。绝对主权理论受到的挑战主要有以下几方面：1）经济全球化的冲击；2）国际组织及国际条约的冲击；3）区域性经济组织的发展；4）跨国公司；② 5）强权政治的大国；6）非政府组织；7）互联网。③ 国家主权在各种方面被制约，在国际社会上越来越被弱化之中。国际组织化对国家主权的分化在一定程度上抑制了霸权，④ 全球治理是针对传统的国家治理而提出的命题，因而出现了全球治理导致"主权弱化"的观点。⑤ 以经济为代表的全球化本身是向国家主权发挥自律性，它会造成主权国家在行为选择的限制。

跨国公司对国家主权的影响是：首先，跨国公司削弱了国家的经济自主权；其次，跨国公司通过经济手段进入政治领域；⑥ 第三，跨国公司利用其企业活动如产品推广和广告等来渗透国家的社会文化领域。非政府组织的国际活动已经是普遍的现象，此在组织上、活动范围上已经超出国家的境界，成为国际性组织，弱化了国家主权。网络主权是指国家主权在信息网络空间的自然延伸，其主要内容就是国家在网络空间的行使管辖权，在网络环境中，由于一国公民的行为空间有了新的扩展，与此相应，国家主权概念也有了新的内涵。⑦ 在全球化的网络世界里一个国家对网络主权

---

① 王逸舟：《国际政治概论》，第 41—47 页。
② 何广寿：《从绝对主权到实效主权》，《晋中学院学报》2009 年 4 月，第 51 页。
③ 李斌：《"保护的责任"对"不干涉内政原则"的影响》，第 132 页。
④ 叶文英、孙凯：《全球治理视阈下的国际组织对国家主权的影响》，《河北青年管理干部学院学报》2010 年第 3 期，第 35 页。
⑤ 张博一：《全球治理与国家主权"弱化论"》，《法制与社会》2011 年 08（上），第 151 页。
⑥ 李少琳、孙官耀：《论全球化浪潮中的国家主权问题》，《理论学刊》2008 年 9 月，第 87 页。
⑦ 李鸿渊：《论网络主权与新的国家安全观》，《法学论坛》2008 年第 7 期，第 115 页。

的管理本身是力量不足，网络本身在无限制的境界中自由自行地给主权国家严重的打击。

在全球化的挑战下，国家主权衍生出了不同于以往的变化，主要表现为：第一，绝对国家主权观念弱化；第二，国家主权的相对性进一步凸显；第三，国家主权不是不可分割的而是可以分割的。① 绝对主权强调了主权的绝对性和不可分割性，而实效主权准确地描述了主权与权力的关系和世界的现实状态；实效主权不但适应时代的发展潮流，也使我们认识到：要想更好地维护主权，就必须不断地壮大自己，增加自己的权力；必须重视本国主权的实效性，强化国家的实效主权。② 因此，国家主权的绝对性已经在全球化进程中淡化而往实效性方向转换，要采取本国的实际利益；即从权力重视转向权利重视的现象。

国家主权的行使范围主要在于"领土""领海""领空""太空"以及"网络空间"③向全球扩展。④ 过去的安全概念一度等于捍卫领土，抵抗外来攻击，今天的安全要求则进而包括保护群体和个人免受内部暴力的侵害。⑤ 行使自卫权面临的新问题在于如何进行其自卫权的标准和限度或法

---

① 刘凯：《国家主权让渡问题研究综述》，《东岳论丛》2010年11月，第153页。
② 树立实效主权理论，可以从以下几个方面着手：1）必须坚持互相尊重主权：首先，符合联合国宪章与和平共处五项原则；其次，有利于反对霸权主义和强权政治；2）主权让渡已经成为历史的发展趋势和必然，我们应积极应对：首先，维护自身的国家利益仍是国际活动的根本；其次，约束跨国公司，跨国公司为长期获得利润，不仅在经济上对别国渗透和扩张，也时常干涉别国内政；再次，认清国家的核心主权和非核心主权，涉及核心主权的让渡时要谨慎；3）不断地发展壮大自己，以维护国家主权。参见，何广寿：《从绝对主权到实效主权》，第52—53页。
③ 网络空间国家主权（虚拟主权）指国家保护自己的互联网系统不受国内外敌对势力和破坏分子的攻击或操纵，防止国内外敌对势力利用国际互联网颠覆本国政治、扰乱本国社会秩序、助长本国分裂势力的权利和能力。参见，张纯厚：《全球化和互联网时代的国家主权、民族国家与网络殖民主义》，《马克思主义与现实》2012年第4期，第33页。
④ 王舒毅：《网络空间国家主权初探》，《信息安全》2012年第9期，第48页。
⑤ 李杰豪：《保护的责任对现代国际法规则的影响》，《求索》2007年1月，第101—102页。

律规制，其新问题有如下三种：1）关于预先性自卫的法律规制；2）网络攻击能否引起国家自卫权的问题；3）外空中国家自卫权的肯定与限制。①"在通常情况下，介入国际组织，国家主权就要受到制约或有限转让，部分国家主权的让渡都是自愿的、对等的和有条件的，而被迫的、不平等的、无条件的，是基于对具体主权利益的重新认识和调整，服务于国家长远的最高利益的行为，与主权受到侵犯破坏是截然不同的。因此，任何国际组织也不可以以此为干涉他国内政的借口，主权的让渡不能以霸权的扩张为代价。"②

"把人权与主权对立起来，用人权否定主权，是一些西方国家常用的手段。实际上，人权与主权之间不存在谁高谁低的问题。《联合国宪章》同时强调主权与人权，目的是要在主权国家和平相处的国际体系中发展人权，同时又通过促进人权来维护世界和平，防止第二次世界大战那样的历史悲剧重演。"③就国际法的正义价值而言，西方国家主导的以民主和人权为核心的正义观忽略人权的多样性、与人权相并行的价值、民主自身的缺陷和国际民主的必要性以及正当程序的法制原则；当今国际社会，人权不是正义的唯一因素，以人权为名义的霸权根本就不是正义；国际正义必须建立在全面的信息基础上以协商民主的方式作出，并且平等对待各方主题、遵循正当程序。④

---

① 王海平、王韬：《2012 年武装冲突法研究综述》，《西安政治学院学报》2013 年 2 月，第 73—74 页。

② 张丽华、朱进：《国家主体地位的变化及认识》，《东北师大学报》（哲学社会科学版）2010 年第 2 期，第 2—3 页。

③ 国际人权法不是超越主权国家、命令主权国家的东西。从人权保护的实践看，人权主要属于一个国家内部管辖的问题：首先，各国必须维护本国的独立，实现国家强盛，不受外部势力侵犯；其次，各国政府必须努力发展民主与法制，使人民的人身权利和政治权利得到充分实现；再次，各国必须大力发展经济，为本国人民创造良好的物质和精神生活条件。参见，李云龙：《简论人权与主权之间的关系》，《国家视野》2011 年 2 月，第 58 页。

④ 何志鹏：《大国政治中的正义谜题》，《法商研究》2012 年第 5 期，第 40 页。

人权不能凌驾于主权之上，同样，主权也不应凌驾于人权之上。[①]"国家主权并没有内在的道德分量。国家主权所真正具有的分量，来自要求尊重国家主权的国际原则在正常环境下，在促进国家间和平关系方面所发挥的作用。主权不再只是国家控制发生于其边界以内的事务的权利问题。国家保护其人民的能力和愿望的限度也是其主权的限度。"[②] 国家主权是国家权力和国家权利的综合，也是国家安全的问题，其国家安全的最优先责任在于保护本国国民的安全。因此，人权与国家主权的高低争论，无论在国内或国外均是"双高双底"的平衡之位；应把争论的焦点转移而集中在保护"人权"（包括国内"民权"）的效率上；而不是在国与国之间的权利和权力关系上，更不是无用的高低争论上。

二、正义与和平：试图"R2P和平执行综合机制"

干预最常发生在强国与弱国的关系中，我们可以考虑两种防御性干预："为保持均势的干预"以及大国对其附属国内政的干预，即"为保持力量不平衡的干预"。[③]欧洲人的干涉主义，并非单一现象，而是某种复合影响，即"传统霸权国家""经济强势国家""现代文明传播者""全球规范制定方""国际话语权制定者"和"区域一体化示范地"，一定意义上讲，研究欧洲人的干涉情结和背后深层的意识形态，不光要分析一般意义上的国际安全、贸易和外交过程，它同时须对某种巨大而多变的"政治文化"复杂现象作出透视。[④] 干预指尚未导致战争的胁迫行为；干预国并未

---

① 李云龙：《简论人权与主权之间的关系》，第59页。

② 【美】彼得·辛格：《一个世界：全球化伦理》，应奇、杨立峰译，北京：东方出版社2005年，第146页。

③ 【英】马丁·怀特著，赫德利·布尔、卡斯腾·霍尔布莱德编：《权力政治》，宋爱群译，北京：世界知识出版社2004年，第134页。

④ 王逸舟：《国际政治概论》，第154—156页；王逸舟：《创造性介入：中国之全球角色的生成》，北京：北京大学出版2013年，第199—202页。

打算立即诉诸战争，它可能实际上旨在避免战争，但却随时准备应战；如果干预对象选择抵抗，或其他国家采取反干预行动，那么结果可能是战争。[①] 冷战后，特别在中东和非洲地区出现了很多由美国主导的西方国家想试图 R2P 的介入环境，无论使用武力介入或是进行政治谈判，正在进行中的叙利亚问题也是一种典型的介入条件。

冷战结束、进入新世纪以来，新的"主权"范畴不再仅仅是过去讲的民族国家主体在国际事务上的自主性和不受干涉，它必须包含"国家（政府）对本国民众的责任"（所谓"R2P"）、"国家的领导者顺应而不是违背百姓意愿"（即"尊重人权、民权"）这样一种基础性的内涵与安排；主权与人权不可分割，国家在外的安全性、发言权与国际席位，与国家对内的进步性、对民众的顺应、对专制的抑制，形成明确的和可识别的正比关系。[②] 在全球化进程中，当代国家主权面临潜在的挑战还是由国际组织而来的 R2P 概念；因为，国家主权意味着责任，而且保护本国人民的主要责任是国家本身的职责；一旦人民因内战、叛乱、镇压或国家陷于瘫痪，而且当事国家不愿或无力制止或避免而遭受严重伤害时，不干涉原则要服从于国际 R2P。[③] 西方学者关于 R2P 的主要观点在于：第一，R2P 与人道主义干预的内涵相同；第二，R2P 的实质性问题是军事干预的合法性问题；第三，R2P 最有效率和最有威慑力的行使方式是军事干预；第

---

① 【英】马丁·怀特著，赫德利·布尔、卡斯腾·霍尔布莱德编：《权力政治》，第 132 页。

② 王逸舟：《创造性介入：中国外交新取向》，北京：北京大学出版 2011 年，第 98—99 页。

③ 李斌：《"保护的责任"对"不干涉内政原则"的影响》，第 132 页。2001 年 12 月，对"R2P"进行军事干预，"干预与国家主权国际委员会"规定了六条起点标准：正当的理由、合理的授权、正确的意图、最后的手段、均衡性和合理的成功机会。参见，同上，第 134—138 页；蒋琳：《保护的责任：利比亚问题的国际法实践研究》，《黑龙江省政法管理干部学院学报》2011 年第 5 期，第 125—126 页。

四，R2P 行使主题应尽可能多元化。①

R2P 指三项责任：预防的责任、作出反应的责任和重建的责任。R2P 的范围限定于四种违反人权的罪行：种族灭绝、种族清洗、战争罪和反人类罪。R2P 的特点在于：首先，它强调正义优先，将人的保护置于首要地位，声称要保护所有人的人权；其次，它具有明显的等级色彩：一是突破主权平等的原则，声称需要对国际社会负责；二是突破由主权平等而衍生出来的不干涉内政原则，主张有条件的主权，即履行保护的责任。② 运用有关"种族灭绝"和"反人类罪"③ 的定义来得出结论：当人道主义干预是对杀害许多人，或造成许多人严重的身体或心理伤害，或故意破坏他们的生活条件，旨在造成他们生理上毁灭的行为所作出的（具有合理的成功预期的）反应，而名义上主政的国家却不能或不愿阻止这种情况发生

---

① 颜海燕：《保护的责任解析》，《西部法学评论》2010 年第 1 期，第 126—128 页。

② 邱美荣、周清：《"保护的责任"：冷战后西方人道主义介入的理论研究》，《欧洲研究》2012 年第 2 期，第 129—130 页。R2P 执行主体是联合国安理会、联合国大会、地区组织或者次地区组织。参见，同上，第 130—131 页。但是，对 R2P 在执行的合法性而言，除了联合国安理会的授权以外，存在其他是否具有合法性的问题。因此，黄瑶教授也提出质疑问难说，"关涉 R2P 的国际文件中所提出的联合国大会在安理会未能采取行动时可以授权使用武力，以及区域组织实施军事干涉行动时可以先斩后奏等主张，与《宪章》有关使用武力的规定并不一致。国际社会若认可这种主张将造成对现行联合国集体安全体制的冲击"。参见，黄瑶：《从使用武力法看保护的责任理论》，《法学研究》2012 年第 3 期，第 195—208 页。

③ 国际刑事法罗马规章对"反人类罪"的定义，是直接针对平民所犯下的广泛或全面打击的一部分，其行为包括：a）谋杀；b）灭绝；c）奴役；d）人口的驱逐或强迫迁移；e）破坏国际法基本准则的监禁或对人身自由的其他严重的剥夺；f）拷打；g）强奸、性奴役、强迫卖淫、强迫怀孕、强迫绝育，或严重程度类似的其他任何形式的性暴力；h）针对第三节所定义的任何可以认定的政治、种族、民族、族群、文化、宗教、性别集体或团体，或出于国际法普遍认为不能允许的理由进行的，与本节所指认的行为或属于（国际刑事）法庭管辖范围的任何罪行相关的迫害；i）强迫使人失踪；j）种族隔离罪；k）其他具有类似特征的非人道行为，这些行为有意造成对肉体、对心理或生理健康的巨大创痛或严重伤害。参见，Rome Statute of the International Criminal Court，Article 7，www. un. org/law/icc/stature. romefra. htm. 转引自【美】彼得·辛格：《一个世界：全球化伦理》，应奇、杨立峰译，第 125—126 页。

时，这种人道主义就是正当的。① 虽然国际社会与其主政的国家之间会发生异同看法或争论；但，如果在某一个国家里一旦发生四种违反人权的罪行时，国际社会以 R2P 的责任干预行为，虽然在合法上，很可能是被视为与主政国家的错误相似的非法性；可在人道主义的正当性方面，国际社会的 R2P 行为还是在一定程度上会具有较高的说服力。因为，国家主权的核心力量当然是由于本国国民的"人权"（民权）而得的；国家不能或不再保护本国国民，自然而然地消失此国家主权的权力是正当的。

为了让联合国能够应对和平的威胁，安理会被赋予使用各种不同类型的制裁以及使用军事力量的职责；虽然这种处理强制手段的总体方法基本上是合理的，但是它引发了诸多问题。② R2P 本来是一种符合国际秩序未来发展方向的良好构想，却在操作中出现诸多问题：第一，在制度上，无政府体系导致的单边主义倾向，成为大国缱绻的工具；第二，在观念上，人的安全作为国家一直的包装，在施行时无法达到效果的观念基础；第三，在过程与后果上，R2P 与人道目标形成的偏离，在实现中存在的、不能不重视的风险。③

R2P 与过去人道主义干涉有何不同？ 第一，R2P 要求"合法依据"；

---

① 但他质疑说，"应当承认，这个定义引起的问题比它回答的还要多，如多少人算是许多；身体的或心理的伤害得有多严重；如果人道主义干预在这一标准得到满足时就是正当的，其他国家也就有了干预的义务吗？有意地导致或不愿阻止使许多人死于非命的环境污染能够被认为满足这个定义吗等"。参见，【美】彼得·辛格：《一个世界：全球化伦理》，第 126 页。

② 《宪章》的主要方法在于，一方面建立包括使用武力在内的集体措施的框架，另一方面保留国家进行单独或者集体自卫的权利，至少是在安理会采取必要的措施之前。但是这种合理的方法也引发诸多问题，如：第一，"集体安全"思想的固有缺陷；第二，联合国维和性质的变化，以及在特定冲突中综合运用维和以及使用武力的需要；第三，冷战后联合国过多使用经济制裁带来的问题；第四，联合国授权在个别国家和国际机构领导下使用武装部队，区别自身所组织或使用的武装部队的做法存在的优缺点；第五，联合国直接介入到武力的组织和管理中引发的一系列问题。参见，【英】亚当·罗伯茨、【新】本尼迪克特·金斯伯里主编：《全球治理：分裂世界中的联合国》，吴志成等译，北京：中央编译出版社 2010 年，第 32—45 页。

③ 何志鹏：《保护的责任：法治黎明还是暴政重现？》，第 149—151 页。

第二，R2P 限制"武力使用范围"；第三，R2P 强调"预防与重建的责任"；第四，R2P 试图被干涉国同意。R2P 主张军事干涉行动应根据《宪章》获得联合国的授权，取得合法依据，这至少是在形式上维护了对禁止使用武力原则的尊重；① R2P 军事干涉的使用范围有所限制，它只适用于种族灭绝、战争罪、种族清洗和危害人类罪四种国际罪行，而后者的适用性并无限制；② 人道主义干涉强调的是一种反应的责任，而不包括事先预防与事后重建的责任；人道主义干涉是在没有被干涉国政府同意的情况下，出于人道主义原因对该国实施武力干涉或以武力干涉相威胁。③ R2P 在国际法上的地位而言，可以说，它至今没有一席之地：首先，R2P 不是条约法规则；其次，R2P 不构成国际习惯法的一部分。④ 因此，面向未来 R2P 的完善路径为：第一，审慎控制 R2P 的法律化进程；第二，在承认大国政治现状的前提下，采取措施逐渐弱化大国的影响；第三，自身法制化的制度设计。⑤ 需要在 R2P 机制中确立武力使用的合法例外，这需要国际社会达成共识，在人权保护领域形成有关武力强制措施的新规范，并使其具有明确的使用条件和程序，以适应人权 R2P 的特殊需要。⑥

因此，为了实现 R2P 的和平理想，对 R2P 执行上，必须先考虑如下几个重点，即笔者建议建立"R2P 和平执行综合机制"：首先，以设定"防范大国强权政治机制"来限制大国的霸权政治；其次，以设定法制制度来完成"合法规范执行机制"；再次，以联合国安理会和"新兴次大国"参与而建立"国际广泛和平机制"；第四，以设立"预防性对话责任机制"

---

① 黄瑶：《从使用武力法看保护的责任理论》，第 200—201 页。
② 同上，第 201 页。
③ 蒋琳：《保护的责任：利比亚问题的国际法实践研究》，第 124 页。
④ 黄瑶：《从使用武力法看保护的责任理论》，第 206 页。
⑤ 何志鹏：《保护的责任：法治黎明还是暴政重现？》，第 151—153 页。弱化大国影响的途径包括：以大国制衡大国；以小国联合平衡大国；以组织和规范约束大国。参见，何志鹏：《保护的责任：法治黎明还是暴政重现？》，第 152 页。
⑥ 赵洲：《"保护的责任"机制中的武力强制措施》，《南通大学学报》（社会科学版）2012 年第 3 期，第 55 页。

来保护被干预国的国家主权和国家安全；第五，以建立"国际人权保护机制"来保护"全球人的基本安全"。

任何军事干涉都应该符合《宪章》关于使用武力的规定；国际社会应以合法的方式来保护人权，不能以牺牲法治为代价，避免军事干涉成为某些国家追求私利的工具；对利用 R2P 理论军事干涉他国境内事务的做法，国际社会应保持必要的警觉。① 显然，加强对 R2P，特别是由联合国安理会授权、由维和部队实施的 R2P 的国际法规制势在必行：首先，制约维和部队"干涉权利"；其次，规范维和部队"干涉行为"；再次，明确维和部队的"干涉责任"。② "联合国应当努力承担起 R2P。否则，不同的国家利益就会再次发生冲突，并使世界陷入国际冲突。然而，假如世界上几个最强大的国家能够承认联合国作为这样一些人民'最后求助的保护者'的权威性（这些人民所属的国家声明狼藉地不对他们进行保护），假如这几个强国还向联合国提供履行这种责任的手段，那么，世界将会在变成一个全球伦理共同体上迈出关键的一步。"③ 干预与国家主权国际委员会特别强调，在 R2P 三项责任中，预防的责任属于优先考虑事项，在危机预防方面，国际社会应投入更多的资源，并采取非强制的和非咄咄逼人的措施。④

R2P 在其三项责任中，是否强调"预防的责任"就强化了干涉的力量、弱化了国家主权的风险？但是，为了防止武力冲突、保护被干预国的"人权"、维护和平环境，同时要保护被干预国的"实效主权"，联合国安理会应建立笔者建议的"R2P 和平执行综合机制"；安理会一定与当事国通过对话，以尊重当事国的主权来和平解决一些问题，完成 R2P 的任务。

---

① 黄瑶：《从使用武力法看保护的责任理论》，第 208 页。
② 李瑞景：《联合国维和部队"人道主义干涉"的合法性辨析》，《国际资料信息》2012 年第 1 期，第 30 页。
③ 【美】彼得·辛格：《一个世界：全球化伦理》，应奇、杨立峰译，第 146 页。
④ 蒋琳：《保护的责任：利比亚问题的国际法实践研究》，第 124 页。

未来"预防的责任"应该如下进行：首先，尊重被干预国的"国家主权"，即经过被干预国的同意；其次，获得"合法性"，即获得联合国安理会的批准；再次，发挥"正当性"，即纯粹保护被干预国的"人权"；最后，尽量避免此 R2P 活动变成暴力行为。无论其 R2P 从过去的西方"正义战争"再经过"人道主义干涉"而成为当代国际社会的一种国际行为，此基本的、根源的任务在于"维护和平"和"保护人权"。"武力"不再是最后的手段，最后的手段还是应该"和平对话"；这就是东方文化和西方文化的根本差异，正义与和平应由人与人之间以对话，即以"外交"而成，不是"武力"。

三、中国式"RP"① 与"创造性介入"：和平调整者

中国学者对国家主权的研究主要集中在以下四个方面：第一，国家主权在国际关系中的地位和作用；第二，国家主权的绝对性与相对性；第三，国家主权能否被分割和转让；第四，经济全球化对国家主权的影响。② 中国和平共处五项原则，即互相尊重主权和领土完整、互不侵犯、互不干涉内政、平等互利、和平共处；中国作为联合国安理会常任理事国和负责任大国，有理由也有可能不仅要继续坚持这一原则，而且应当在国际社会全力维护它的合法性、正当性和广泛效用。③ 从中国的角度看，坚持互不干涉内政原则也有着更大的合理性：首先，中国对外部干涉有着沉

---

① 指为"负责任的保护"理念（Responsible Protection，以下简称为 RP）。阮宗泽认为 RP 理念的基本要素为：首先，要解决对谁负责的问题；其次，何谓"保护"实施者的合法性；第三，严格限制"保护"的手段；第四，明确"保护"的目标；第五，需要对"后干涉""后保护"时期的国家重建负责；第六，联合国应确立监督机制、效果评估和事后问责制。参见，阮宗泽：《负责任的保护：建立更安全的世界》，《国际问题研究》2012 年第 3 期，第 9—22 页。

② 易刚明：《冷战后关于国家主权问题的研究评议》，《山东社会科学》2011 年第 2 期，第 163—164 页。

③ 王逸舟：《创造性介入：中国之全球角色的生成》，第 76 页。

痛记忆，不期望被其他国家干涉；其次，坚持其原则是中国外交的一项基本原则和优良传统，受到国际社会特别是中小发展中国家的广泛欢迎；再次，坚持其原则对中国外交也具有极强的现实意义：一方面，是中外关系持久发展的内在动力；另一方面，也符合中外双方的共同利益；第四，中国提出推动建设和谐世界的远大目标，其核心也是坚持互不干涉内政原则。[①] 因为 R2P 理论目前还是具有较大的不确定性，使中国担心"不干涉别国内政"这一国际法的基本原则有可能借此理论而被逾越。[②] 譬如，在叙利亚问题上，中国的主张可以用六个关键词来概述：止暴、对话、救援、戒武、合作、团结。[③] 中国在安理会使用否决权并在大会投反对票，丝毫不是为了袒护某一方或反对一方，而是不愿意看到安理会的决议再次被曲解为发动战争的依据，不愿意看到本已渺茫的叙利亚政治对话可能性完全丧失。[④] 中国从近代历史的经验和发展中国家的立场，一贯坚持"和平共处五项原则"和"互不干涉内政原则"，无论在欠发达国家还是一些中等强国之中很受欢迎，有被西方强国干预经历的一些国家更是如此。

但是，从另一个角度观察，对这一原则加以丰富和修订、使之更加符合新时代的特点和中国自身的需要，正在成为日益迫切的事情：首先，全球化的加速发展和全球性挑战的严峻化，使得信息的传递更加迅速，使任何一个地点的坏信息及其严重后果的扩展超出以往任何时期。如果没有及时的介入和制止，一个国家内部的消极事态，很有可能不仅伤害本国本地区的人民，而且危及周边国家和整个国际社会的利益；其次，放眼国际范围，西方发达国家早已意识到干预的必要，一些欧美大国的公众和媒体对

---

① 潘亚玲：《从捍卫式倡导到参与式倡导》，《世界经济与政治》2012 年第 9 期，第 49—50 页。

② 张磊：《解析国际法上"保护的责任"理论的发展态势》，《苏州大学学报》2012 年 6 月，第 120 页。

③ 曲星：《联合国宪章、保护的责任与叙利亚问题》，《国际问题研究》2012 年第 2 期，第 17—18 页。

④ 同上，第 18 页。

之有众多的讨论和呼声，在过去一段时期里，形成了大量理论与政策实践，并且竭力将这些东西扩展成国际共同标准与规范。① 纵观中国坚持互不干涉内政原则的具体实践的发展历程，存在一个从捍卫向参与、从孤立向融入、从消极向积极、从被动向主动的转变轨迹。② 中国实际上已经达成了成功崛起的入门阶段，恢复了在亚洲的大国地位，开始展开了全球大国的"中国梦"。

因此，中国应该积极参与国际社会作出大国的责任和贡献。这当然追求自身利益，最重要的理由在于：第一，中国的"海外利益"，它不断扩大和延伸，对海外各种利益实施更大力度、更广范围的保障；第二，中国的"军事安全"，即其海外利益相当的内容涉及维护"高边疆"的军事安全，特别是海洋权利、建立更加可持续的周边和全球生态环境、树立更加友好的国际舆论及国际制度话语权等内涵。③ 在全球化带来的各种战略性挑战面前，中国在保护其不断增长的海外利益和公民人身安全方面所承受的压力却日益增加；中国也需要认真考虑其在干预人道主义危机和回应针对中国公民及其利益的攻击时所拥有的权利；④ 如，中国对非洲援外：商

---

① 王逸舟：《创造性介入：中国之全球角色的生成》，第76—78页。
② 潘亚玲：《从捍卫式倡导到参与式倡导》，第54页。
③ 王逸舟：《创造性介入：中国之全球角色的生成》，第79—81页。
④ 庞中英：《全球治理与世界秩序》，北京：北京大学出版社2012年，第210页。

务援外、战略援外、大援外以及国际公共产品；① 中国有必要及时提倡
"RP"理念，向国际社会贡献其"公共产品"。② 中国积极参与国际社会发
挥大国的责任，是因为中国正好缺乏大国的责任所标志的"软实力"，要
解决中国和平崛起的对外战略中由周边国家不信的"中国威胁论"，建立
与周边国家和平共处的和谐环境，才可以把中国的力量顺利地展开在全球
治理上。大国需要大国的风格，随着完成大国的责任和义务。

　　王逸舟教授对中国未来几年面对的外交和国际方面的挑战，提出七个
主要因素：1) 民族主义情感与国际诉求；2) 海洋主权纠纷；3) 中美关
系，即中国如何对待美国"重返亚洲"和"战略再平衡"等严重态势；4)
民族分离主义，即中国国内复杂的民族纠纷以及由此诱发的国际矛盾；5)
能源对外依赖；6) 要提高中国公信力，即对内是加强公众对政府和党的
信任，对外是以有效的行动改进中国的国际贡献和形象；7) 维护国家利
益同时承担更大的全球责任。③ 中国正在大力推进国际发展议程，在发展
领域承担与国力相符的国际责任。④ 中国在国际体系中应该发挥至少以下

---

　　① 中国对非洲援外如下四类进行：第一类是"商务援外"，是向外部有关国家和
地区提供的经济贸易性质的支援，占中国对外援助资源总量的八成以上；第二类是
"战略援外"：其一是基于意识形态目标或政治考虑提供的援助；其二是基于国防军事
和国际安全考量，为周边邻国和国际上一些战略合作伙伴提供的带有军事合作性质或
安全支持色彩的战略援助；第三类是"大援外"形式，是指在外交部门的规划、参与
和指导下，社会各界广泛参与，充分发挥政府和民间的多种积极性，符合中国发展利
益也具备国际主义色彩的对外援助；第四类是"国际公共产品"，有关中国提供国际公
共产品的讨论，近年开始出现，近期有增多的势头，反映出中国作为负责任大国的意
识在增强。参见，王逸舟：《创造性介入：中国之全球角色的生成》，第 121—131 页。
公共产品生产和供给方式有三种，如"公共生产""私人生产"以及"混合生产"；它
还区分"国际性公共产品"和"区域性公共产品"。参见，王逸舟：《创造性介入：中
国之全球角色的生成》，第 135—142 页。
　　② 阮宗泽：《负责任的保护：建立更安全的世界》，《国际问题研究》2012 年第 3
期，第 21 页。
　　③ 王逸舟：《创造性介入：中国之全球角色的生成》，第 49—64 页。
　　④ 中国的国际责任是由中国自身的五个定位决定：如，国情、身份、角色、实力
以及地缘定位。参见，李丹：《中国在全球发展领域中的国际责任》，《徐州工程学院学
报》（社会科学版）2013 年 7 月，第 17—21 页。

五个方面的作用：第一，现存的国际秩序的维护者；第二，现存的国际秩序的不合理性、不公正性的批评者；第三，当前冷战后的过渡时期中，中国必须为未来的国际秩序提出可行的、可能为世界上大多数国家接受的改进方案；第四，中国在世界稳定中的作用；第五，中国在地区体系中的作用。①

为应对新挑战，中国应采取以下对策：坚持主张 R2P 的使用范围仅限于四大罪行；完善早期介入机制和预防性部署；坚持以联合国为主导的多边主义；并在联合国不能及时反应的情况下，支持区域组织的行动。②中国在实践中对不干涉内政原则立场的松动，为进一步实施"保护性干预"创造了现实的可能性：首先，中国政府积极参加联合国维和行动；其次，中国政府积极推动国际热点问题的解决；最后，中国政府致力于维护世界和平与地区稳定。③

叙利亚化学武器如何对应？如果联合国没有反映，一定给别的国家发出错误的信号，特别指的是朝鲜和伊朗。但依不正确的证据进行 R2P，甚至最后使用武力介入是危险的。因此，中国应当开始以"非西方式干涉"试图主动地和前面地介入，以具有法律依据，即"合法性"；以具有符合道德和人权的"正当性"来保护第三世界和弱小国家。

总而言之，当代中国在国际社会中所需要发挥的大国责任，不是采取由西方武力干涉为主的"R2P 型介入"，而是应该创新一种新时代的"RP型创造性介入"；如，笔者建议的"R2P 和平执行综合机制"④ 转型为

---

① 庞中英：《全球治理与世界秩序》，第 200—203 页。

② 郭冉：《"保护的责任"的新发展及中国的对策》，《太原理工大学学报》（社会科学版）2012 年 10 月，第 28—29 页。

③ 杨泽伟：《国际社会的民主和法制价值与保护性干预：不干涉内政原则面临的挑战与应对》，《法律科学》（西北政法大学学报）2012 年第 5 期，第 46 页。

④ "R2P 和平执行综合机制"的概念在于现有的 R2P 西方体制之下的发展。但中国如果推进新一代的国际和平机制，可以把"R2P 和平执行综合机制"的概念转型"RP 和平执行综合机制"更合适中国创造性介入的新一代国际和平"公共产品"。

"RP 和平执行综合机制"；它会提高负大国的责任，发挥"软实力"和国际影响力，主动实现新型大国关系。实际实践如下进行：首先，中国与全球地区强国合作，如英法俄印度等大国合作，合理合法地、和平潮流地防止美国单边霸权主义强权政治；其次，主动斡旋安理会，由安理会发挥"和平调整者"，如在利比亚模式中的"英法"扮演；再次，中国与 G20 类中等强国合作，主动营造联合国国际和平合作环境；最后，中国与国际性非政府组织紧密合作，积极推动"和平共处、和谐世界"的新一代国际社会人类和平思想风潮。中国的"和平崛起""中国梦"应该由在国际社会得到信任开始；从周边国家中获得支持，从国际民间社会获得广泛的响应；如果能够做到了这一步，在全球治理之中的中国话语权是必然的、自然而然的。

四、东北亚问题：从 R2P 型 "六方会谈" 转向 RP 型 "七方会谈"

对现代工业化国家安全的最大威胁不是某一种特定的对手，而是核战争，甚至或许是某些形式的常规战争；战争和军备的成本或许已大为提高，但它们还没有从根本上改变决策方法：战争依然是促进和保护价值观念、信仰和利益的几种方法之一。[①] R2P 指定的四大犯罪中，战争暴行和反人类罪与朝核问题和朝鲜问题有关。中国反对"先发制人"，一贯主张对话协商，也进行过"六方会谈"。

纵然朝鲜有"万般委屈"，强调核试验是对美国军事威胁与金融扼杀政策的回应，但一个有核武器的朝鲜给东亚带来的最大挑战是地区安全秩序的颠覆性破坏；朝核问题的基本性质已经不再是朝鲜为了生存与安全通

---

① 【加】卡列维·霍尔斯蒂：《和平于战争：1648—1989 年的武装冲突与国际秩序》，王浦劬等译，北京：北京大学出版社 2005 年，第 291 页。

过追求核武器能力所产生的区域不安全挑战，而是朝鲜的核能力生生地打入一个"楔子"后东亚安全架构未来的演变。① 朝核危机一旦进入军事冲突或者对抗升级的情景，朝鲜境内的经济状况将会持续紧张，即使是难民危机也将给周边国家造成沉重的经济与社会压力；如果局势失控，核材料的走私等可能甚至会造成核恐怖主义。②

王逸舟教授对"六方会谈"有如下评价：它是一个建在中国的国际防核扩散平台，是中国第一次主动介入和大力推进的地区多边安全机制；这一机制主要成功之处在于：首先，它成功地阻止了外部某些强硬势力以武力解决问题的企图，把世人的注意力始终聚焦在和平与谈判方式上；其次，它部分有效地减缓了朝鲜方面发展核能力尤其是核武装备的速度；第三，通过反复的磨合，中国外交的目标得到清晰彰显，即朝鲜半岛应当朝着无核化方向迈进，而实现的路径必须是通过和平的、对话的方式，而不能依靠物理的甚至是战争的手段。③ 虽然"六方会谈"在某种程度上是成功的，但此成功只是一部分；目前其会谈并没有实际活动，而且控制"朝核开发"过程中，不能不承认部分失败；朝鲜已经通过三次核试验，在一定程度上达到原本目标，超出"六方会谈"对半岛无核化的目标。

"'创造性介入'讲的是一种新的积极态度，即在新世纪第二个十年到来之际，中国对国际事务要有更大参与的意识和手法；这种新的'创造性介入'立场，既不是对'韬光养晦'姿态及做法的抛弃，又绝非西式的干涉主义和强权政治，而是符合中国新的大国位置、国情国力和文化传统的新选择。这一立场，将伴随中国和平崛起的整个阶段，逐渐形成国际政治和外交舞台的中国风格。"④ 创造性地介入国际事务，打开新的局面；它

---

① 朱锋：《国际关系理论与东亚安全》，北京：中国人民大学出版社 2007 年，第 124—125 页。

② 同上，第 289 页。

③ 王逸舟：《创造性介入：中国外交新取向》，第 70—71 页。

④ 王逸舟：《创造性介入：中国外交新取向》，第 21—22 页。

的前提是，思想观念要有一定创新，实际工作要有合适抓手；重点是，如何在量力而行、互助互利的前提下，提供更多、更有效的战略援助和公共产品。① 不仅为了维护中国本身的国家利益和大国形象，中国应主动去做联合国安理会的大国责任，也应积极承担地区大国的义务。

从西方的观点看，中国可以在以下三方面的全球事务中发挥重大作用：对付不稳定的地区、"失败国家"和恐怖主义；防止大规模毁灭性武器扩散和加强全球军备控制；促进世界经济稳定、缓解贸易不平衡和防范金融危机。② 当前，下述三个同时展开的进程可能导致全球治理的转型：第一，改革现存的国际制度，增加新兴大国在其中不可或缺的作用；第二，发展诸如二十国集团这样的相对理想却初生的全球框架；第三，在联合国主导下，建立一系列针对日益增加的全球问题的新的国际制度。③ 除了在受到侵略情况下的自卫权外，诉诸武力的合法权威已经由主权国家转移到联合国安理会这样一个集体安全机制里；在此，诉诸武力不再是单个国家可以自行其是的单边决定，而是由国际社会公认的权威的集体裁决。④ 中国在许多方面存在改进和扩大的空间：第一，参与《联合国宪章》及维和基本原则指导下的合法、公正、必要干预；第二，发挥传统领域优势，拓展非传统领域参与；第三，扩大非传统行为体参与，加强与当地民间社会和国际非政府组织的合作；第四，从传统参与模式向多种参与模式扩大。⑤ 各国有着共同的目标：1）保持主权独立；2）安全；3）经济与社会福利；4）自治，即提升与维持有关国内政策问题决策的范围与

---

① 王逸舟：《创造性介入：中国之全球角色的生成》，第 67 页。

② Bates Gill and Gudrun Wacker， "*Diverging U. S. — EU Perceptions and Approaches*"，SWP：working paper，August 2005，p 66. 转引自庞中英：《全球治理与世界秩序》，北京：北京大学出版社 2012 年，第 202—203 页。

③ 庞中英：《全球治理的"新型"最为重要》，第 41 页。

④ 韦宗友：《西方正义战争理论与人道主义干预》，《世界经济与政治》2012 年第 10 期，第 46 页。

⑤ 李东燕：《中国参与联合国维和建和的前景与路径》，《外交评论》2012 年第 3 期，第 11—13 页。

自由；各国也将致力于控制、削减或清除战争，但它们宁愿承受着不确定、不安全甚或战争之苦，也不愿意失去自身的独立。①

虽然"六方会谈"是中国首次发挥地域和平机制，但是目前实际上没有发挥作用。是否以联合国安理会实施"R2P 机制"或"RP 机制"来解决朝鲜问题比"六方会谈"更具有正当性、合法性以及效率性，可以避免武力冲突，以对话协商减少中国的压力。"六方会谈"的困境在于太多的问题混合集中：如，朝核问题、朝鲜问题、半岛统一问题、朝日绑架问题、中韩朝与日本之间的历史问题、中韩俄与日本之间的领土问题、中韩日海洋大陆架问题、朝日正常化问题、美朝正常化问题、朝鲜开放问题、韩美同盟、中韩关系以及中美关系等。主要矛盾在于：美朝不信、斡旋不在、存在多种复合问题、多种双边摩擦关系、过去历史与当代现实问题的复合矛盾等。

朝核问题主要矛盾还是在于"美朝关系"上。为了建立新的半岛和平机制，联合国安理会把预防性"RP 和平执行综合机制"在朝核问题上转换：第一，从"事后处理"转向"事前预防"，遏制朝核试验转向管理核设备；其次，"方法转换"，由"六方会谈"转向"安理会预防和平机制"；再次，"局面转换"，北三角对南三角的"对立型集体对立"转向以安理会和南北双方联合进行的"融合型集体对话"；最后，"主导转换"，由"美朝主导"转向"联合国安理会"。其效果为1）缓和对立，弱化对立结构，"美朝"影响力下降；2）强化名分；3）提高实际利益；总之，"RP 和平执行综合机制"会负联合国和大国的责任，提高联合国安理会决策能力，防止核扩散和大规模杀伤性武器的扩散。

"六方会谈"成员国之间的关系太复杂；其中，日本还没有完全清算过去二战的后果产生最严重的矛盾，如战争罪、战犯处理、战后赔偿、历

---

① 【加】卡列维·霍尔斯蒂：《和平于战争：1648—1989 年的武装冲突与国际秩序》，第 293 页。

史性道歉、日军性奴隶（慰安妇）问题等；会引起中韩朝日四国之间的历史清算争论问题。为了解决朝核问题而产生的六方会谈，由于日本的参与变成朝日之间的双边矛盾问题也是其会谈中断因素之一。严格而言，日本应该首先向周边国家做出"诚恳的道歉"和"充分的赔偿"，而且这种负责任的日本国家行为一直到经过周边国的充分接受为止。因此，目前可以尝试召开以联合国安理会五大强国和朝鲜韩国七国组成为"七方会谈"，实际集中朝核问题和朝鲜问题上。

五、结 论

本研究想要探讨如下两个问题：第一，G2 的中国新一代如何发挥作用？中国"是否"和"如何"进入"创造性介入"的负大国责任的时代；第二，后冷战时代，东北亚问题应该如何解决？中国有何作用？

中国在国际社会中所需要的、要发挥的大国责任，不是采取由西方武力干涉为主的"R2P 型介入"，而是应该创新一种新时代的"RP 型创造性介入"。笔者提出"RP 和平执行综合机制"：首先，中国与全球地区强国合作，如英法俄印度等大国合作，防止美国单边霸权主义强权政治；其次，主动斡旋安理会，由安理会发挥"和平调整者"；再次，中国与 G20 类中等强国合作，主动营造联合国国际和平合作环境；最后，中国与国际性非政府组织紧密合作，积极推动"和平共处、和谐世界"的新一代国际社会人类和平思想风潮。

实际上，联合国安理会对包括朝鲜半岛在内的东北亚存在历史性责任，因此负有"解铃系铃"的历史性责任：第一，朝鲜半岛南北对峙和发生战争的根源性责任，即由美英中苏四国会谈决定朝鲜半岛南北对峙[①]，并引发战争；第二，二战结束后，不善处理战后清算，到现在还产生一些重大问题：1）韩日、中日以及俄日领土争议；2）战败赔偿不完善清算；3）不完善处理日本"国家战争罪"和战犯，如不承认性奴隶（慰安妇）战争犯罪，不实践"道歉和赔偿"等。这些"日本问题"是除了"朝鲜问题"以外，东北亚存在的最重大的问题。

"七方会谈"主要优点在于：第一，以安理会与朝鲜关系来实际谈判"朝核问题"和"朝鲜问题"；第二，集中交流核心问题，建立全球和平机制；第三，开除周边问题，避开多重多边关系的摩擦；第四，组建信任体制，由联合国安理会或"英法俄"在"中美关系""美朝关系"以及"朝鲜关系"中发挥斡旋作用；第五，减少过去在双边关系中的各国的各种负担。

"七方会谈"会减少如下负担：1）减少中国的负担；2）减少美国的影响力；3）减少朝鲜对体制安全的压力；4）减少韩国对国防安全的担忧；5）减少俄罗斯对东北亚影响力下降的操心；6）防止日本为自身利益故意妨害的战略；7）"英法"两国在国际影响力下降的担忧。英法两国也许希望积极参与重大国际问题重新登台，在"中美关系"中会发挥善意的斡旋作用。中国主动去做，这都会增加中国对东北亚和全球的国际影响力。

RP 与一个家庭家长的最基本义务和责任相似，在一个组织的领导应该如此，在一个社会也是如此，在全球社会的领导国也应当如此。联合国安理会有力量阻止某个大国的强权政治，也会阻止大国的武力干涉，可以

[①] 在 1945 年 2 月 4—11 日的雅尔塔会议上，对朝鲜半岛问题应当由美中苏三国代表负责托管，后来让英国参与此托管。参见，曹中屏等编著：《当代韩国史：1945—2000》，天津：南开大学出版社 2005 年，第 16—17 页。1945 年 8 月 5 日，在日本宣布投降的当天，杜鲁门政府发布了，确定美苏军队在朝鲜半岛的受降范围以"三八线"为界，并交给苏英中三国征求同意。参见，陈峰君、王传剑：《亚太大国与朝鲜半岛》，北京：北京大学出版社 2002 年，第 295—296 页。

实践以"对话机制"和"外交政治"代替"武力介入"和"强权政治"的全球和平治理和人类理想。如人权高于国家主权，此人权同样高于大国的强权政治上；如国家主权高于人权，此国家主权同样高于强权大国的人权上。国家主权的根本力量来源由于本国的人权，人权就是国家主权的核心成本；人权与国家主权之间谁高谁低的老争论已经无用，双高双低之平。全球化本身是一种国际社会的国内化，联合国安理会应该以和平共处、互相平等原则、负责任的保护（RP）精神来保护"人权"和"国家主权"，维护和平全球治理，安理会才实现具有说服力的、负责任的领导地位。

"保护的责任"规范的传播
与中国的战略应对[①]

邱昌情[②]

【内容提要】：冷战结束后，世界局部动荡和地区冲突持续不断，原来两极棒局下的族群纠纷、宗教矛盾以及国家内部治理等问题日益凸显。一些国家因"善治"能力的弱化而引发大量人权侵犯事件和人道主义灾难，对地区安全甚至国际局势构成了威胁。针对人道主义灾难的频发，国际社会以"人权保护"为由进行国际干预成为一种常见现象，并形成了一种"保护的责任"的规范。近年来，在联合国的推动下，"保护的责任"在国际社会得到迅速地传播，并写入了联合国相关文件和决议，其内涵得到不断地丰富和完善。但现行"保护的责任"还只是一项不成熟的国际规范，其内涵发展与适用性还存在诸多不确定性和分歧。尤其是利比亚危机爆发后，"保护的责任"正面临被滥用的危险。中国政府需要积极回应"保护的责任"规范的传播，从发展中国家视角丰富和完善"保护的责任"的内涵，在国际人权规范建构中发挥建设性作用。

【关 键 词】："保护的责任"；国际人权规范；规范传播；中国

---

① 本文系"教育部哲学社会科学发展报告建设（培育）项目《联合国发展报告》（项目批准号：11JBGP030）"阶段性研究成果，并得到复旦大学第四批优秀博士生科研计划资助。

② 复旦大学国际关系与公共事务学院博士研究生

人权保护的国际化与国际人权规范的传播是当今国际政治进程中最为重要的进步之一，也是联合国成立 60 多年来推动世界和平与发展所取得的重大成果。冷战结束后，随着国际政治权力结构的变迁与全球化的深入发展，世界变成了一个"日益缩小和碎片化的世界"，[1] 和平与发展成为时代发展的主流趋势。不过，国际社会也正面临着日益复杂的新威胁和新挑战：局部动荡和地区冲突持续不断，原来两极格局下的民族矛盾、种族纠纷、宗教冲突以及国家内部治理等问题纷纷从"潘多拉魔盒"中涌现出来，国家内部冲突开始取代大国间的战争成为国际冲突的主要形式。在地区冲突中，一些国家因内部"善治"能力的弱化使国家政府出现不同程度的无政府状态，并伴随着大规模的内战和人道主义危机，对地区安全甚至国际局势构成威胁与挑战。与此同时，国内冲突中的人权侵犯行为与震撼人类良知的人道主义危机也越来越遭到国际社会的谴责与批评。国际社会对于无辜平民应该得到"特殊保护"，以免遭到灭绝种族、族裔清洗、反人类罪、战争罪等罪行的伤害已经达成了广泛的国际共识。[2]

但值得反思的是，冷战结束以来，国际社会以"人权保护"为由对冲突国进行国际干预已经成为国际政治中的一种常见现象[3]，并在一定程度上推动了人权保护理念和人权规范的变迁。一方面，以联合国为主导的人权保护行动在维护世界和平、解决地区冲突、应对人道主义灾难等方面发

---

[1] 【澳】约瑟夫·A. 凯米来里等著：《主权的终结——日趋缩小和碎片化的世界政治》，李东燕译，杭州：浙江人民出版社 2001 年，第 5 页。

[2] UN General Assembly, World Summit Outcome Document, 15 September 2005，A/RES/60/1，24 October，2005，2005，Paras138－140. http：//www. un. org/zh/preventgenocide/adviser/un _ role. shtml.

[3] 1991 年，安理会通过第 688 号决议，要求伊拉克停止对库尔德人的镇压，美英法三国在伊北部建立了"禁飞区"；1992 年 12 月，美国出兵干涉索马里内乱；1994 年，安理会通过第 940 号决议，关注恶化的人权形势，对海地进行干涉；1999 年北约多国部队以"停止进一步的人道主义灾难"为由对南联盟实施了 78 天的空中打击；2011 年，联合国首次以"保护的责任"为由对利比亚进行干预，当前对叙利亚问题是否应该进行干预，国际社会正处于激烈的争论之中。

挥了积极的作用；但另一方面，西方国家却热衷于利用或曲解国际人权规范，借口人权保护来推行所谓的"新干涉主义"，以期获得更多的战略利益。特别是近年来，西方国家在人道主义危机介入的时候积极推动"保护的责任"（Responsibility to Protect，R2P）[1] 理念的实施。"保护的责任"理念最早由加拿大"干预与国家主权委员会"提出来[2]，该报告的发表在后来得到时任联合国秘书长科菲·安南的采纳，写入了联合国2005年首脑峰会成果文件，在国际社会产生广泛的影响力。"保护的责任"本身强调国家主权不能充当反对外部干预的保护伞，其本身还意味着一种保护本国人民的责任；当一个国家无力或无意愿保护其国民时，在平民受到大规模极端伤害的情况下，国际社会应该通过和平、人道的方式承担集体"保护的责任"，在必要时甚至可以通过安理会授权动用武力。在这样的规范语境下，"保护的责任"试图化解人道主义干预所面临的现实困境，在国家主权与人权保护方面寻找一个平衡点，为国际人权保护提供更具合法性的法理支撑。但由于国际社会对"保护的责任"的内涵和适用范围以及如何实施等方面存在分歧，这种新理念在实践中面临被滥用的危险。特别是西方国家过于强调以军事干预、政权更迭等手段来建立"善政"和"保护人权"，在实践中往往会偏离"保护的责任"的行动范围。

2011年，利比亚国内发生大规模武装冲突和人道主义危机后，联合

---

① ICISS（International Commission on Intervention and State Sovereignty），"The Responsibility to Protect"，Ottawa：International Development Research Center ，December，2001. http：//www. globalr2p. org/resources/298 .

② "保护的责任"理念最早由加拿大干预与国家主权委员会（International Commission on Intervention and State Sovereignty，ICISS）提出。报告全文参见：http：//www. globalr2p. org/media/files/iciss _ report. pdf. ，该委员会由加拿大总理克雷蒂安倡导成立，并任命了澳大利亚前外长、时任国际危机组织主席加雷斯·埃文斯和联合国秘书长特使穆罕默德·萨努恩为该委员会的联合主席，另外10名成员分别来自加拿大、美国、俄罗斯、德国、南非、菲律宾、瑞士、危地马拉和印度等。

国安理会相继通过了第 1970 号（2011）和 1973 号（2011）决议①，首次以"保护的责任"为由对卡扎菲政权进行直接军事干预，其反应速度之快与决议之严厉在联合国进行人权保护的历史中实属罕见。但后来英、法为代表的北约多国部队在干预行动中大大偏离了"保护的责任"的行动范围，将联合国的"人权保护"目标转向了"政权更迭"行动，引发了国际社会对北约军事干预行动的批评与质疑。② 与此同时，在推翻卡扎菲政权不久，西方国家又试图借"人权保护"为由将军事干预行动扩大到叙利亚政权。与利比亚危机不同的是，国际社会对西方国家推行"保护的责任"的欺骗性进行了反思，西方国家施压联合国通过"安理会关于叙利亚决议草案"连续多次遭到中国和俄罗斯的携手否决。③ 避免了"保护的责任"理念的滥用，但随后关于"保护的责任"内涵与实践标准的争论也更加激烈。从叙利亚危机的后续效应来看，联合国主导的多边框架下对话与谈判方式得到了国际社会的更多支持与认可，证明了"保护的责任"远不是一场简单的政权更迭行动。但叙利亚人道主义危机的持续恶化也反映出联合国在人权保护行动中的"能力赤字"。所有这些要求我们对当前的国际人权保护行动进行反思：作为人权与全球治理的一项新探索，国际社会是如何看待"保护的责任"规范的兴起与传播的？"保护的责任"是否仅是纯

---

① United Nations Security Council，S/RES/1970（2011），February 26，2011，http：//www. un. org/chinese/aboutun/prinorgs/sc/sres/2011/s1970. htm. United Nations Security Council，S/RES/1973（2011），March 17，2011. http：//www. un. org/chinese/aboutun/prinorgs/sc/sres/2011/s1973. htm .

② 俄罗斯外交部长谢尔盖·拉夫罗夫 2011 年 3 月 28 日称，北约多国部队对利比亚的干预已经超出联合国安理会的授权范围。见：http：//news. ifeng. com/world/special/libiya/content－2/detail _ 2011 _ 03/30/5457613 _ 0. shtml 。中国外交部发言人姜瑜在 2011 年 3 月 22 日表示，联合国安理会相关决议的初衷是保护利比亚平民的安全，中方反对滥用武力造成更多平民伤亡和更大的人道主义灾难。参见中国外交部网站：http：//www. fmprc. gov. cn/chn/gxh/tyb/fyrbt/jzhsl/t808563. htm .

③ 2012 年 7 月 19 日，安理会第 6810 次会议、2012 年 2 月 4 日，安理会第 6711 次会议、2011 年 10 月 4 日，安理会第 6627 次会议。见：http：//www. un. org/zh/focus/northafrica/syria. shtml .

粹的军事干预？面对西方国家主导的新理念，发展中国家和作为新兴大国的中国应该如何应对这一规范的传播？在利比亚危机之后，"保护的责任"发展前景如何？"保护的责任"是否能发展成当今全球治理背景下国际人权保护的核心理念？

一、从理念到行动："保护的责任"规范的传播与实践

"保护的责任"概念自 2001 年提出以来，经过 10 多年的发展，在针对人道主义危机中的平民保护方面已经有着比较丰富的内涵、原则与具体实施标准，尤其是在联合国的推动下，"保护的责任"理念在全世界范围内得到了广泛的传播与扩散，写入了联合国相关文件、决议之中，并在联合国大会等多种场合得到了广泛的讨论，在一定程度上得到了国际社会的认可与支持。同时，国际社会对"保护的责任"规范的传播也存在不同的看法和期待，直接影响了"保护的责任"内涵的发展、完善与前景。

（一）"保护的责任"的传播、实践与国际社会的立场变化

冷战结束以来，以卢旺达、科索沃人道主义危机的发生反映了在传统的联合国集体安全体制下应对地区人道主义危机的无力，以美国为首的北约对科索沃的军事轰炸更是引来国际社会对人道主义干预的批评与质疑。在此情境下，以西方国家为代表的国际社会呼吁对《联合国宪章》中所强调的国家主权原则、不干涉内政原则进行质疑和反思，并试图发展一种"负责任的主权"（Sovereignty as Responsibility）① 的新规范来应对主权国家对权力的滥用，对国家拥有和行使的主权进行重新框定和塑造。"负责任的主权"的提出随即得到国际社会的重视与关注，时任联合国秘书长

---

① "负责任的主权"最早由弗兰西斯·邓提出，Francis Mading Deng，Donald Rothchild，I. William Zartman，*Sovereignty as Responsibility*：*Conflict Management In Africa*，Brookings Institution Press，1996. p. 12.

科菲·安南（Kofi A. Annan）采纳了"负责任主权"的理念，呼吁国际社会在如何应对系统性侵犯人权和大规模人道主义危机时应该尽早达成共识。2000年9月，安南在联合国千年首脑会议上指出："如果人道主义干预真的是对主权的一种令人无法接受的侵犯，那么我们应该如何看待下一个斯雷布尼察和卢旺达大屠杀等悲剧呢？"[①] 作为对安南秘书长的反应，2001年由加拿大政府主导建立的干预与国家主权国际委员会最早提出了"保护的责任"报告，提出了国家与国际社会向处在危险中的平民提供保护及援助的预防的责任、反应的责任以及重建的责任。其目的是探讨国际社会在面对大规模侵犯人权和人道主义危机恶化时应该做出何种反应。"保护的责任"报告的提出，实现了从极具争议的"干预的权利"向"保护的责任"的议题转换，更加突出主权国家自身在保护平民中的作用，试图在干预与主权之间寻找一个新的平衡点。

2004年12月，时任联合国秘书长安南任命的"威胁挑战和改革问题高级别小组"向第59届联合国大会提交了名为《一个更安全的世界：我们共同的责任》的报告[②]，接受和确认了"保护的责任"这一概念，进一步明确每个国家都有责任保护那些身陷本来可以避免灾难的人，如果主权国家无力或不愿承担这一责任，国际社会应该为此开展一系列工作。该报告首次将"保护的责任"理念纳入了联合国的人权工作议程。2005年3月，安南在联合国秘书长报告《大自由：实现人人共享的发展、安全与人权》[③]重申了主权国家所具有的保护公民免受暴力和侵略危害的责任，呼

---

① Annan Kofi， "Two Concepts of Sovereignty," *The Economist* ， Vol. 352，No. 8137，1999，pp. 49—50.

② Report of the High—Level Panel on Threats，Challenges and Changes on the General Assembly，*A more secure world： our shared responsibility* ，A/59/565，December 2004，p. 56.

③ 联合国秘书长安南在第59届联合国大会上的报告，《大自由：实现人人共享的发展、安全和人权》，Report of the UN Secretary—General Kofi Annan on the General Assembly，*IN large freedom： towards development ， security and human rights for all* ，A/59/2005，March 2005，p. 35 .

吁国际社会接受"保护的责任"原则作为对灭绝种族罪、族裔清洗和危害
人类罪采取集体行动的基础，确认这项责任首先在于主权国家，如果国家
当局不愿或无力保护本国公民，国际社会需要利用外交、人道主义和其他
和平方式在必要时采取集体行动，包括在必要时通过安理会的授权采取强
制性行动。2005 年 9 月，联合国《世界首脑峰会成果文件》则进一步明
确指出："每个国家都有保护本国人民免遭大屠杀、族裔清洗、战争罪、
反人类罪的国际责任"[①]，国际社会应协助各国履行责任，增强主权国家
在人权保护方面的能力建设；当一个国家无力或不愿承担"保护的责任"
时，国际社会应该根据《联合国宪章》基本原则，通过安理会逐案处理，
并酌情与相关地区国际组织合作，运用外交、人道主义救援等多种手段及
时、果断地采取集体行动。"保护的责任"被写入世界首脑会议《成果文
件》，大大提升了该理念的国际影响，标志着该理念在一定程度上获得了
国际社会大多数国家的认可与支持。

2006 年，联合国安理会通过了第 1674（2006）号[②]和第 1760（2006）
号决议，再次确认了 2005 年《世界首脑峰会成果文件》第 138 和第 139
段关于保护平民免遭种族灭绝、战争罪、族裔清洗和危害人类罪之害的责
任规定。其中 1674 号决议确认了保护武装冲突中的平民，强调了地区性
国际组织在"保护的责任"中应该发挥重要的作用，在 1706 号决议中，
联合国还授权非盟进入苏丹的达尔富尔地区开展人权保护行动，从而标志
着"保护的责任"从理念设计转变为实际行动。

2009 年 1 月 29 日，联合国秘书长潘基文向联合国大会提交了《履行
保护的责任》的报告，[③] 强调了国际社会落实"保护的责任"的三项支

---

① 联合国大会第六十届会议决议：《2005 年世界首脑峰会成果文件》，A/RES/
60/1，第 27 页。

② 联合国网站：http://www.un.org/zh/sc/documents/resolutions/06/s1674.htm。

③ Report of the UN Security—General Ban Ki—moon on the General Assembly,
Implementing the Responsibility to Protect，A/63/677, January 2009.

柱。其中第一支柱是主权国家的"保护的责任"，即每一个国家都有责任运用适当和必须手段保护其人民免遭种族屠杀、战争罪、族裔清洗和反人类罪的危害。第二支柱是国际援助与能力建设，即国际社会有义务帮助主权国家免遭上述几种罪行的危害，增强其人权保护的能力。第三支柱是及时、果断的反应，即当一国政府不愿或无力保护其人民免遭四种罪行危害的时候，国际社会应该在联合国框架内及时、果断地采取集体行动，包括获得安理会的授权采取必要的强制性行动。秘书长的报告使"保护的责任"的落实有了更为具体的内涵与实施标准，特别是对国际社会进行武力干预行动进行了严格的限制。潘基文秘书长曾在联大会上表示"将保护的责任的构想付诸实施的时机已经成熟，现在已经不是讨论需不需要'保护的责任'的时候，而是应该探讨如何实施'保护的责任'的时候了"。[①]

2011 年，联合国首次以"保护的责任"为由，在西方国家的施压下，先后通过了第 1970（2011）号决议和第 1973（2011）号决议，决议授权会员国采取一切必要措施，强制执行禁飞决议，以便保护利比亚境内的平民。决议通过后不久，以北约为首的多国部队就对利比亚卡扎菲政权实施了军事打击。利比亚危机无疑是联合国实施"保护的责任"的一次重要实践，但北约多国部队的干预行动偏离了"保护的责任"的范围，滥用了安理会的决议，造成了利比亚人道主义危机的进一步恶化，使"保护的责任"大大脱离了原本保护平民的色彩。

2012 年 9 月，潘基文秘书长向联合国大会提交了题为"保护的责任：及时果断的反应"报告。[②] 结合联合国在利比亚的军事干预行动存在的诸

---

① Gareth Evans, "*The Responsibility to Protect: Theory and Practice*", Presentation Paper at the Conference on Responsibility Protection: Building a Safer World, China Instutite of International Studies（CIIS），Beijing, 17 October 2013. 笔者以观察员身份参加此次研讨会，这也是"保护的责任"自 2001 年提出以来，首次自中国举办的"保护的责任"专题国际研讨会。

② 联合国第六十六次大会会议文件，A/66/874 — S/2012/578，http：//www.un.org/zh/documents/view_doc.asp? symbol＝A/66/874.

多争议问题对"保护的责任"的实施战略和伙伴关系建设进行了充分的讨论。

2013年7月9日，联合国秘书长潘基文作了关于"保护的责任：国家责任与预防"的报告，① 充分肯定了自2005年世界首脑会议通过"保护的责任"概念以来，国际社会在发展这一概念及实施方面所取得的进展，面临的挑战以及未来的计划在联合国会议中展开了讨论。2013年9月11日，联合国大会举行了第15次"保护的责任：国家责任和预防"非正式对话会议，包括中国在内的68个国家、地区国际组织以及市民社会团体参与了讨论，将国家责任和预防作为保护的责任中最重要的两项支柱。②

从"保护的责任"的整个发展过程来看，联合国的推动在规范传播过程中扮演了关键性的角色，但国际社会对"保护的责任"的发展也存在几种不同的看法：一是大力推动"保护的责任"的实践，主要以英国、法国、加拿大、澳大利亚、西班牙、德国等发达国家为代表，这些国家有着人道主义干预的传统，并希望借助于人权外交来提高其国际影响力。此外，还有以非洲地区和非盟为代表的国家和地区组织，特别是非盟一直在探索地区自主维和和干预的新模式，已经明确将"保护的责任"写进了非盟宪章，并在相关地区进行了"保护的责任"的实践。二是对"保护的责任"持谨慎态度并提出建设性的意见的国家，这类国家既有西方发达国家的代表美国、日本；也有发展中国家中国、印度、巴西、俄罗斯，这些国家对联合国、非政府组织等推动的"保护的责任"持谨慎态度，并认为需要不断加以完善并有合理的制度作保障之后才能付诸实施。从国际社会对

---

① 联合国第六十七届会议文件，A/67/929－S2013/399，http：//www. un. org/zh/documents/view _ doc. asp? symbol＝S/2013/399.

② UN General Assembly Informal Interactive Dialogue on the Responsibility to Protect: State Responsibility and Prevention, September 11th, 2013，具体内容请参见：http://www. globalr2p. org/resources/471。

"保护的责任"的态度与立场变化来看，发达国家阵营内部态度各异、发展中国家也存在各种担忧，各国对"保护的责任"的内涵、适用范围等还存在诸多分歧。从叙利亚危机的发展可以看出，"保护的责任"如何运用于人权保护的实践中还很难达成共识。

（二）从"保护中的责任"（RWP）到"负责任的保护"（RP）：发展中国家与"保护的责任"规范的发展

"保护的责任"作为西方国家主导的新概念，主要代表了西方国家的人权观与规范诉求，其发展与实践必然会对发展中国家的人权观和规范诉求造成冲击。相反，基于自身的国家利益、认同以及规范立场，发展中国家行为体往往会通过自身的话语实践来影响当前规范的内涵及其传播的方向和程度，对现行的国际规范进行改造与修正，甚至可能提出各自不同有时甚至是彼此冲突的新理念。

在"保护的责任"规范的演进过程中，发展中国家对其内涵发展与适用性一直保持谨慎的态度，始终强调需要在联合国多边框架下来落实"保护的责任"，对西方国家的"干预热情"与政权更迭行为进行了批评与质疑。为此，相关国家还从自己的国家立场出发提出了一些新的理念来修正和补充"保护的责任"规范，努力影响该理念的发展。

在利比亚危机后，中国学者阮宗泽就提出了"负责任的保护"（Responsible Protection，RP）的概念，反思了西方国家在利比亚军事干预行动中"保护人权"的欺骗性，并对"保护的责任"的主体、手段、目标、事后问责机制进行明确的阐述。[①] 2011 年 9 月，巴西总统罗塞夫在第 66 届联大会议中提出了"保护中的责任"（Responsibility While Protecting，RWP）理念，也着重强调冲突预防的重要性，必须谨慎运用军事干预手

---

① 阮宗泽：《负责任的保护：建立更安全的世界》，《国际问题研究》2012 年第 3 期，第 9—22 页。

段来实现国际人权保护。① 这些理念在叙利亚危机的僵局中得到明显体现，由于中国与广大发展中国家在"保护的责任"基本原则的坚持，国际社会无法在叙利亚危机上达成共识，联合国在近两年多时间无法通过任何有效的决议。

从发展中国家的视角来看，"负责任的保护"（RP）与"保护中的责任"（RWP）的提出并不是寻求对"保护的责任"规范的替代，而是试图对"保护的责任"的内涵的完善和补充。正如联合国秘书长潘基文在关于"保护的责任"的辩论中的发言所说：当前并不是讨论需不需要"保护的责任"的时候了，而是讨论应该如何去落实"保护的责任"时候了。② 随着国际权力结构的变迁与新兴发展中国家的崛起，以中国、印度、俄罗斯、巴西、南非为代表的发展中国家在全球治理中的地位将大幅提升，其对人道主义干预的立场与对待"保护的责任"规范的态度将直接影响"保护的责任"的未来与发展方向。因此，"保护的责任"理念的传播必须得到更多发展中国家的认可与支持，才能真正有利于促进国际社会在国际人权保护方面的规范共识建构。

二、"保护的责任"规范的现有共识及分歧

"保护的责任"作为西方国家所推出的新概念，在联合国的推动与倡导下，其在国际社会中产生的影响日渐增大，内涵与实施标准也正在逐步完善中。"保护的责任"与以往的"人道主义干预"论和"人权高于主权"论有着一定的区别，其突出的是一种"负责任的主权"（Sovereignty as

---

① Paula Wojcikiewcz Almeida, *From Non — indifference to Responsibility while Protecting：Brazil's Diplomacy and the Search for Global Norms* , Occasional Paper, Global Powers and Africa Programme, No. 138，April，2013，pp. 5—28.

② Aidan Hehir, " The Responsibility to Protect：Sound and Fury Signifying Nothing", *International Relations* , Vol. 24，No. 2，2010，pp. 218—239.

Responsibility），强调人道主义危机中平民应该得到保护的权利和主权国家负有保护公民的主要责任，对国际社会的人道主义干预行动起到一定的规范作用。虽然西方国家在此问题上存在着借此实现干涉主义的方法转换的企图，但在全球治理的大背景下，主权国家日益成为一种对国内和国际社会的责任已经是不容忽视的事实和客观趋势。尤其是面对人道主义危机中一些震撼人类良知的人权侵犯事件的发生时，在联合国框架下进行干预已经越来越得到国际社会的认可与支持，但目前在国际人权保护方面还缺乏具有约束力的国际法规范。因此，"保护的责任"的出现既有进步和积极的一面，又存在着相当多的不确定性因素。国际社会需要在联合国框架内进一步展开讨论，尤其需要吸收发展中国家对该理念的看法，这样才能真正推动国际社会在未来的国际人权保护中形成共识。

（一）"保护的责任"的现有共识

首先，主权国家负有保护本国公民的首要责任。保护本国人民免遭种族灭绝、战争罪、族裔清洗和危害人类罪的责任在于主权国家，这是与《联合国宪章》中所强调的国家主权原则相一致的。主权国家可以通过在国内实施政治、经济、文化和社会保障等多方面的措施，促进本国经济发展、社会及民主政治的发展，培育包容的政治文化，从根本上消除引发上述罪行的根源。

其次，"保护的责任"的授权只能在联合国多边框架内进行，且国际社会提供的是补充性与辅助性的责任。"保护的责任"的目标是在国际社会建立起一种既不破坏当今主权结构的秩序，又能准确、快速、有效地进行以人权保护为目的国际干预机制。尽管主权国家具有预防人道主义灾难的发生的首要责任，但是成功的预防经常需要国际社会的支持。当主权国家滥用主权造成人道主义危机的发生时，国际社会不能采取漠视态度，有责任保护该国平民免遭种族灭绝、族裔清洗、战争罪和反人类罪之危害。但国际社会在履行"保护的责任"过程中，其所能提供的"保护的责任"

只是对于主权国家不愿或无力履行该责任的辅助或补充，因而其启动的条件必须是严格限制的。只有确实存在主权国家的人民遭受上述罪行之害，该国已经无力或不愿采取措施保护人民免遭上述罪行之害，可以通过安理会授权采取必要的保护行动。国际社会提供"保护的责任"的目的是为了帮助目标国重建和加强其保护人民的主权权能，而不能借机干预目标国的内政。

再次，"保护的责任"概念内涵只能适用于种族灭绝、战争罪、族裔清洗和危害人类罪等四种罪行。国际社会不能随意对"保护的责任"概念的内容作扩大化解释，更要避免滥用。"保护的责任"的主要目标是为了保护人道主义危机中的难民，防止地区冲突局势的恶化。因此，当一个国家发生人道主义灾难时，联合国安理会必须迅速做出反应，通过事实调查、斡旋、调停等各种手段对该国的人道主义危机进行评估，并提交安理会讨论，最后形成决议是否需要采取集体行动。

最后，冲突预防的首要性以及国家自主能力建设。有效地预防地区冲突的发生，从根源上改善冲突国的人权状况，增强其国家自主能力建设，才是对平民最好的保护。人道主义危机的恶化大多由于目标国国内经济贫困、社会不公、种族纠纷、宗教矛盾等治理不善而引发动乱，国际社会需要协助主权国家从根源上消除产生冲突的诱因，增强其国家自主能力建设。在发生或确有发生人道主义灾难的情况下，只有在包括调停、斡旋、制裁等所有非军事手段都被证明是无效的情况下，才能考虑通过联合国安理会的授权进行强制性干预。因此，国际社会必须对使用武力干预进行严格的限制，以免个别国家借助"保护的责任"旗号干涉别国内政。

（二）"保护的责任"的不确定性

尽管国际社会对"保护的责任"存在着一定的共识，但至今尚未发展成为一项具有约束力的国际法律规范，而仅仅是通过联合国的一些文件、决议和联合国秘书长的报告对"保护的责任"的内涵进行了阐述，其内涵与适用性在具体操作层面还存在着诸多不确定性，国际社会成员国对"保护的责任"的理解与立场也存在诸多分歧。

首先，国际社会对"保护的责任"规范的内涵理解与立场表达存在分歧，尤其是对军事干预手段的运用。"保护的责任"概念本身对国际社会的军事干预行动进行了严格的限制，即必须是在其他和平方式穷尽的情况下（last resort），得到联合国安理会的合法授权才能采取相关强制性行动。同时强调军事干预前的预防应该是比反应和重建更为重要的责任，在军事干预行动后，国际社会还必须注重该国"后冲突时代"的重建工作。但是西方国家的相关实践表明，目前的"保护的责任"在西方人权价值观的引导下，呈现出注重做出反应的责任，而忽略了预防和重建责任的倾向。在利比亚危机中，联合国安理会通过第 1973（2011）号决议，其目的是为了保护利比亚内战中的难民，制止日趋恶化的利比亚局势，但北约多国部队直接将"保护人权"目标转向了"政权更迭"行动，大大偏离了"保护的责任"的行动范围。同时，在后卡扎菲时代，利比亚的政治重建也异常艰难，在干预中充当急先锋的法国、英国和美国却无意广泛介入利比亚的重建行动，联合国的能力显得捉襟见肘。①

其次，"保护的责任"缺乏有效的监督与执行机制。潘基文秘书长在《履行保护的责任》报告中强调依靠三大支柱战略来履行"保护的责任"。第一支柱是国家的保护责任；第二支柱是国际援助和能力建设；第三支柱是国际社会采取及时、果断的干预行动。由于联合国没有一支属于自己的军队，其干预行动必须依赖成员国和国际组织的合作。因此，"保护的责任"的实际承担仍然取决于联合国成员的政治意愿，特别是安理会成员国的一致，这使反应责任的及时、适度很难保证。

最后，"保护的责任"具有选择性的特点。联合国安理会采取军事干

---

① 江涛：《联合国与利比亚重建：进程与前景》，《国际研究参考》2013 年第 5 期，第 2 页。

预行动的决议往往取决于安理会常任理事国的政治共识，当需要对人道主义危机中的平民进行保护时，各国往往根据本国的国家利益考虑是否需要采取干预行动，在大国的利益博弈之下往往很难达成一致共识。因此使国际社会采取的"保护的责任"行动具有选择性的特点。联合国因缺乏必要的武装力量而只能依靠成员国开展行动，而成员国往往会根据自身的国家利益来参与人权保护行动。在中东北非巨变以来，西方国家在巴林、也门动乱时并没有借"保护的责任"为由进行干预，而只是对利比亚卡扎菲政权进行了直接的军事干预，在叙利亚国内的人道主义危机恶化时，由于俄罗斯与中国对军事干预行动持不同意见，先后多次否决了西方国家的涉叙决议草案，联合国在关于叙利亚问题上无法通过任何有效的决议。

三、应对"保护的责任"规范的传播：中国的视角

"保护的责任"作为西方国家提出并推动的人权保护规范，主要体现了西方国家的人权价值观和规范诉求，严重忽略了广大发展中国家的国家利益、认同及规范立场，其发展进程必将对广大发展中国家的人权观造成重大冲击。作为与西方国家在人权保护理念和规范诉求方面存在诸多差异的发展中大国，中国需要积极地回应目前广为传播的"保护的责任"规范，通过自身的话语实践来修正和改良"保护的责任"的发展体系。特别是近年来，在国际体系的改组与国际规范重建的大背景下，[①] 中国所坚持的不干涉内政外交原则日益遭到西方国际社会的质疑与批评。因此，中国迫切需要从维护自身国家利益出发，从广大发展中国家的立场与视角来完善"保护的责任"的内涵，引导"保护的责任"体系朝着更有利于实现国际公平正义的方向发展，推动联合国在未来的国际人权保护中发挥建设性

---

① 杨洁勉著：《体系改组与规范重建——中国参与全球性问题对策研究》，上海：上海人民出版社 2012 年，第 3 页。

作用。

（一）中国对"保护的责任"的立场

2005 年 6 月 7 日，中国政府在发布的《中国关于联合国改革问题的立场文件》中首次明确了对"保护的责任"的态度："各国有保护本国公民的首要责任。一国内乱往往起因复杂，对判定一国政府是否有能力和意愿保护其国民应慎重，不应动辄加以干预。在出现大规模人道主义危机时，缓和和制止危机是国际社会的正当关切。有关行动必须严格遵守《宪章》的有关规定，尊重有关当事国及其所在区域组织的意见，在联合国框架内由安理会根据具体情况判断和处置，尽可能使用和平方式。在涉及强制性行动时，更应慎重行事，逐案处理。"① 在后来的联大辩论以及中国代表的发言中也多次重申了对"保护的责任"的立场。因此，可以看出，中国政府支持的是经世界首脑会议上广泛讨论并严格定义的"保护的责任"概念。

从国际社会的现有共识来看，中国政府认为加强对国际社会中的难民保护是国际政治的重要进步之一，"保护的责任"里的一些人权保护理念具有积极的一面。随着全球化的深入发展，国家主权和人权理念都被赋予了新的时代内涵，主权国家对内需要通过"善治"来确保其国民的基本权利，而不能利用绝对主权的盾牌滥用主权权力。特别是一些国家因国内治理不善、种族纠纷而出现大规模的人道主义灾难时，国际社会不应该漠视灾难的发生，需要在联合国框架下通过人道、和平的方式协助主权国家履行"保护的责任"。

与此同时，中国政府也认识到"保护的责任"还只是一种不成熟的国际规范，其内涵和适用性还存在诸多争议。尤其是发展中国家担忧"保护

---

① 《中国关于联合国改革问题的立场文件》，2005 年 6 月 7 日。具体可参见中华人民共和国常驻联合国代表团网站：http：//www.china－un.org/chn/lhghywj/fy2005/t199100.htm.

的责任"会成为西方国家干涉发展中国家内政的借口。因此,中国政府在联合国的多种场合反复强调履行"保护的责任"不应"动辄进行武力干预""通过对话与和平的方式解决问题""防止被滥用"等。特别是在叙利亚危机爆发后,西方国家施压联合国推动对叙利亚的军事干预行动,多次起草军事行动草案,试图复制"利比亚模式"。中国政府看到了"保护的责任"被滥用的危险性,反复强调军事干预不是解决叙利亚危机的最好手段,反而只会使叙利亚危机更加复杂化,并先后几次与俄罗斯携手否决了西方国家涉叙的决议草案。

(二)中国的战略应对

"保护的责任"规范是当前西方国际社会主导推动的对于系统性侵犯人权事件和大规模人道主义危机的反应,它是一项试图化解人道主义干预困境的尚不成熟的国际人权规范。作为正在崛起中的发展中大国,中国如何对待"保护的责任"规范的发展对其未来参与国际人权合作与树立负责任大国形象具有重要的战略意义。党的十八大报告明确提出:"中国将坚持把中国人民利益同各国人民共同利益结合起来,以更加积极的姿态参与国际事务,发挥负责任大国作用,共同应对全球性挑战,推动国际秩序和国际体系朝着公正合理的方向发展。"[①]

首先,需要积极回应"保护的责任"在国际社会中的传播与扩散。作为与西方国家有着不同人权观和规范诉求的发展中大国,中国一直坚持的不干涉内政外交原则日益遭受西方国家的争议。随着中国在全球治理中的地位的提升,中国应该从维护本国的国家利益出发,从发展中国家的视角来丰富和完善"保护的责任"体系,引导其朝着有利于国际公平正义的方向发展。

---

① 胡锦涛:《坚定不移沿着中国特色社会主义道路前进为全面建成小康社会而奋斗——中国共产党第十八次全国代表大会上的报告》,北京:人民出版社 2012 年,第17 页。

其次，"创造性介入"地区热点问题，为真正履行"保护的责任"秉持公道、伸张正义，防止其被滥用而成为干涉别国内政的工具。随着中国国际影响力的增大，可以预见，未来中国在解决地区热点问题上所承担的国际责任和压力越来越大。中国又是安理会常任理事国之一，不能仅仅只是对西方国家的提案持否决与弃权态度，而应该建设性地提出中国自己的方案，为当今的全球治理提供更多的国际公共产品，树立负责任大国形象。

最后，维护联合国的权威与效力，完善联合国多边框架中进行武力干预的具体条件、程序与监督机制。"保护的责任"最具争议的焦点就在于国际社会在何种情况下可以通过强制性干预行动来实现"保护的责任"。由于联合国缺乏必要的执行机制与监督机制，采取强制性行动的能力主要依靠联合国成员国特别是大国的支持。因此，在具体执行联合国的授权时，大国往往根据自己的国家利益行事，使干预行动往往偏离"保护的责任"的行动范围。因此，必须对"保护的责任"中进行强制性干预的内容进行严格的国际法限制，明确其标准与监督机制，这将关系到未来联合国在国际人权保护中的权威与形象。

总之，在当前国际社会越来越强调规范治理的全球化进程中，当中国坚持的"不干涉内政原则"与西方国家主导的"保护的责任"规范相冲突时，中国需要以更积极的姿态回应"保护的责任"规范的传播：一方面，需要用发展、辩证、包容的思维来看待"保护的责任"规范的发展，看到其在人权保护中进步和积极的一面；另一方面，需要对西方国家所主导的国际干预理论进行辩证性批判，加强自身在未来的国际规范塑造与国际议程设置方面的能力，提出一些建设性的改革倡议与解决方案，主动化解来自西方国家的"规则压力"，引导"保护的责任"规范朝着有利于发展中国家的方向发展。

四、结 语

人权的国际保护已经成为联合国参与全球治理的三大支柱内容之一，国际社会的和平、发展与安全离不开世界各国人权的广泛实现与发展。"保护的责任"为未来的国际人权保护提供了一条规范路径，其逐渐规范化的趋势充分反映了全球治理背景下国际人权保护理念正在经历新的阐释与变迁。但是"保护的责任"目前还只是一种理念和主张，尚未发展成为具有约束力的国际法律规范。因此，在具体的操作层面存在被滥用的危险，如人权保护的标准、主体、原则等方面在国际社会层面远未达成共识。因此，如何将这一理念的适用范围进行严格的限制并机制化，还需要国际社会进一步探讨。作为一种规范路径，"保护的责任"承担着对系统性和大规模侵犯人权的回应，但这种回应不能简单地依赖国际社会的武力干预等强制措施，而应该建立在《联合国宪章》基本精神基础之上，从人权状况改善的根源出发，增强主权国家自身的能力建设，以"负责任的主权"理念完善"保护的责任"规范的内涵，强化主权国家的责任与国际社会的合作与协调，在正义与秩序之间寻找到平衡点，这样才能成为国际社会所共同认可的国际规范。

随着中国在全球治理中地位的进一步提升，应对国际规范传播、创设甚至主导与中国国家利益相匹配的国际规范不仅关系到未来中国是否可以实现可持续性崛起，而且对于维护中国的海外利益、更好地参与国际人权保障合作、树立负责任大国形象，协调与发展新型的大国关系具有积极意义。中国作为最大的发展中国家与联合国安理会常任理事国之一，在人权保护理念与规范诉求方面与西方发达国家存在诸多差异，应当从发展中国家的视角出发，在理论与内涵方面进一步完善"保护的责任"体系，防止"保护的责任"理念被滥用，以推动联合国在未来的国际人权保护行动中发挥建设性作用。

国际人道主义援助机制：
中国的角色转换分析[①]

燕玉叶[②]

【内容提要】：进入新世纪以来，诸如气候变化、粮食和金融危机、资源稀缺、人口增长以及城市化等新的人道主义挑战，增加了全世界的脆弱性和人道主义需求；与此同时，与自然灾害有关的灾难继续出现，武装冲突升级。在这种背景下，国际人道主义援助在全球治理中的地位上升。在过去的 100 多年中，中国从该领域的"接受者"转变为突出"贡献者"，以实际行动践行了联合国"保护"的责任，本文追溯了中国从国际人道主义援助的"接受者"到成为国际人道主义援助领域突出"贡献者"的历史轨迹，并对未来中国在该领域的角色定位提出了自己的建议。

【关 键 词】：中国；国际人道主义援助；作用

一、国际人道主义援助机制现状

对外援助，在国际关系学科中主要被定位为一种外交工具，在运用上主要属于一国的经济工具。它是援助国将资金、商品和技术转移给受援国

---

① 本文系作者主持的国家社科基金青年项目"中国国际人道主义援助战略研究"（编号：13CZZ057）和上海市教育卫生工作委员会、上海市教育委员会和上海市教育发展基金会"阳光计划"项目（编号：112YG10）的前期成果之一。
② 复旦大学发展研究院博士后

的行为。但在具体统计时，不同的机构对其内涵和外延有不同的解释。本文所指的对外援助包括对外发展援助、人道主义援助、军事援助等不同性质的援助，其中官方发展援助是主体。就人道主义援助（Humanitarian aid）而言，它是基于人道主义目的提供的物资和后勤援助，特别是指应对人道主义危机，包括自然灾难和人为灾难时期提供的援助，其主要目的是拯救生命，减少痛苦，以及维护人的尊严。[①]

"人道主义援助"通常与"官方发展援助"相对应，后者意指致力于解决可能导致危机或紧急局势的潜在"社会经济"因素而进行的对外援助。而前者主要指在自然或者人为灾难之时提供的援助。自然灾难包括飓风、洪灾、干旱、暴风和地震等。人为的灾难包括战争、公共健康危机、政治危机等，这些情况通常又被称为复杂的紧急人道主义（Complex Humanitarian Emergencies，CHE）。人道主义援助的内容一般包括健康服务（治疗和预防保健），饮用水和卫生设备，食品（卡路里），营养（维他命），避难所，后勤/安全。[②] 本文所指的"国际人道主义援助"主要指主权国家对外进行的人道主义援助，是国家对外援助的重要组成部分。

现代意义上的国际人道主义援助发源于西方。"早在公元前五世纪，在古希腊城邦之间的竞争与冲突中，由于属于同一文化和同一宗教，竞争和冲突设有不成文的底线，失败的一方固然处于非常不利的地位，但是胜利的一方对待战俘必须遵守不成文的底线。但这个不成文的最低标准在古希腊与野蛮人（非古希腊城邦）之间则不起作用。虽然这个标准是按照是否是古希腊城邦决定是否实施，而非是否是人，但古希腊仍然见证了人类历史上第一缕人道主义的曙光，因为战争只对有人性（humanity）的人

---

① "*International humanitarian aid：Policy document*"，Vienna，March 2009，p. 8.，www. entwicklung. at.

② Michael VanRooyen，Raghu Venugopal，P Gregg Greenough，"International Humanitarian Assistance：Where Do Emergency Physicians Belong?"，*Emergency Medicine Clinics of North America*，2005 Feb；23（1）：120.

才有限制"①。

在历史从神本主义逐渐走向人本主义之时，人本主义（humanity）的概念得到了笛卡尔、康德、马克思等人的倡导，结合基督教的博爱慈善，逐渐衍生"人生而平等，应给予同等尊重而非歧视"，奠定了人道主义精神发展的重要基础。人道主义逐渐演化为一种政治意识形态。

18世纪晚期19世纪初，人类开始有了国际人道主义援助行动的记载。1793年8月，法国颁布法令，解放圣多明克的奴隶。当地幸存的白人为了躲避黑人报复，纷纷逃往美国、古巴、牙买加和波多黎各（在波多黎各的西海岸，来自圣多明克的法国难民建起了富有法国特色的马亚圭斯城）。1812年3月26日，委内瑞拉的加拉加斯发生里氏7.7级地震，大约1.5—2万人死亡，1812年4月29日，美国国会通过决议，决定购买5艘载有面粉的船前往救济灾民②。1821年，希腊人民反对土耳其奥斯曼帝国统治，争取民族独立的战争，战争得到了欧洲进步人士的同情，他们从道义和物资上进行支援。但上述国际人道主义援助行为是零散的、自发的，并没有像今天一样发展成一个有组织的救助系统。

现代意义上的国际人道主义援助要从1863年瑞士人亨利·杜南（Jean Henry Dunant）成立的第一个国际人道主义援助组织——"伤兵救护国际委员会"（又称"日内瓦5人委员会"）开始。1859年，瑞士人亨利·杜南旅程中路经意大利伦巴底时，目睹法奥战争中的4万多名死伤士兵后，萌生了在各国设立全国性的伤兵志愿救护组织，战时支援军队医疗工作的想法。1863年2月9日，亨利·杜南与古斯塔·莫瓦尼埃（Gustave Moynier）、吉勒姆—亨利·杜福尔（Guillaume — Henri

---

① Paul Grossrieder，"Humanitarian action in the 21st century: the danger of a setback"，*Refugee Survey Quarterly* (2002) 21 (3): 23.

② Von Humboldt, Alexander. "14". Le voyage aux régions equinoxiales du Nouveau Continent，fait en 1799 — 1804，cited fromhttp: //en. wikipedia. org/wiki/1812 _ Caracas _ earthquake.

Dufour)、路易斯·阿皮亚（Louis Appai）及西奥多·莫诺瓦（Theodore Maunoir）一同成立了致力于为战争和武装暴力的受害者提供人道保护和援助的"伤兵救护国际委员会"，这就是国际红十字会的前身。从一个人自发地帮助受伤士兵的行动开始，红十字国际委员会在过去140年中已经成长为一个帮助世界上数百万战争受害者的国际非政府组织。

民间自发的国际人道主义援助行为也促成了政府开始设立正式的援外机构。郝伯特·胡佛（后来成为美国第31任总统）在一战及战后，在欧洲组织领导"救济委员会"，该委员会在1914—1915年期间共帮助12万名贫困的在欧洲的美侨返回祖国。此后胡佛又对比利时和法国进行了救济。1917年，美国参战后，胡佛被召回华盛顿，任美国粮食总署署长。胡佛的救济行为给他本人和美国带来了巨大的声誉。1919年2月24日，美国国会斥资一亿美元成立美国救济总署（American Relief Administration），胡佛任署长。这是第一个国家官方人道主义援助机构。官方及非官方国际人道主义援助机构的成立与实践进一步推动了国际人道主义思想的传播和机构的进一步扩展。

在第二次世界大战期间，国际人道主义援助工作遭到了各方面的挑战。首先是来自专制主义政府的阻挠。例如，1921年，苏联要求控制所有给予乌克兰饥饿人口的援助。第二，国际人道法存在缺陷。国际人道法包含规制战俘待遇的规则（1929年7月27日的《日内瓦公约》），但没有包括规制平民人口待遇的规则；国际人道法也没有将国内内战中的受伤害者纳入其中。[①] 面对希特勒的犹太人大屠杀，国际援助机构束手无策。同时，二战之后，随着全球化的迅速发展，人类面临的问题开始逐步加深和复杂化。除了战争灾难扩大之外，国内社会贫富分化、南北失衡、环境破坏等各种问题也浮出水面。此期，单靠政府机构和红十字会组织已经不

---

① Paul Grossrieder. Humanitarian action in the 21st century: the danger of a setback, *Refugee Survey Quarterly* (2002) 21 (3): 27.

能应对日益复杂化的现实世界，世界上各种非政府组织，例如 CRC，CRS，CWS，JDC，CARE，OXFAM 等应运而生。以联合国为中心的国际人道主义援助体系逐渐成形。

图 12.1　国际人道主义援助机制的流程演示图[①]

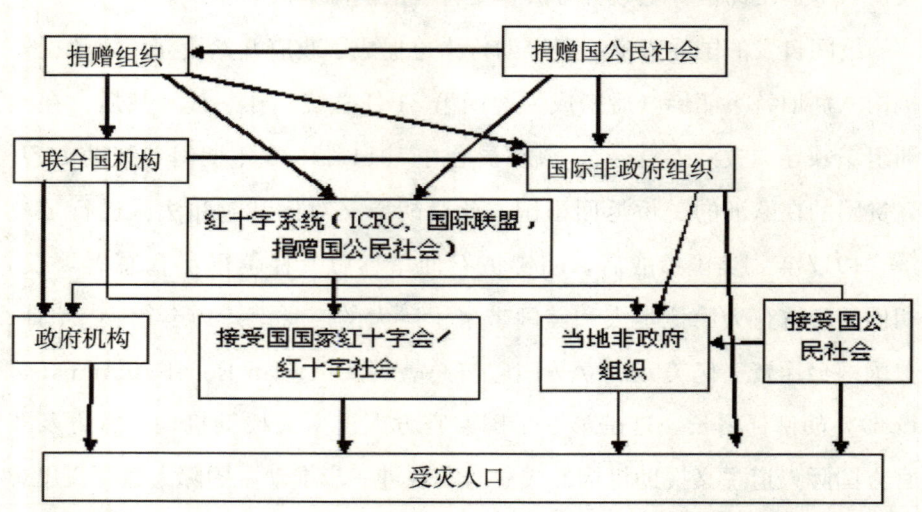

目前从事人道主义援助的机构有国际组织、非政府组织、各国政府机构等。国际组织有世界银行、美洲开发银行、美洲国家组织、联合国儿童基金会、联合国世界粮食计划署、联合国人口基金会、联合国粮农组织、联合国开发计划署、世界卫生组织等。非政府组织有国际红十字会组织、对抗饥饿行动、国际开怀组织、国际明爱会、天主教救援组织、无疆界医师组织、紧急营养网络组织等。很多国家也成立有专门的对外人道主义援助机构，比如美国国际开发署、日本国际协力机构、日本国际协力银行、英国国际发展部、加拿大国际开发总署、德国复兴银行、法国开发署等。在联合国的主导下，全球已经形成了一个人道主义的协调网络。联合国人

---

① Cited from Max Stephenson Jr，"Toward a Descriptive Model of Humanitarian Assistance Coordination"，*International Journal of Voluntary and Nonprofit Organizations*，Volume 17，Number 1，p. 44.

道主义事务协调办公室（Office for the Coordination of Humanitarian Affairs，英文简称 OCHA）与各个政府部门、政府间机构、非政府组织合作来保证在一个协调一致的框架内各个部门能够更有效地充分发挥其作用。

二、从"接受者"到"参与者"：旧中国融入国际人道主义援助机制的历史轨迹

现代意义上有组织、有规模的对外国际人道主义援助对于中国来说，是从接受西方传教士的国际人道主义援助开始认识的。唐朝以后，西方教会纷纷向中国派遣传教士。他们一边传教，一边帮助中国建立大学、医院、书局、救济院、孤儿院，传播西方先进的知识文化和科学技术。近千年的外国传教士们对中国人作出了巨大贡献。近代以来，不少英国医生来到台湾，一方面进行人道医疗照顾，一方面传播耶稣基督博爱精神。19世纪70、80年代，马耶在旗津开创路德医院，除日常施医治病外，还专门为中国培养战时可执行红十字医疗救护的人员。[①] 1894年，甲午战争爆发。12月底，外国人在营口建立了红十字会医院。此后他们还在天津、北京建立了红十字会组织，在天津、烟台建立了医院。西方传教士、外交官和随军医生在中国传播国际红十字会国际人道主义援助的理念，并且帮助中国建立了红十字会组织。

红十字会在甲午战争中的救助行动，得到了清政府、各省官僚和国人的高度称赞。在西方人的影响下，中国国内的官僚、商人和各界精英们开始关注和支持本国的人道主义援助事业。1894年11月，李鸿章私人资助

---

① 善存：《中国红十字会的创立》，http：//www. medstamps. com/research/Show Article. asp？ ArticleID＝2923.

天津红会中国商船"Toonan"号，去"Arthur"港收治中国伤员。[①] 他不仅从个人立场推动红十字会发展，而且还从官方立场给予红十字会支持。自李鸿章公开赞助红十字会后，沈阳和牛庄的道台也开始了支持。1月中旬，道台开始每人每天支持士兵 10 分钱用于牛庄红十字医院的士兵购买食品。[②] 为了弥补牛庄医院的资金不足，《申报》于 1895 年 2 月 7 日，开始正式刊发劝捐公启，最终募集英洋 4500 元、规元 1000 两。[③] 3 月初，牛庄红十字会医院再次得到了江督捐银 10000 两，苏抚捐银 2000 两，上海著名义赈慈善家施善昌劝捐于民间筹银 1000 两的资助。[④] 中国的本土慈善事业突破了地方的限制，开始上升到国家层面。

与此同时，国内具有先见之明的人士开始呼吁中国仿效西方成立红十字会。1897 年，孙中山翻译出版《红十字救伤第一法》，呼吁在中国成立红十字会。旅日商人孙实甫翻译国外红十字组织的章程，广泛传播西方"人道"理念，被誉为"中国倡导红十字会第一人"。旅居日本的商人在给中国驻日大使的信中说，成立红十字会有四大好处：增加军队士气，提高国际威望，改善自然灾难中的公共健康，提高医疗科技。这封信被很多报纸转载。西方红十字会国际人道主义援助的理念和中国本土慈善事业的结合，最终促成 1904 年中国红十字会的最终成立，起初叫万国红十字会上海支会。中国红十字会成立后，作为国际红十字的一员，中国红十字会在

---

① North China Herald，January 11，1895，42. cited from Caroline Beth Reeves，*The power of mercy*：*The Chinese Red Cross Society*，1900—1937，Harvard University Ph. D dissertation，May 1998，p. 45—46.

② North China Herald，March 22，1895，445. cited from Caroline Beth Reeves，*The power of mercy*：*The Chinese Red Cross Society*，1900—1937，Harvard University Ph. D dissertation，May 1998，p. 47.

③ 《申报》52 册 299 页，光绪二十二年正月十三日。转引自朱浒、杨念群：《现代国家理念与地方性实践交互影响下的医疗行为——中国红十字会起源的双重历史渊源》，《浙江社会科学》2004 年第 5 期，第 171 页。

④ 靳环宇、周秋光：《施善昌与晚清义赈》，《福建师范大学学报》（哲学社会科学版）2012 年第 1 期，第 116 页。

联系国际委员会以及和其他国家红十字会的联系中发挥了重要功能。此后，中国红十字会协同政府、商会、民众参加了众多对外国际人道主义援助行动。

1906 年 4 月 18 日凌晨 5 时 12 分，旧金山地震爆发。据美国国家档案馆记录，整个地震不到一分钟，但是其引起的大火烧了三天，造成3000 人死亡，40 万人无家可归。① 当时国内对生活在旧金山的 10 多万华人伤亡情况不明，国内各报社纷纷报道。在舆论的呼吁下，国内掀起了一股民族主义的高潮。25 日，上海万国红十字会和寓沪绅商筹垫规银 5 万两、洋 5000 元，兑换成美元后，电汇驻美大使梁诚，请其派员赴旧金山散放。其中，万国红十字会拨发 2 万两，施则敬等人又另发公启，集银 3万两。② 这次募集活动从 4 月 26 日，报纸刊登募集启示后，一直持续到 5月中旬上海各报为湖南水灾募集善款后才逐渐褪去热潮，甚至到 9 月份才基本结束。据地震后驻美大使梁诚给清政府的奏折，此次募捐，"在半个月之间，得到了 20 多万美金（约合 30 万两规银）"。③ 实际国内为旧金山华侨的募资应该远远超过这个数字。这是作者所看到的中国记录最早的近代国际人道主义援助行动。

历史上记录比较多的一次中国对外人道主义援助是对 1923 年 9 月 1日发生的日本关东大地震的援助。当时，中日甲午战争刚刚过去 29 年，"一战"后日军又强占青岛，但中国的北洋政府、各界名人、相关团体、佛教界还是本着人道主义精神，参与了对日本进行人道主义援助。1923

---

① "San Francisco Earthquake, 1906"，http：//www.archives.gov/legislative/fea-tures/sf/.

② 《申报》83 册 251、302 页，光绪三十二年四月初三、初八日。转引自朱浒、杨念群：《现代国家理念与地方性实践交互影响下的医疗行为——中国红十字会起源的双重历史渊源》，第 175 页。

③ 《钦差出使美墨秘古大臣梁奏陈美国旧金山地震灾情折》，区宠赐编：《旅美三邑总会馆史：1850—1974》，三藩市旅美三邑总会馆 1975 年版，第 261—263 页。按：当时美元对规银的汇率约为 1：114。杜涛：《清末民族主义与旧金山地震信息在中国的传播》，《社会科学》2009 年第 10 月，第 159 页。

年9月1日上午11点58分，一场震级为7.9级的大地震袭击了日本关东地区。地震持续了4至10分钟。大地震引发了火灾、海啸和泥石流等次生灾害，共造成105,385人死亡。[①]横滨也化为了一片火海，在当时华人集中的南京街有5000在日中国人，结果约有2000人因地震和火灾死亡。地震发生后，当时的北洋政府立即组织赈灾救济委员会，并支出库银20万元（相当于现在6000万元人民币，当时1元钱能买40斤大米）用于救灾。还下令暂免食品、服装、药品、卫生材料等出口日本的关税。仅温州一地，日轮就运走大批木炭、烟叶、菜籽、鲜蛋等物，价值45.4万银元。

9月6日，上海总商会、红十字会等团体召开联席会议，成立了上海中国协济日灾义赈会。中国红十字会首先认款国币1万元，9月8日，中国红十字会理事长庄得之组织一支25人的赴日救护队，队员包括队长庄得之、医务长牛惠霖（剑桥大学医学博士）、中华民国教育总长汤尔和（柏林大学医学博士）和五名灾情调查员，以及20多个医生和护士，携带药品、病床、帐篷等90多件必需品乘亚后船赴日救助。回国之前，将未用药品及400元支票一张送给日本赤十字社，后还赠送给日本赤十字社23大箱药品和4000元金币。[②]至10月18日，协济日灾义赈会还帮助了6421人归国。此次救灾，共计用款17214.64元。各界名人也纷纷捐款，著名京剧艺术家梅兰芳组织了赈灾义演。在上海、北京、江苏、浙江等一些地方也都有自发的募捐活动。中国佛教界也组织了赈灾活动，各大寺院道场组织各种法会，吊祭日本地震的罹难者。

如果说，在对美国旧金山地震的援助中，中国人主要是出于爱国主义和民族主义之情，关注海外华侨的生存状况，参与的方式是通过各报社的呼吁，民众自动捐款，而在对日本关东大地震的援助中，我们看到，从当

---

① "1923 Great Kantō earthquake"，http：//en. wikipedia. org/wiki/1923 _ Great _ Kant％C5％8D _ earthquake.

② 中国红十字总会编：《中国红十字会历史资料选编》（1904—1949），南京：南京大学出版社1993年，第444页。

时的北洋政府，到中国红十字会组织、再到地方商会、佛教组织、社会精英和民众都有行动。这说明，中国国内已经逐渐形成了对外人道主义援助的协调网络。清末民初，中国的地方官员和商人支持红十字会运动的事实说明中国的精英突破了传统地方的限制，其身份从古代的地方精英上升为国家精英；而从支持日本关东大地震的行为中，我们看到中国的精英身份再次从国家精英升华为世界精英。他们已经不仅仅只关注地方和国家的事务，亦开始关注世界事务。中国已经从国际人道主义援助体系中的单纯"接受国"身份发展为"参与者"和"输出者"。不过在新中国成立之前，由于中国自身处于外敌入侵、地方内乱的历史时期，参与国际人道主义援助的精力和资金明显受到制约，学术界有很多文献记录外国对中国的人道主义援助，但是对中国对外实施的人道主义援助记录并不是很多。

三、从"参与者"到"构建者"：新中国在中国国际人道主义援助机制中的角色转换

新中国成立后，国际人道主义援助成为中国对外援助的主要形式。[①]"从 1949 年到 1965 年，新中国共开展 76 次对 33 个国家的人道主义援助，投入了超过 900 万元人民币的现金和物质。"[②] 在 50 年代，为了得到国际社会的普遍承认，新中国不仅援助社会主义国家，还援助西方资本主义国家。60 年代后，中国不再援助西方资本主义国家了，对非洲和拉美的援助增加。在援助方式上，新中国的人道主义援助主要以双边为主，但也偶然通过多边渠道进行，例如，中国于"1956 年、1957 年、1958 年分别捐

---

① 李小瑞：《中国对外人道主义援助的特点和问题》，《现代国际关系》2012 年第 2 期，第 48—49 页。

② 殷晴飞：《1949—1965 年中国对外人道主义援助分析》，《当代中国史研究》 2011 年 7 月，第 92—98 页。

款一万个瑞士法郎给红十字国际委员会"①。与此同时，新中国还派代表参与了关于国际人道主义援助的法律起草，并成为最早签约日内瓦四公约的国家之一，该条约也是新中国成立后批准加入的第一个国际公约。②1979 年，中国加入联合国儿童基金会、世界粮食计划署和联合国难民署，同年开始向联合国儿童基金会、联合国难民署捐款，1981 年向世界粮食计划署捐款。中国政府及民间慈善机构通过联合国、中国红十字会等政府与非政府组织一直在全世界进行人道主义援助，甚至在"文革"期间也没有停止。

冷战结束前后，伴随着国际人道主义灾难的增加，中国逐渐成为国际社会人道主义援助的重要行为体。尤其是 2004 年 9 月，中国正式建立了紧急人道主义援外机制。该机制牵涉到外交部、民政部、财政部、商务部、卫生部、地震局、军队等 20 多个单位。在高层部际协调会议的强力领导下，中国国际人道主义援助凭其反应速度、援助数量、援助质量等"中国式关怀"获得了国际社会的一致好评。在印尼海啸中，中国共向受灾国提供了 7 亿多元的人民币捐款，是中国对外援助历史上规模最大的紧急救援行动。"近 5 年来，中国政府累计开展紧急援助近 200 次，主要包括向东南亚国家提供防治禽流感紧急技术援助；就几内亚比绍蝗灾和霍乱，厄瓜多尔登革热，墨西哥甲型 H1N1 流感，伊朗、巴基斯坦、海地、智利地震，马达加斯加飓风，缅甸、古巴热带风暴，巴基斯坦洪灾等提供物资或现汇紧急援助；向朝鲜、孟加拉国、尼泊尔、阿富汗、布隆迪、莱索托、津巴布韦、莫桑比克等国提供紧急粮食援助"③。迄今，中国已经参与了对印尼海啸、马达加斯加飓风、东南亚禽流感、缅甸风灾、近期的

---

① 新华社：《给红十字国际委员会捐款 我国红十字会汇出一万个瑞士法郎》，《人民日报》1958 年 6 月 24 日，第 4 版。

② 朱文奇：《中国与国际人道法》，载赵白鸽主编：《中国国际人道法：传播、实践与发展》，北京：人民出版社 2012 年，第 19 页。

③ 国务院新闻办公室《中国的对外援助》白皮书，2011 年 4 月，http://www.scio.gov.cn/zfbps/ndhf/2011/201104/t896983_3.htm.

巴基斯坦洪灾、俄罗斯特大森林火灾、海地地震、日本海啸、非洲之角饥荒等几乎所有国际紧急人道主义灾难的救助行动。中国人道关怀的大国形象得以彰显。"在2012年G20成员人道主义援助的排名中，中国以总量2700万美元排名第14位；在最慷慨（％GNI）的G20成员排名中，中国以0.0004％比重排在第8位；按照人均比重的排名中，中国以0.02美元和南非并列第15位。"① "在2012年的政府出资排名榜上，中国排名第29位。"② 中国在全球人道主义援助机制中起到了积极的建设性作用。

在援助渠道上，中国主要通过多边组织、公共部门、非政府组织、红十字会以及其他渠道进行援助。每年通过各个部门的援助金额和比重并不相同。在2010年，通过公共部门渠道的援助有3290万美元，通过多边组织的援助有360万美元，通过红十字会的援助有100万美元。③ 在援助类型上，在2006—2011年的支出类型中，有食品、多部门、帐篷与非食品类型、健康、经济重建、协调、其他方式等。每年的援外类型不同，在2011年，食品占80.23％，而在2006—2008年，多部门类型则占据一半以上。④ 在援助对象的选择上，在2007—2011年的援助总额约1.5亿美元中，非洲和沙哈拉沙漠北部援助金额最多，达7770万美元，占据约51.3％；其次是南美，达2650万美元，占据约17.5％；再次是远东1650万美元，占据约11％；其他还有北美以及中美洲国家1440万美元；南亚以及中亚310万美元；欧洲100万美元；中东20万美元；大洋洲50百万

---

① "Global Humanitarian assistance report 2013", http://www.globalhumanitarianassistance.org/，p11.

② "Global Humanitarian assistance report 2013", http://www.globalhumanitarianassistance.org/，p23.

③ "Country profile", http://www.globalhumanitarianassistance.org/countryprofile/china#tab—humanitarian—response.

④ "Country profile", http://www.globalhumanitarianassistance.org/countryprofile/china#tab—humanitarian—response.

美元；其他地区 1170 万美元。①

中国已经成为国际人道主义援助机制中最为重要的国家之一。2011年，英国宣布，停止对包括中国在内的 16 个国家的直接援助。欧盟也宣布停止对包括中国在内的 17 个超过中等收入的国家在 2014—2020 年的援助。2010 年，中国超过日本成为世界第二大经济体，根据世界银行数据，2011 年国民收入总值（GNI）达到 6.6 万亿美元。甚至中国被预测将在2030 年超过美国成为世界第一大经济体。中国在国际人道主义援助领域中的潜在作用受到了国际社会的期待。2009 年，一个保守的估计是，中国的对外援助总额为 20 亿美元，其中对外人道主义援助只有 500 万美元；在 2010 年，人道主义援助显著增加为 3800 万美元，在 2011 年达到 8700万美元②。中国的对外人道主义援助增长迅速、影响广泛、凭借其不干预内政、不附加条件、灵活性等特征受到了被援助国家的欢迎和国际社会的认同。

四、未来中国在国际人道主义 援助机制中的角色定位思考

中国将来在国际人道主义救援体系中要扮演什么样的角色？领导者还是合作者？目前，国际社会呼吁中国担当起大国的责任，希望中国做领导者。国内，我们随着综合国力的快速增长，也有意做"负责任的大国"，促进世界和谐。对此，笔者认为我们可以做"被动的领导者"而不能做"主动的领导者"。

---

① 其中的比例是根据《全球人道主义援助》关于中国的数据计算得出，http：//www. globalhumanitarianassistance. org/countryprofile/china # tab — humanitarian — response.

② Br? utigam, "*Transparency of Chinese Aid*", September 2011，http：//www. ccs. org. za/wp—content/uploads/2011/09/Transparency—of—Chinese—Aid _ final. pdf.

"被动的领导者"定位思考源于两个方面的考虑。一方面，在定位中国在未来国际人道主义援助体系中的角色问题上，我们首先要认识到我国国内的经济发展水平和西方发达国家还有很大的距离，因为"中国基本国情仍然是人口多、底子薄、发展不平衡，经济总量虽大，但除以 13 亿多人口，人均国内生产总值还排在世界第九十位左右。根据联合国标准，中国还有 1.28 亿人生活在贫困线以下。"① 另一方面，我们也要考虑到中国人口多、地理面积大、物资丰富、国家聚集国内资源的能力和速度快等优势与特点，国际人道主义援助体系不可避免地要同中国这样的大国紧密合作与协调。对此，我们有不可推卸的责任和义务。

角色的定位问题牵涉到的一个关键问题是如何处理国内问题和国际问题的关系。国内问题是中国目前最亟需解决的领域。但同时，中国的周边面临目前最棘手的问题，包括中日钓鱼岛问题、中国和东南亚国家的南海争端问题等。如何处理国际压力与国内发展的问题？就国际和国内的关系而言，国际问题如果处理不好，会影响国内的经济发展甚至国家安全；而如果国内问题处理不好，也会影响外国直接投资（FDI）、贸易，进而影响中国的国际地位和国际形象。

目前，是优先国内还是国际呢？笔者认为，过去 30 年，我们是一心抓国内经济建设，国际问题搁置。现在的政策呢？继续之前的政策，会激发国内民众民族主义情绪，会失去经济和战略资源甚至领土，给国家带来不可弥补的损失，也会影响中国的国际地位。如果改变，会给国际社会留下"中国侵略或者欺负别国"的印象，也会影响中国的发展，甚至失去几十年来的经济发展成果。现在已经到了不能只顾国内问题的时候了，要以国际问题为首。为此，我们对外人道主义援助要加强而不是收缩。

---

① 2013 年 3 月 25 日，习近平主席在坦桑尼亚《永远做可靠朋友和真诚伙伴》的演讲，http://politics.people.com.cn/n/2013/1001/c1024-23094330-3.html.

中国对柬埔寨的发展援助探析

李帅虎[①]

【内容提要】：近年来中国对柬埔寨的发展援助额度逐步增多，中国对柬埔寨的援助在很多方面取得了成就，推动了柬埔寨的经济社会发展。中国援助柬埔寨的主要动因在不同时期有所变化，1992—1996 年援助的主要动因在于中国主动承担国际道义，1996—2000 年在于扩大中国在柬政治影响，2000—2009 年带有更多的经济与商业因素，2009 年后则与中国维护南海稳定的努力有关。这种援助带有互惠交换色彩，柬埔寨是一个值得中国援助的国家。

【关 键 词】：中国；柬埔寨；发展援助；援助动因

国际发展援助有广义和狭义之分，广义的国际发展援助"是一个国家对另一个国家提供的无偿的或优惠的有偿货物或资金，用以解决受援国所面临的政治、经济、社会、环境等各种发展过程中遇到的问题。"狭义的国际发展援助，则可以定义为"发达国家或高收入的发展中国家及其所属机构、有关国际组织、社会团体，以提供资金、物资、设备、技术等形式，帮助发展中国家发展经济和提高社会福利的活动。"[②] 本文讨论的是

---

① 北京大学国际关系学院博士研究生
② 李小云：《国际发展援助概论》，北京：社会科学文献出版社 2009 年，第 1—2 页。

广义的发展援助。国际发展援助是国际交往的重要形式，随着中国的迅速发展，中国参与的国际发展援助日益增多，在世界上的影响也逐步增大。中国对柬埔寨的援助在中国的对外援助中占有显著的地位。中国对柬埔寨的援助已经引起了国内外学术界的关注①，但是对中国的援助动因讨论较少。因此本文在梳理 1992 年之后中国对柬埔寨发展援助成果的基础上，进一步探索中国对柬援助的动因。

一、近期中国对柬埔寨发展援助的成果

中国对柬埔寨的发展援助总额在近年有显著增加的趋势，而且中国援助额占国际援柬总额的比例也在不断攀升。1992 年至 2011 年的援助金额如表 13.1② 所示：

表 13.1

年份	中国援助额 （单位：千/美元）	柬埔寨接受的援助总额 （单位：千/美元）	中国援助额占 国际援柬总额的比例
1992	912	250,183	0.4％

---

① 近期发表的研究中国对柬埔寨援助的文章有梁薇：《不断加深的中柬友谊 期待完美的交往细节》，《东南亚纵横》2010 年第 6 期；薛力、肖欢容：《中国对外援助在柬埔寨》，《东南亚纵横》2011 年第 11 期；宋梁禾、吴仪君：《中国对柬埔寨的援助：评价及建议》，《国际经济合作》2013 年第 6 期；Michael Sullivan, "China's Aid to Cambodia," in Caroline Hughes, Kheang Un., eds. *Cambodia's Economic Transformation*. Copenhagen S Denmark：NIAS（Nordic Institute of Asian Studies）Press，2011；那拉（NGOUN CHANNARA）：《国际援助的作用：以中国与日本对柬埔寨的援助为例》，吉林大学硕士论文 2011 年。

② 该表数据引自柬埔寨发展理事会下属的柬埔寨复兴与发展委员会（the Cambodian Rehabilitation and Development Board of the Council for the Development of Cambodia）在 2011 年 10 月发布的《柬埔寨发展有效性报告 2011》（*THE CAMBODIA DEVELOPMENT EFFECTIVENESS REPORT* 2011），第 32 页。其中 2011 年的数据为估计值。

1993	871	321,891	0.3%
1994	7,089	358,045	2.0%
1995	3,129	513,320	0.6%
1996	10,850	518,082	2.1%
1997	9,496	383,188	2.5%
1998	14,345	433,280	3.3%
1999	2,994	399,710	0.7%
2000	2,610	466,813	0.6%
2001	16,325	471,842	3.5%
2002	5,723	530,923	1.1%
2003	5,573	539,507	1.0%
2004	32,470	555,392	5.8%
2005	46,638	609,953	7.6%
2006	53,237	713,241	7.5%
2007	92,446	777,463	11.9%
2008	95,408	978,523	9.8%
2009	114,697	1,000,198	11.5%
2010	138,154	1,074,731	12.9%
2011	210,734	1,235,275	17.1%
总量	863,701	12,131,561	7.1%

从 1992 年至 2011 年，国际社会共援助柬埔寨 12,131,561,000 美元，其中中国援助 863,701,000 美元，占总量的 7.1%，仅次于日本，位居双边援助额度的第二位。从 1992 年至 2012 年，"中国向柬埔寨提供的无偿援助和优惠贷款总额已达 20.93 亿美元，主要用于桥梁、道路、电力和农业灌溉等 30 多个基础设施项目的建设。"①

_____

① 柬副首相兼财经大臣吉春谈到了这个数据。新华网，《中国向柬埔寨提供贷款援助》，http://news.xinhuanet.com/world/2012－02/02/c_111482564.htm，2012－02－02.

（一）中国援助柬埔寨取得的具体成果

由于长期战争和动乱的破坏，柬埔寨基础设施滞后、百姓生活贫困，与邻国相比经济水平远远落在后面。经济发展对能源的需求大增，商贸活动又产生大量物流，柬埔寨落后的基础设施与经济发展的矛盾日益突出。柬埔寨人对改善落后状况非常迫切，但是无法依靠自身力量完成提高人民生活水平、消除贫困等发展目标。中国政府在基础设施方面给予柬埔寨大量的援助，成为帮助柬埔寨修路最长的国家，柬方用中方贷款修建了 7号、8 号、57 号、62 号等国家公路和干丹省波雷格丹洞里萨河大桥、波雷达马湄公河大桥[①]。中方帮助修建的道路在连通边远地区、开发经济区和解决交通拥挤方面发挥了重要作用。

中国援助柬埔寨电力设施建设。柬埔寨无论是生产用电还是生活用电都处于匮乏状态，甚至有不少偏远地区根本没有供电设施[②]，柬埔寨的农业、制衣业、旅游业等支柱产业都在稳步增长，但电力短缺限制了发展速度，无电缺电的问题成为柬经济社会发展的瓶颈。从 2011 年开始，因为由中国电力建设集团投资兴建的甘再等水电站并网发电缓解了电力紧张，金边的电力供应变得正常起来。甘再项目下闸蓄水 2 年来，坝址下游的贡布省城再也没有遭受洪涝灾害。在项目用工上，大量使用当地劳务，扩大了柬埔寨的就业，为柬埔寨培养了一批技术工人。2013 年 3 月 28 日，柬首相洪森评价说："近年来，中国在诸多方面给予柬埔寨很大帮助，建成投产的甘再水电站就是其中之一。"[③]

中国帮助柬埔寨进行文化遗产保护。在 1993 年柬埔寨政府和联合国

---

① 中国对柬埔寨桥梁与道路的援助数据见《中柬合作，携起友谊之手》，《人民日报》2012 年 3 月 30 日第 23 版。

② 2013 年 5 月，笔者在暹粒市东南约 15 公里处罗洛士古迹群（Rolous Group）附近的一个寺庙小学中看到外国友人捐助的电脑因为没有电而无法使用。

③ 《中国水电"走出去"树丰碑 甘再水电站成柬埔寨大选重要筹码》，《中国能源报》2013 年 6 月 10 日第 22 版。

教科文组织举办的日本东京政府间会议上，原国家文物局局长张德勤代表中方表示原意派专家参加该项活动。参与吴哥古迹保护工程，是我国第一次派出人员赴国外执行文物保护使命。"经国家有关部门批准，中国政府拨出1千万元人民币专款，作为实施援助柬埔寨吴哥保护工程的经费。"[①] 1998年2月9日，国家文物局正式指派中国文物研究所承担吴哥古迹"周萨神庙"的保护修复工作，专门成立了"中国援柬吴哥保护工作队"。2008年，历时十年的中国援柬吴哥古迹一期周萨神庙保护修复工程完工后，经中柬两国协商，中国政府决定继续援助柬埔寨维修保护吴哥古迹，并选定茶胶寺作为二期工程项目。"2009年12月，在国家副主席习近平访柬期间，两国政府正式签订换文，确认由中国政府提供4000万元人民币用于茶胶寺保护修复工程。茶胶寺保护修复工程计划8年内完成。"[②]

中国从技术和贸易政策等方面对柬进行农业援助。柬埔寨发展农业的自然条件优越，但是"由于多年战乱及政府财政的捉襟见肘，柬农田水利等基础设施落后，农业技术和机械化水平很低，生产力低下，农业仍处于粗放式、广种薄收'靠天吃饭'的落后局面"[③]。中柬两国领导人高度重视两国间的农业合作。2000年11月江泽民主席访柬时，双方签署《中柬农业合作谅解备忘录》；2002年11月朱镕基总理访柬时，农业被确定为两国重点合作的三大领域之一。从2004年1月1日起，中国政府给予柬埔寨297种商品（主要是农、林、牧、渔产品）进口零关税的优惠待遇。2010年3月回良玉副总理访柬时，两国签署加强中柬农业合作的协议。2010年中国—东盟自贸区建成之后，更多柬埔寨对中国出口的商品享受到了零关税待遇。经过双方努力，"柬埔寨对中国出口的农产品种类增多；

---

① 顾军：《中国援助柬埔寨吴哥古迹周萨神庙保护工程》，《砖石类文物保护技术研讨会论文集》2004年6月。

② 《中国政府援助柬埔寨吴哥古迹二期茶胶寺保护修复工程开工》，《中国文物报》2010年12月1日第1版。

③ 驻柬埔寨使馆经商处：《中柬农业合作现状及相关建议》，http://cb. mofcom. gov. cn/aarticle/zwrenkou/201105/20110507554850. html，2011—05—17。

双边农业合作范围扩大；农业合作和交流不断加强。"①

中国对柬埔寨进行了医疗卫生援助。中国为柬埔寨提供了一些医疗设备。2011 年，在柬埔寨王家军总医院"通过设备普查得知，医院 B 类以上的设备 30 多台件，80％ 是中国援助的，有部分档案资料。20％是其他国家捐赠的机器，没有档案资料。"② 中国派遣人员培训柬埔寨本土的医疗技术力量。2011 年 1 月 21 日，柬埔寨王家军总医院举行仪式，授予 5 名中国援柬军事医疗专家由柬国防部批准颁发的友好合作勋章，以表彰他们为提高该院医疗技术水平作出的积极贡献。柬埔寨国防部后勤与财务总局局长廖文莱说，"迄今为止中方共派遣 5 批军事医疗专家为柬埔寨王家军总医院培训医护人员，有效提高了医院整体医疗水平，进一步加深了柬中两军的合作与友谊。"③ 中国还直接派医生在柬埔寨开展医疗服务。2012 年 4 月以来，柬埔寨多个省份陆续出现儿童严重传染性疾病，7 月 10 日，柬埔寨邀请中国派出专家给予技术支持，中国卫生部立即组织由中国疾控中心公共卫生专家和北京儿童医院临床专家组成的专家组一行四人，携带工作设备和检测试剂等赴柬。2013 年 9 月 24 日，执行"和谐使命－2013"任务的中国海军和平方舟医院船抵达西哈努克港，开始为期 6 天的友好访问和人道主义医疗服务。

除此之外，近年来中国援柬项目还涉及通讯、教育、体育、警务、通信、人力资源开发、经济特区建设等领域，援助对象包括柬埔寨王室、国会、参议院、执政党、政府，还包括千千万万的平民。

---

① 克瑞德：《中柬农业合作现状及展望》，《世界农业》2008 年第 5 期，第 49 页。

② 齐建平：《赴柬埔寨医疗援助的难点与措施》，《医疗装备》2013 年第 5 期，第 49 页。

③ 《中国援柬埔寨军事医疗专家获颁友好合作勋章》，中国网，http：//www.china.com.cn/military/txt/2011－01/22/content _ 21795914.htm，2011－01－22.

（二）中国援助柬埔寨成果总体评价

理论界对于援助是否促进了受援国的经济增长是存在争议的，"一派认为援助有助于受援国经济增长和发展，是富有成效的，另一派则认为援助无助于受援国的经济增长与发展，是低效或无效的，而两派都有自己的证据支持。"[①] Rajarshi Mitra 利用动态协整分析（dynamic cointegration analysis）的方法证明，从 1971 年至 2009 年的数据来看，国际援助对于柬埔寨的经济发展是有正面效应的。[②] 但是从善治（good governance）的角度出发，Sophal Ear 则证明 1993 年之后的国际发展援助并没有大幅度地促进柬埔寨的善治，由于腐败得不到控制，在某些方面援助甚至使柬埔寨的情况，例如婴儿和儿童的死亡率与不平等恶化了。[③]

由于数据的限制和理论方面的不确定性，分析中国的援助与柬埔寨经济增长之间的数量关系十分困难[④]，但从经验层面上我们可以观察到中国的援助推动了柬埔寨的经济社会发展，增加了柬埔寨的国民财富，促进了柬埔寨人的福利[⑤]。柬埔寨复兴与发展委员会发布的《柬埔寨发展有效性报告 2011》中认为，"我们可以肯定地说，境外资源和发展伙伴对于一些重要成就，如经济增长、贫困率下降、更高的入学率以及更好的国民健康

---

① 周宝根：《援助促进受援国发展吗？——国外发展援助有效性的学理纷争》，《国际经济合作》2009 年第 5 期，第 40—43 页。

② Rajarshi Mitra, "Foreign Aid and Economic Growth: A Cointegration Test for Cambodia," *Journal of Economics and Behavioral Studies*, Vol. 5, No. 2, Feb 2013, p. 117—121.

③ Sophal Ear, "The Political Economy of Aid and Governance in Cambodia," *Asian Journal of Political Science*, Vol. 15, No. 1, April 2007, p. 68—96.

④ 而且这种困难还因为中国对柬埔寨的援助信息不够公开透明而加大了。薛力认为，"即使是研究人员，也很难获得比较详细系统的信息。"见薛力、肖欢容：《中国对外援助在柬埔寨》，第 29 页。

⑤ 这里的国民财富是指有形的生产要素，即公路、港口、机场、厂房、生产设备等物质资本。

状况有正面的贡献。"① 2012 年 2 月 1 日，洪森也表达了同样的看法，他说多年来柬埔寨经济发展取得的成果得益于中国的支持和援助。②

中国在柬援助的一系列工程和项目改善了当地人的生活条件，有助于柬整合国内经济，促进当地工业和旅游业的发展，为当地人提供了数量更多、收入更高的就业机会，为进一步减除贫困创造了条件，为柬埔寨人权进步奠定基础。中国在提供对外援助时，尽力为受援国培养本土人才和技术力量，帮助受援国建设基础设施，开发利用本国资源，打好发展基础，使受援国逐步走上自力更生、独立发展的道路。中国不只是对柬埔寨"输血"，还在切实提高柬埔寨自己"造血"的能力③。经济援助还带来政治上的外溢效应，洪森多次表示，"中国的援助不仅是帮助柬埔寨发展经济，更重要的是帮助柬埔寨巩固政治独立"④。

当然，中国对柬援助也有不足。如"援助的生产性基础设施偏多，民生援助有限；援助主体以国有企业为主，民间力量影响有限；中国标准与柬方实际情况脱节；当地高技术劳动力匮乏加大了援建企业的成本；援建企业与柬方相关部门存在沟通问题。"⑤ 还有"法制化程度不足，对外援

---

① 《柬埔寨发展有效性报告 2011》（*THE CAMBODIA DEVELOPMENT EFFECTIVENESS REPORT* 2011），第 28 页。

② 《洪森希望中国－东盟投资合作基金支持柬基础设施建设》，http://www.gx.xinhuanet.com/dm/2012－2/02/content_24632689.htm，新华网，2012－02－02。

③ 经济增长理论的研究已经显示，经济增长的动力主要来自要素的投入和技术进步。一个相对落后国家的经济增长大体上可分为三个阶段：第一个阶段以要素投入，特别是资本积累为主；第二个阶段着重于技术的模仿；第三个阶段则取决于技术的创新。（参见尹翔硕、尹翔康：《资本积累、模仿与创新——从美国和日本的经济发展看落后国家如何赶超》，《复旦大学学报（社会科学版）》2001 年第 4 期，第 87—95 页。）据世界银行的数据显示，2012 年柬埔寨的年人均 GDP 为 946 美元，处于要素投入和资本积累阶段，还谈不上大规模的技术模仿，更不用说技术创新了。对于柬埔寨的经济发展来说，最有效的手段莫过于快速的物质资本积累。

④ 《柬埔寨：中国在东南亚的"铁哥们"》，《国际先驱导报》2012 年 4 月 13 日第 3 版。

⑤ 宋梁禾、吴仪君：《中国对柬埔寨的援助：评价及建议》，第 56—57 页。

助工作缺乏全国人大通过的法律，主要靠一些部门规章进行运作；中国对柬埔寨劳务出口市场混乱；信息公开严重滞后。"① 除了这些不足以外，中国对柬援助过于看重和执政党的合作，而忽视了与在野党的交往。这种做法存在潜在的危险。2013 年国会大选救国党获得 55 席，与人民党的 68 席非常接近。一旦政局变化中国在柬利益可能遭受难以预料的损失。

二、中国援助柬埔寨的主要动因

发展援助对于援助国具有重要价值，"美欧等发达国家都在充分利用发展援助积极推进对外战略、输出价值观和提升国际形象。"② 一般来说，援助国对外援助的动因主要是从自身利益出发，这种利益可能是为了强化与受援国的盟友关系、增进自身安全、增加自己的经济利益、提高自身国际形象或者推广自己的意识形态，当然，也不排除一些国家的援助是基于"国际道义"③ 的纯粹利他行为。中国在对外发展援助中当然也有自己的考量，例如"台湾问题一直对中国的外交和对外援助政策有直接的影响，中国的许多对外援助有着遏制'台独'的考虑。"④ 下面我们沿着历史脉络具体考察中国援助柬埔寨的主要动因。

---

① 薛力、肖欢容：《中国对外援助在柬埔寨》，第 29 页。

② 傅自应：《国际发展援助与中美交流合作——哈佛笔记》，《国际人才交流》2011 年第 6 期，第 50 页。

③ 丁韶彬：《国际道义视角下的发展援助》，《外交评论》2009 年第 4 期，第 72—82 页。Vernon W. Ruttan 也提出了类似的看法，他认为虽然对外援助的动机是基于援助者的自利行为或者是基于道德责任在逻辑上和理论上都是不能被否认的，但是从经验证据上看，对外援助是出于国家经济或战略利益考虑的观点是虚弱的。对外援助是出于道义的观点更胜一筹，罗尔斯的契约理论为发达国家对于穷国的穷人负有超越了传统的宗教和慈善道义的道德责任提供了基础。见 Vernon W. Ruttan, "Why Foreign Economic Assistance?" *Economic Development and Cultural Change*, Vol. 37, No. 2, Jan. 1989, p. 411—424.

④ 刁莉、何帆：《中国的对外发展援助战略反思》，《当代亚太》2008 年第 6 期，第 126 页。

（一）1992 年至 1996 年：国际道义的担当

早在 20 世纪 50 年代中国就开始了对柬埔寨的发展援助。[①] 1970 年至 1992 年柬埔寨陷入了长期的国内动乱，尽管中国对民主柬埔寨有过大规模的援助，但是这一时期中国对柬援助有很长时间的中断。1992 年柬埔寨恢复和平之后中国对柬埔寨再次开始了大规模援助。柬埔寨因长期战争而极度贫困，经济与社会重建的问题摆在了国际社会面前，中国作为柬埔寨的重要近邻和大国，自然要履行这一国际义务。

1991 年 10 月，有关各方在巴黎签署了《柬埔寨冲突全面政治解决协定》，1993 年 5 月，在联合国驻柬埔寨临时权力机构的主持和监督下，柬埔寨成功地举行了大选，组建了联合政府。1992 年 4 月，在新的王国政府成立之前，西哈努克率领柬埔寨全国最高委员会代表团对中国进行了正式友好访问，会见了当时的国家主席杨尚昆和中共中央总书记江泽民。后来发表的中柬联合公报中双方"表示愿在新的历史条件下，在和平共处五项原则基础上发展友好合作关系……中国对柬埔寨面临恢复经济、重建家园的艰巨任务深表关切，愿意提供力所能及的帮助，将积极参加国际援柬重建计划，为柬埔寨的复兴事业作出自己力所能及的贡献……"[②] 公报中同时表明柬埔寨新政府支持"一个中国"政策。这一公报为此后的中国对柬发展援助提供了指南。这一时期，柬埔寨朝野上下关注的重点是恢复国内和平，修复因为长期战争而遭到全面破坏的经济。中国对柬埔寨恢复重

---

① 1956 年 2 月，西哈努克亲王首次访问中国；6 月，双方签订关于经济援助的协定和实施经济援助协定的议定书，规定中国"将在 1956 年和 1957 年内无偿地给予柬埔寨物资和商品，共值八亿柬元，折合为八百万英镑（按当时的汇率折合 22,400,000 美元）。柬埔寨政府将利用这些物资和商品来建设某些为发展柬埔寨经济、改善人民生活所需要的项目，其中包括建设纺织厂、水泥厂、造纸厂、胶合板厂、发展农业水利、供应农村电力和建设大学、医院、体育馆、道路、桥梁等。"这是中国同亚非拉民族主义国家签订的第一个经济援助协定。见《根据和平共处五项原则和亚非会议的精神 我国援助柬埔寨八亿柬元物资和商品》，《人民日报》1956 年 6 月 23 日第 1 版。

② 《中柬联合公报》，《人民日报》1992 年 4 月 12 日第 1 版。

建事业表示了诚意，1993 年 1 月，中国援助柬埔寨综合考察组访问了柬埔寨，对柬埔寨的农业、教育、医疗卫生，以及中国过去援柬的部分项目进行了实地考察。①

（二）1996 年至 2000 年：扩大在柬埔寨的政治影响力

1996 年 5 月，洪森突然率领一个完全由人民党官员组成的高级政府代表团对中国进行了访问。洪森说，他和中国领导人会见时"避免谈论过去……我们没有必要算历史旧账，讨论现在和将来更有好处。我没有和中国讨论红色高棉问题。""这次访问促成了柬埔寨人民党和中国共产党之间，柬埔寨政府和中国政府之间关系的根本转变。"② 因此 1996 年中国对柬援助比上一年度有大幅度的增加。

1997 年 7 月 5 日，金边发生了人民党与奉辛比克党的武装冲突，结果拉那烈和奉辛比克党失利，拉那烈遭法庭起诉不得已流亡国外。此时柬埔寨外交环境急剧恶化，以美国为首的西方国家包括日本暂停了对柬援助。"这次冲突之后对于洪森政府压倒性的国际谴责严重地拖延了柬埔寨的民族和解以及回归政治稳定。"③ 7 月 11 日，拉那烈来到华盛顿寻求支持，他说"他对美国暂停对柬埔寨的援助计划表示欢迎。"④ 甚至东盟也决定推迟柬加入东盟。当时柬埔寨财政和经济发展计划严重依赖外援，美、欧、日的决定让柬政府和人民党陷入困难。与西方国家不同，中国没有暂停对柬援助和投资。这次经历使以洪森为代表的柬埔寨政治家们认为"美国在 1997 年 7 月事件中的立场让柬埔寨彻底失望。正在世界上崛起的

---

① 《中国援柬综合考察组结束对柬的考察》，《人民日报》1993 年 1 月 17 日第 7 版。

② 邢和平：《洪森时代》，金边：柬埔寨 Lucky Star 出版公司 2008 年，第 304、301 页。

③ Tony Kevin, "Cambodia's international rehabilitation, 1997－2000," *Contemporary Southeast Asia*, Vol22, No. 3, Dec. 2000, p. 594.

④ 《美表示反对武力推翻柬联合政府》，《人民日报》1997 年 7 月 14 日第 6 版。

中国和它不干涉柬埔寨内政的立场，逐渐改变了柬埔寨对中国的看法……柬埔寨外交天平明显偏向中国。"①

中国为柬埔寨走出内政与外交困境提供了重要支持，洪森政府在7月5日事件后撤除了"驻金边台北经济文化代表处"，这一举动大大深化了中柬互信。

（三）2000年至2009年：更多的经济考量

2000年11月13日至14日江泽民对柬埔寨进行了国事访问，双方签署了《中华人民共和国和柬埔寨王国关于双边合作框架的联合声明》，声明中说"双方同意根据两国的相关法律法规为进一步促进中柬经贸合作创造有利条件和良好环境。为此，双方同意适时建立两国经贸联合工作委员会；根据两国政府促进和保护投资的协定，双方将鼓励在农业、工业以及旅游业等双方共同感兴趣领域开展多种形式的合作。"

2001年3月中国在《国民经济和社会发展第十个五年计划纲要》中正式提出了"走出去"战略，对于当时海外投资经验不足的中国公司来说，柬埔寨是一个市场潜力巨大、竞争不太激烈、尚未被国际商业巨头占领的市场"处女地"。中国对柬埔寨的发展援助也有了新的动因，"20世纪90年代以来，中国采取对外援助与经贸和互利合作相结合的形式，对外援助成为中国促进出口，保障资源供应，以及为国内企业'走出去'创造更多机会的重要工具，中国的对外援助对于加强与发展中国家的经贸关系发挥了重要作用。"② 此后一段时期，尤其是2003年后中国对柬援助急剧扩大，伴随援助而来的是中国对柬贸易与投资的急剧增长，中国企业开始在对柬发展援助中扮演重要角色。西哈努克港经济特区（简称为西港特

① 邢和平：《第二柬埔寨王朝十年政治总结》，《东南亚纵横》2003年第3期，第13页。

② 黄梅波、刘爱兰：《中国对外援助中的经济动机和经济利益》，《国际经济合作》2013年第4期，第62页。

区）成为两国商贸合作的典范，2008 年 2 月，洪森首相亲自出席了西港特区奠基典礼，2010 年 12 月 13 日，两国政府正式签订《中华人民共和国政府和柬埔寨王国政府关于西哈努克港经济特区的协定》，西港特区成为中国第一个也是唯一的签订双边政府协定确立法律地位的国家级合作区。

柬埔寨在国际事务中对中国表示了支持。2008 年 4 月，当中国的奥运火炬在境外传递过程中遇到困难的时候，洪森再次从政治上对中国表示了支持。他说："奥林匹克运动会是体育活动，不能够与政治问题挂钩。有人企图利用西藏问题反对中国举办奥运会，这些人的做法是不正确的。"① 2009 年，涉及新疆"7·5"暴力犯罪事件的 22 人偷渡到柬埔寨，向联合国难民署驻金边办事处申请避难，但柬埔寨政府称他们违反了移民法，并根据相关程序于 2009 年 12 月将这 20 名（有 2 人已失踪）非法入境者遣返回中国。柬埔寨此举遭到美国的强烈反对，美国国务院宣布取消向柬埔寨交付军车的计划，并向柬埔寨施压。

（四）2009 年至今：维护周边和平安定的需要

2009 年 7 月，在第 16 届东盟地区论坛上，希拉里·克林顿代表美国政府与东盟各国外长签订了美国加入《东南亚友好合作条约》的文件，宣称"美国已重返东南亚"，并高调介入南海问题，"日本、印度等区域外大国亦随之介入，使南海问题更趋复杂化。而区域外大国的介入又给菲律宾、越南等南海争议国家壮了胆，近年来他们屡屡在南海问题上做出一些强硬的表现，致使南海局势不断恶化，南海问题亦变得越来越复杂。"② 面对这种情势，东盟国家中在南海问题上与中国没有争端的国家显得举足轻重。如何保持南海地区局势的稳定、为国内经济的高速发展创造和平的

---

① 邢和平：《洪森时代》，第 306 页。
② 李金明：《美国"重返亚洲"与南海问题复杂化》，《新东方》2012 年第 2 期，第 5 页。

周边环境成为中国外交必须解决的问题。

2012年3月30日至4月2日间，中国国家主席胡锦涛对柬埔寨进行了国事访问。此前一个时期中国与菲律宾在南海问题上冲突升温，此时正值柬埔寨担任东盟轮值主席国。在胡锦涛访柬即将结束的时候，中柬双方发表了联合声明，声明中说，"中方愿继续为柬埔寨国家建设提供力所能及的经济援助，根据平等互利原则，支持柬埔寨交通、能源、通信、水利等基础设施建设。"胡锦涛访柬结束的第二天，即4月3日东盟在金边召开了领导人峰会。7月6日至13日在金边举办第45届东盟外长会议，会议结束后出人意料地没有发表联合声明①。柬埔寨的外交决策避免了中国与东盟关系的恶化，有利于南海和平。2012年8月底，洪森访问中国期间双方签署了4份总价值约4.2亿美元的贷款协议，总理温家宝还承诺提供1.5亿元人民币（约合2400万美元）的资助。

三、结 论

一般来说，援助国的援助动因是复杂而隐蔽的。本文研究的重点在于通过考察当时的国际形势、中国发展战略和外交政策的调整来探析中国对柬援助的主要动因，因此并不否定某一时期中国对柬援助带有多重目的，比如2000年至2009年中国的援助促进了中柬贸易增加，同时也强化了对柬埔寨的政治影响力。中国援助柬埔寨的主要动因与柬埔寨的回馈可以总结如表13.2：

---

① 2012年7月的东盟外长会议未能像以往那样于会后发表联合声明，主要原因是"菲律宾和越南强行把南海问题列入会议讨论议题。菲、越两国以东盟联合声明作为要挟条件，以索取他们的野蛮要求，严重破坏了第45届东盟外长会议。这种行为体现出菲律宾和越南走上了与东盟宗旨相反的道路，致使东盟无法跟往年一样按照惯例发表联合声明。"参见森萨潘：《柬埔寨举行东盟日升旗仪式》，《高棉经济》2012年第9期，第60页。

表 13.2

时期	中国援助柬埔寨的动因	柬埔寨对中国的回馈
1992—1996 年	与西哈努克的深厚友谊，援助柬埔寨重建的国际道义	支持"一个中国"政策
1996—2000 年	扩大中国在柬政治影响，帮助人民党政府渡过难关	撤除了"驻金边台北经济文化代表处"
2000—2009 年	实施"走出去"战略，为中国企业在海外发展拓展空间	支持中国企业来柬投资；支持中国举办奥运会；遣返涉及新疆"7·5"事件的20 名维吾尔人
2009 年后	应对美国重返亚洲战略，稳定南海局势	反对越南、菲律宾把东盟外长会议作为声讨中国的舞台

可见中国对柬援助的主要动因随时间而变化。总体上中国达到了自己的援助目的，这种援助不是单方面的"恩赐"，而是带有浓厚的互惠色彩①，柬埔寨是一个值得中国援助的国家。

---

① 关于国际援助中援助国与受援国互惠关系的理论研究，可参见丁韶彬、阚道远：《对外援助的社会交换论阐释》，《国际政治研究》2007 年第 3 期，第 38—55 页。在这种社会交换过程中，尽管援助国提供援助的目的是为了从受援国那里获得支持，但它并不能保证受援国一定会对自己的行为有所回报，并且这种目的往往是不明示的。受援国接受了来自援助国的援助，随即具有了一种对援助国的知恩图报的心理，正是这种心理决定了它对援助国采取某种回报，从而继续获得援助者的酬谢。

二十一世纪前十年中国
与苏丹的经贸合作与启示

林中威①

【内容提要】：苏丹长期缺乏发展经济的各项基本条件，并在国际上受到西方的孤立和歧视。复杂的国际政治使中苏两国紧密地联系在一起，双方的合作范围从石油产业开始扩散到苏丹政治经济生活的方方面面。为了经济利益而如此广泛地介入一个遥远非洲国家的事务中，这对中国称得上是一个突破。也正因为如此，苏丹的发展与中苏两国合作的成功就不仅关系到中国的石油利益，还影响着中国在第三世界国家中影响力的扩大。尽管今天苏丹良好的发展势头受到了国家分裂的影响，但中苏两国经济合作在二十一世纪头十年所取得的巨大成就，仍然对今后中国的国际发展援助工作有非常重要的借鉴意义。

【关 键 词】：发展中国家；中国；苏丹；经济合作。

前　言

作为世界上最为贫困的发展中国家之一，美国《外交政策》所谓"世界最失败国家"，苏丹从 20 世纪九十年代末期以来通过发展石油工业取得了举世瞩目的经济成就，在十年之内便从一个几乎没有任何现代工业的贫

---

①　厦门大学南洋研究院国际政治方向博士研究生

穷国家，成长为一个经济迅猛发展的发展中国家。在二十一世纪的头个十年中，苏丹年均经济增长率超过 8％，高居北非六国之首，2007 年的经济增长率甚至一度达到了 13％，其增长趋势甚至没有被 2008 年的国际金融风暴所打断，这一成就也获得了国际货币基金组织的高度评价。而中国作为苏丹占绝对优势的最大贸易对象和主要资金来源，其对苏丹经济发展的意义得到了举世公认，在一些新闻报道中甚至出现了苏丹的"中国模式"的说法。苏丹的成就也由此成为了中国与第三世界国家全面经济合作的典型案例，为中国赢得了发展中国家的广泛赞誉。因此，研究中苏合作推动下的苏丹经济发展有着非常广泛的意义：其在很大程度上实践着一条以加强发展中国家的相互间合作为主的发展道路；有助于我国在新世纪继续完善与第三世界国家的合作模式，扩张"中国模式"的国际影响力；为这对广大发展中国家的未来选择提供了有益的参考，甚至可能对整个国际格局产生广泛的影响。

一、中国与苏丹经济合作概况

作为非洲最大的国家，苏丹经济长期受制于恶劣的自然条件，薄弱的基础设施，种族冲突和错误的国际国内政策导向。像很多第三世界国家一样，苏丹在经济上进行过许多尝试，从国家主导的进口替代政策，到国际货币基金组织建议下的私有化与自由市场政策。遗憾的是，由于先天条件的不足和内部的不稳定，两种道路都没有取得太大的成就，并且造成了严重的问题。直到九十年代，苏丹仍然是世界上最为贫困的国家之一，其经济以农牧业为主，工业基础极为薄弱，一度物资匮乏，外汇短缺，通货膨胀严重，国家财政入不敷出，外债居高不下，百分之九十的人口生活在贫困线以下，日后成为其经济支柱的石油产业也迟迟得不到发展。贫困还迫使人们为争夺有限的资源而斗争，加剧了政府治理能力不足导致的失序与混乱，使苏丹长期陷入内战与人道主义问题的泥潭，在国际上也饱受非议。而这一局面随着中国与苏丹经济合作的开展逐步得到了缓解。

（一）原油开采

尽管人们一直对苏丹的石油储量有较为乐观的估计，但苏丹油气资源的开发在 1998 年之前一直未能取得太大的成就，这一情况直到 1997 年前后中国石油牵头组建的国际石油投资集团加入对尼罗河油田这一苏丹最主要石油产区的开发后才得到了改观。1999 年 8 月 31 日，来自这里的苏丹第一船原油从红海港进入国际市场销售，从而结束了苏丹进口原油的历史。苏丹政府因此将每年的 8 月 28 日定为"石油节"，因为苏丹不再每年花费上亿美元巨资进口石油产品①。至今，尼罗河油田已累计生产高质量原油 1 亿多吨，为苏丹经济发展贡献了数百亿美元的收入②，并仍然具有较大的增产潜力。中石油在负责开发大尼罗河区域的大尼罗河石油公司中拥有 40％的股份，共投资 7.5 亿美元，需要指出的是，其中有 4.5 亿美元是以人民币形式在国内支付的。2000 年中石油集团又联合苏丹以及马来西亚、海湾地区的其他公司共同成立了石油集团公司，负责开发另外两个区块的石油，中石油占 41％的股份。以上石油区块的日产原油约占 2011 年苏丹全部原油产量的 97％。

（二）石化工业体系的建设

与中国合作对苏丹石油经济发展的促进作用不仅体现在原油开采与出口上，随着原油产量的飞速增加，苏丹建立起了包括原油加工和石化产品生产在内的相关化工产业。中方援建的喀土穆炼油厂就是其中的典型代表。它位于苏丹首都喀土穆州以北 70 公里处，是苏丹境内第一个现代化炼油厂，拥有世界上第一套加工高含钙、含酸原油的延迟焦化装置，2009

---

① 李楠：《中国与苏丹的能源合作》，上海外国语大学硕士论文，第 32 页。
② 李天星：《友谊长存，携手发展》，《中国石油企业》2009 年第 11 期，第 15 页。

年其产能已经达到 500 万吨，成为了中国石油在非洲的标志性工程和形象工程，令许多国家艳羡不已[①]。如今，苏丹生产的石油制成品油不仅满足国内供应，还出口周边国家。这样的转变即使是沙特这样的老牌石油出口国也才刚刚实现。

此外，在中国帮助下，苏丹在以石油为原料的其他化工产品方面也取得了一定的进展。2001 年 2 月 28 日，中石油与苏丹能源和矿产部正式签署苏月一聚丙烯项目合同，投资 2370 万美元建设苏丹的第一个石油化工项目——喀土穆石油化工厂，中石油占喀土化工厂股份的 95％，苏丹政府占 5％。该项目全部采用中国的技术和装置[②]。该项目是苏丹第一个石油化工项目。喀土穆石油化工厂投资 2370 万美元，年产 1.5 万吨 4 种规格的聚丙烯原料，不仅满足苏丹本国的需求，还可向邻国出口，结束了苏丹进口聚丙烯的历史。喀土穆石油化工厂利用比邻的同样由中石油承建的喀土穆炼油厂含有丙烯的石油液化气作原料，加工生产聚丙烯树脂。聚丙烯树脂用于生产编织袋、包装薄膜、塑料绳、化纤地毯和塑料家用制品等。喀土穆石油化工厂的投产，不仅使苏丹石油工业体系趋于完整，而且将带动苏丹塑料工业的发展[③]。

经过十多年的努力，中石油公司已经在苏丹建成了一套完整的石油工业体系。在石油领域的大量投资，也带动了石油承包和技术服务企业的快速发展，目前我国石油工程服务队伍在苏丹建立了系统的服务体系，为走出国门积累了经验、培养了人才、锻炼了队伍。石油项目对促进两国经贸合作关系，乃至双边政治交往都作出了非常巨大的贡献。胡锦涛主席称赞中苏石油合作项目是"中苏合作的典范"。

---

① 李天星：《友谊长存，携手发展》，第 15 页。。

② 中华人民共和国商务部网站：《中国驻苏丹共和国大使馆经商参处郝宏社经济商务参赞访谈记录》，2008 年 7 月 15 日，http：//gzly. mofcom. gov. cn/website/face/www _ face _ list. jsp? desc＝desc&p _ page＝3&sche _ no＝1452. 2013－6－15。

③ 李楠：《中国与苏丹的能源合作》，第 46 页。

（三）基础设施建设与其他经贸往来

石油合作的发展也促进了双方在其他方面的合作。苏丹石油经济的发展激活了整个国民经济，同时也由于中国飞速发展带来的海外原材料和市场需求，两个国家被愈发广泛的联系在一起了。中国目前是苏丹在世界上最大的海外投资者，除了石油、电力等大型项目的投资外，中小民企的投资也日趋活跃。到 2011 年，在中国驻苏丹经济商贸参赞处登记的中国民企数量 80 多家，分布在建筑工程、医疗服务、农业种植、食品加工、轻工、渔业捕捞、养殖、住宿餐饮等投资领域。

在贸易领域，中国同样是苏丹最大的合作伙伴，购买苏丹出口的70%。到 2008 年，中苏之间的贸易额为 119.72 亿美元，是 1997 年的 92倍。我国出口的商品包括机电设备、运输工具、工业制成品、日用品等，从苏丹进口主要是石油、芝麻等。得益于这种紧密的联系，中国企业有机会也有意愿在苏丹的基础设施建设方面发挥着重要的作用，建设从公路、水坝、住宅到电站、电网、电信网络和医院等基础设施的方方面面，仅2003 年，中国企业在苏丹承接的工程总额便达 17 亿美元，占苏政府工程发包量的 80%—90%[①]。总而言之，中苏经贸合作已经发展为以石油合作为中心，其他工程建设与服务业等各行业广泛合作的良好局面。

此外，中国也向苏丹提供了大量重要的经济援助。中国国家主席胡锦涛 2007 年 2 月访问苏丹时，同意注销苏丹欠下的 8 千万美元的债务，并为苏丹的基础设施提供 1300 万美元不附带任何条件的无息贷款。另外，到 2007 年 10 月为止，中国还向达尔富尔地区提供了近 1100 万美元的人道主义援助[②]。同时，中国也是苏丹军队重要的武器供应商，中国不仅向

---

① 蒋轶文：《2005 年西亚、北非工程市场展望》，《建筑时报》2005 年第 10 期，第 20 页。

② 拯救达尔富尔运动网站：《China in sudan：having it both ways》，2008 年 7 月 7日，http：//www.savedarfur.org/pages/china_and_sudan.2011-7-15。

苏丹提供国际市场上常见的国产轻武器和坦克等重型装备，还帮助苏丹政府建立自己的军事工业。日内瓦的人权委员会就认为中国的轻武器出口自达尔富尔冲突爆发以来增长了 25 倍，并且一直是苏丹政府最大的武器供应商。

二、合作对两国发展的促进作用

（一）苏丹方面

1. 经济增长的支柱

长期以来，外债和基础设施落后一直是困扰苏丹经济的最大问题，要解决这两大问题，唯一的办法就是增加资金投入。但是一方面薄弱的基础设施和不稳定的国内局势就抑制了国内外的私人资本，于是要想改变这一状况就必须依靠苏丹政府的财政投入；另一方面巨额的外债，并且其中大部分是利息与逾期偿还造成的罚款（截至 2009 年 12 月 31 日，苏丹外债总额为 357 亿美元，其中绝大部分是拖欠款。从苏官方公布的债务分析结果看，其原始债务为 154 亿美元，借贷利息为 38 亿美元，逾期偿付罚款利息为 165 亿美元[①]），同时苏丹还背负着不小的贸易逆差，这就使得政府无法获得足够的外汇储备。作为一个农业国，尽管农业产值占到苏丹国民生产总值的近一半，但像所有前工业社会一样，农业的产出仅仅能够养活耕种它们的农民，而不能为国家财政提供足够的收入。石油工业的发展大大缓解了这个问题。根据 2008 年的数据，石油出口收入占苏丹出口总

[①] 《IMF 同意与苏就未偿债务举行谈判》，中国驻苏丹大使馆经济商务参赞处，http：//www.mofcom.gov.cn/aarticle/i/jyjl/k/201005/20100506932125.html，2008－7－14。

收入的百分之九十五，同时苏丹政府百分之六十的收入也来自于石油产业[①]。2008 年苏丹贸易额达 223.8 亿美元，其中原油出口 1.6 亿桶，金额 120.7 亿美元，占苏丹外贸出口总额的 92.69%[②]。石油已是苏丹外贸支柱性产品和外汇收入的主要来源。尽管这一收入仍未解决苏丹由于外汇匮乏而面临的一系列问题，但还是大大缓和了它的经济困境。一方面，在财政收入方面与国民生产总值方面，石油美元的流入使得苏丹的国民生产总值与政府的财政收入获得倍数级别的增长。从 1999 年第一桶石油出口，苏丹进入自国家独立以后经济发展最强劲的时期，在美国经济制裁等各种不利因素下仍多年保持 8% 以上的增速，人均国内生产总值由石油合作开展前的 38 美元提高至 2008 年约 2200 美元，国民生产总值增加了 5 倍，从 1999 年的 100 亿美元增加到 2008 年的 530 亿美元，人均收入从 334 美元增加到 532 美元[③]，从而一举脱离了最不发达国家的行列。而苏丹政府的财政收入则由 2001 年的 16 亿美元增长至 2007 年的 115 亿美元，这就为政府的各项活动提供了资金。而尽管外债总额还在不断增加，但其占 GDP 总额的百分比确在飞速下降。另一方面，石油工业的发展保证了国内投资、带动了国内市场的增长，苏丹围绕石油工业的需要建设了大量的基础设施，如道路、发电站等等，而这些建设的需要又扩大了国内的粮食、建材和机械市场，为生产的发展打下了良好的基础。此外，由于石油出口的需要，其港口吞吐量激增，这就为发展其物流行业提供较好的条件。

---

① 美国能源部网站：《苏丹》，2010 年 10 月 11 日 http：//geology. com/energy/ sudan/. 2011－6－15。

② 中国驻苏丹共和国大使馆经济商务参赞处网站：《中苏石油合作开发石油项目情况》，2009 年 9 月 9 日，http：//sd. mofcom. gov. cn/aarticle/zxhz/hzjj/200909/ 20090906507322. html. 2011－6－18。

③ 世界银行网站：《苏丹经济备忘录》，2009 年 8 月 20 日，http：// web. worldbank. org/WBSITE/EXTERNAL/COUNTRIES/AFRICAEXT/ SUDANEXTN/0，contentMDK：22633554～menuPK：375442～pagePK：2865066～ piPK：2865079～theSitePK：375422，00. html. 2012－8－13。

2. 社会进步的前提

石油工业的发展还影响了苏丹的社会结构。正如苏丹工业部网站所指出的那样：工业的价值不仅局限于它所创造的经济效应，还体现在它对人们生活带来的发展与改善。因为工业不仅生产商品，同时也是一种有别于农业的工作与生活方式。为了满足石油、基建和能源等行业正常运转的需要，中国公司在苏丹进行了大量的人员培训，这就提高了苏丹民众的教育程度，促进了其社会的进步。

3. 政治局势改善的契机

也是最为重要的一点，石油工业的发展改变了苏丹面临的国内外局势：在国内，石油收入为苏丹带来了久违的和平，资源的不足在很大程度上是苏丹内战的罪魁祸首，而达尔富尔地区出现的人道主义问题，也在很大程度上是传统的农业经济模式无法维持该地区人民生存引发的对基本生产与生活资料的争夺①。石油工业的发展则在一定程度上改变了这一情况，使苏丹得以借助更为现代的经济模式养活它的人民。同时，由于大多数是由产地位于苏丹的南北分界线附近，而出口这些原油又必须通过那条唯一的输油管线，这使得冲突的南北双方必须坐下来谈石油分配的问题，这一经济合作的需要即使在苏丹分裂后仍然成为了维系南北苏丹总体和平的一大支柱。在国际上，石油工业的发展改变了苏丹孤立的状况，一个时期以来，一方面由于苏丹缺乏资源导致对各国吸引力有限，另一方面由于其在外交中推行极端宗教激进主义的外交政策，并且与周边国家都有各种各样的纠纷，苏丹在国际舞台上可以说是不受欢迎的，然而石油这种重要资源的发现吸引了世界各国的目光。目前，苏丹不仅在国际事务中受到了中国的坚决支持，而且逐步改善了与周边国家的关系，与美国的关系也得到缓和，同时还有望成为欧佩克等国际组织的成员。正如苏丹对外关系部长穆斯塔法指出的那样，在以经济利益交流为基础的当今世界，石油出口

---

① 孔源：《达尔富尔的"流民图"》，北京：世界知识出版社2004年，第17页。

在苏丹拓展外交空间的过程中具有极其重要的意义。苏丹开发并向国外出口石油，是通向和平与发展以及实现同本地区和国际社会经济合作的桥梁。石油已成为苏丹近年来推行其外交政策的基本依据。

（二）合作对中国有重要意义

1. 能源安全

对中国而言，中苏合作为中方带来的首要好处也体现在石油上。随着社会经济的发展，我国对能源的需求正在快速增加。目前，我国对外石油依存度已经达到 57.8%，而到 2020 年将升至 64.5%[①]。然而限于历史原因，世界主要产油国的油矿经常掌握在发达国家和跨国公司手中，这就导致了国际油价变动对我国经济的巨大影响，也对我国的石油安全造成了威胁。参与苏丹的石油开发，可以在一定程度上改变这一局面。苏丹是中石油最大的海外基地，其石油工业发展很快，而其潜在的储量仍然极其巨大。在 2009 年，苏丹已成为中国的第六大石油进口国，尽管进口总量仅占中国石油进口总量的 6% 左右[②]，但中石油公司在苏丹开采的石油有相当部分为自主支配的分成油品，与受油价变动和国际政治局势影响剧烈的其他国家有很大不同。

2. 对"走出去"的促进

由于苏丹石油项目中中方是主要投资者和经营者，中国企业参与了大量的基础设施和工厂建设，并在这一过程中使用了大量的中国石油技术和石油承包，因此中苏石油合作还大大带动了国内石油物资装备、技术和工程承包出口，使我方获益颇丰：上游项目中方工程承包额约 9 亿美元（实收到 3.4 亿美元，其余在国内以人民币结算），可获利润 1 亿多美元。炼

---

① 崔民选、王军生、陈义和：《中国能源发展报告 2012》，北京：社会科学文献出版社 2012 年，第 73 页。

② 《中国石油进口渠道及其现状分析》，国际石油网：http：//oil.in—en.com/html/oil—1100110050740393.html.2011—9—15。

油厂承包项目金额 5.3 亿美元（其中 5 亿美元在国内以人民币支付），也可获利 1 亿多美元。同时，工程承包还促进了劳务输出，中方超过 6000 员工参与了工程施工，缓解了国内石油企业人员过剩的压力。最后，苏丹项目也是我国石油产业走向国际，向世界先进水平看齐的一个重要契机：工程所需的输油管道就是由宝钢提供钢材，中油集团四家管厂在国内卷制的，这也是我国输油钢管首次打入国际市场；管理上，由于苏丹石油项目建设采用国际标准并使用国际第三方监理，这对中国企业转变观念、锻炼队伍、改进施工方法和提高施工质量起了重要作用。在苏丹施工队伍人均年产值 30 万美元，也达到了国际同行业水平[①]。

而中苏之间随石油合作发展变得愈发密切的经济联系还带动了中国企业在苏丹其他业务的扩张。飞速发展的经济使苏丹成为了非洲地区最为重要的承包工程市场之一，而中国与苏丹的全天候友谊又让中国企业在苏丹具有了明显的竞争优势，中国在水电、精炼厂和电信等业务上获得了许多合同。此外，不仅是大型国有企业在苏丹进行业务，苏丹的新兴市场也有吸引了许多中小民企进入苏丹市场，活跃在从基建到零售的各个领域。

3. 政治影响

中苏合作的意义不仅体现在经济上，还具有很强的政治影响。苏丹在中国帮助下取得的成功为中国的国际声望带来了双重影响。一方面，合作本身大大增强了双方的政治联系。由于中国在与苏丹的交往中往往采取更为平等互利的态度，并且更为乐于与独立而稳定的苏丹合法政府合作，这就使得中国成为了苏丹国际政治中一支可以依靠的力量。当西方国家纷纷因达尔富尔问题与苏丹剑拔弩张的时候，中国政府尽管承受了巨大的国际

---

① 《中国在苏丹石油问题的来龙去脉》，中国驻苏丹大使馆经济商务参赞处，http: //sd. mofcom. gov. cn/aarticle/zxhz/hzjj/200909/20090906507322. html. 2011 — 6 — 18。

压力，但同时却借此在达尔富尔问题上发挥了"润滑剂"的作用①，从而得以在这一广受瞩目的重大国际问题上发挥了自己的作用。此外，中国的文化影响力也得以在苏丹得到扩张，喀土穆大学开设了中文系，双方的其他文化合作项目正在落实和推进之中，如拟在苏丹兴建的孔子学院和中国文化中心等。

另一方面，这种成功为中国在非洲国家的国际声誉作了很好的广告。根据世行最新数据，苏丹近年来经济逐渐发展，2007 年其 GDP 已经在全球排名第 65 位，摆脱了贫穷国家的地位。在十年之内，苏丹从一个赤贫国家，成长为一个工业迅猛发展的发展中国家。近年来，苏丹经济年增长率超过 8％，高居北非六国之首。2007 年的经济增长率为 13％，为发展中国家树立了利用自有资源发展工业，推动经济高速增长的样板，是一个真正的非洲穷国依靠自己资源脱贫的奇迹。在这一奇迹的影响下，中国已经与越来越多的非洲国家在石油方面展开了合作。同时，中国在国际舞台上对苏丹的支持一方面为广大第三世界国家树立了一个可靠盟友的形象，一方面也锻炼了中国作为一个深入参与国际热点地区事务的负责任大国的能力。

三、中国与苏丹经济合作的启示

（一）两国经贸合作的特点

二十一世纪前十年苏丹经济的快速发展是以石油产业为突破口，通过广泛引入外国资金、技术与服务，快速全方位提高国家现代化水平的过程，其成就不仅体现在国家财政收入的增加和国民生产总值的增长，更体

---

① 袁武：《试论中国在非洲内部冲突处理中的作用》，《西亚非洲》2008 年第 10 期，第 58 页。

现在基础设施的完善，产业工人队伍的扩张与国家工业化水平的提高之上。这一进程离不开中国的扶持，而这一发展也促进了中国与苏丹政治关系的发展。中国不仅与苏丹政府，同时也与南方自治政府建立了良好的关系，这为保障我国在分裂后苏丹的经济利益打下了基础，也为中国在非洲的国际形象建设提供了积极的帮助。巴希尔总统就曾多次表示：没有中国，就没有苏丹今天的石油工业，中苏石油合作为苏丹实现了和平，中苏合作是南南合作的典范，是发展中国家自强联合的典范。这一言论从侧面证明了中国与苏丹关系对于中国在非洲拓展其影响力的重要意义。

《中国的对外援助》白皮书指出，中国的对外援助理念包括：坚持帮助受援国提高自主发展能力；坚持不附带任何政治条件；坚持平等互利、共同发展。而纵观二十一世纪初我国在与以苏丹为代表的一系列第三世界国家成功的经济合作，我们不难发现上述理念得到了充分地体现。首先，以中石油集团秉承的"互利双赢，共同发展"理念为代表，中方在苏企业坚持在保证自身赢利的同时努力促进苏丹方面的发展与进步的方针，为此做了大量的工作：从帮助工地附近村庄打水井、修公路，到帮助苏丹培训工人、维修机械，进而建立完整的石油工业体系，实现成品油自给，中国企业为苏丹的建设做出了超出其商业义务的努力。其次，中国政府不仅为苏丹提供了大量的援助，还在因达尔富尔问题受到国际强大政治压力的情况下有节制地利用了其对苏丹的经济影响力，体现了对苏丹政府的尊重，这也获得了一些西方观察家的赞许①。中方的行为与西方国家借经济、人道主义等原因干涉苏丹内政；一些跨国公司以获取资源为唯一目标，忽略对苏丹工业经济发展的扶持，甚至不惜唆使苏丹军队动用武力驱逐油田周围居民的行为形成了鲜明的对比。最后，中国通过与苏丹的合作，也确确实实地获取了经济和政治上的好处，尽管这种获利受到了一些西方评论者

---

① Gwen Thompkins："Chinese Influence In Sudan Is Subtle, Complicated"，NPR news：http：//www. npr. org/templates/story/story. php？ storyId＝92282540. 2008－6－6.

的指责①，但却在客观上为将来的合作提供了动力。

（二）两国经贸合作模式的动因

中国在与苏丹等国的合作中初步摸索出了一套以自然资源开发为切入点，带动合作国经济社会全面发展的，更为平等互惠、合作共赢的与第三世界国家合作的模式。这一模式的出现，不仅是中方措施得当的结果，也是中国所面临的历史与现实条件使然。

第一，当前中国独特的经济结构决定了其有能力与第三世界国家共同发展。冷战结束后，随着发达国家产业结构的升级和人力成本的提高，国际分工链条在某些地区出现了断层，那些最为贫穷落后的部分发展中国家根本无力运作从前者引进工业化所需的技术和装备，无法支付购买前者和基础设施建设等服务所需要的高额费用，而这些国家自身薄弱的教育水平以及技术基础又无法保障其依靠自身力量求得发展，这就使得部分国家甚至无法继续存在于"发展中国家"的行列，沦为"失败国家"。苏丹在二十世纪下半叶很长时间所面临的状况就是一个典型的例子。对于中国来说，这一部分发展中国家面临的困难给我国相对廉价的基础设施建设与工业技术装备出口提供了巨大的空间。作为一个拥有完整产业链条的新兴大国，中国对从第一产业到第三产业；从劳动力到资本；从跨国公司到个人企业的全面"走出去"有着广泛的兴趣，这为我国与第三世界国家全面共同发展提供了优越的物质条件。而这种全方位的服务也恰恰是中国从政府到企业再到普通公民在以苏丹为代表的一系列非洲国家正在进行的事业。较之往往在经济交往中附加政治因素的西方国家，中国人更注重通过劳动换取现实的收益，也更能体会第三世界国家人民对于发展的需要。用中国人的资本、技术和劳动力建设非洲，首先提高了非洲人民的生活水平，使

---

① Johnnie Carson："China is in Africa for China primarily"，wikileak：http：//www.asiafinest.com/forum/index.php? showtopic＝247934. 2010—9—9.

他们能够获得依靠自身力量发展的基础；其次满足了中国自身发展对于资源与市场的巨大需求；最后还在很大程度上缓解了发达国家与发展中国家之间的鸿沟，降低了贫困带来恐怖主义与环境危机等全球化威胁的可能。

第二，中国的外交传统和战略定位使其倾向于与第三世界国家平等交往，从而为与后者的共同发展打下了基础。以往涉足非洲的发达国家往往或是前殖民地的宗主国，或者对后者具有压倒性的政治与经济优势，于是它们热衷于为达成自身的政治与经济目的粗暴地干涉当地政府的决策，以求谋取快速而高额的回报。这就削弱了当地政府的政策持续性，进而影响到后者的权威。而政府权威的缺失恰恰是非洲大陆经济发展面临的最严重问题之一①。而中国的独特历史与现实状况决定了中国倾向于与大多数发达国家不同的行为模式。首先，中国是国际政治经济舞台上的后来者，其综合实力相对薄弱，客观上缺乏影响他国的国内事务的决定性手段。其次，在政治传统上中国自成立以来便一直坚持立足于发展中国家阵营，与广大发展中国家同呼吸、共命运。最后，作为一个在文化和发展经历上都有鲜明独特性的国家，中国更能尊重各国政府在不同社会历史条件下对发展道路的不同选择，而非过分关注所谓的普世价值。这些因素共同决定了中国在与发展中国家合作时更倾向于遵守和平共处五项原则，通过平等协商来解决彼此的分歧，维护双方共同利益。这对部分在国际上较为孤立，又亟需发展的第三世界国家拥有着独特的意义，使得它们能够更放心地选择中国，从而为中国国际影响力的扩展提供了空间和成功典范。

（三）两国经贸合作模式的启示

中国与苏丹等国经贸合作的成就不仅获得了第三世界国家较为普遍的认可，也可以为将来以中国为代表的新兴国家的国际援助模式提供非常有

---

① 罗伯特·范·韦恩，《非洲怎么了》，赵自勇、张庆海译，广东：广东人民出版社 2009 年，第 235 页。

益的经验。

一方面，新兴国家的国际援助将摆脱以往发达国家主导下国际援助的居高临下的态度，趋向于平等与互惠。尽管在国际上存在着对中国在援外工作中过分关注自身经济利益的指责，但事实已经证明，这一模式不仅有利于援助的持续，更能够保证援助的效果。

另一方面，援助国在援助过程中应该特别重视对受援国自主发展能力的培育，这不仅可以树立援助国的正面形象，促进受援国国内治理的实现，而这从长远看来也能够从政治上为援助国提供有力的朋友，从经济上保障双方的长期合作，从而保障援助国自身的利益。

总而言之，新时期的国际援助，特别是类似中国这样同处发展中国家阵营的国家对相对落后国家的援助，将是一个合作互惠、各部门共同参与的过程，援助将不再代表某种模式的传播，而是双方共同努力对共同发展的未来方向进行探索和建构。这一特点对推动整个国际经济的可持续发展都将具有非常重要的意义。

四、结 论

中国与苏丹的密切合作在二十一世纪的头十年取得了举世瞩目的巨大成就，但也由于苏丹国内外政治气候的影响，在国际上争议不断。但无论如何，中国与苏丹之间的合作尽管是以石油合作作为突破口，但却绝不仅仅止步于石油合作，而是以前者为契机，中国政府与企业对苏丹经济社会发展的全方位推动。这一模式不仅满足了中国自身的战略需要，也确确实实为苏丹人民带来了好处，具有明显的积极意义。

随着中国海外利益的不断增加，发展与广大第三世界国家的关系已经不仅仅是单纯的外交问题，更对我国政治经济稳定与发展发挥着日益重大的影响。也正因为如此，中国与第三世界国家的交往也难免越来越引起一些国家的警惕和排挤。而另一方面，由于第三世界国家客观上在政治与社会发展领域普遍存在较为严重的问题，其政府往往国际形象不佳，与它们的合作很容易使我国受到国际主流舆论的非议，因此我国在达尔富尔问题上的遭遇也将不断重演。面对这一情况，中国就更有必要顶住外界压力，坚持通过平等合作追求共同发展的原则，把握一切机会促进与第三世界国家的合作，以合作促进对方的全面进步，以成就改善自身在国际社会的形象。唯有坚持独立自主、尊重对方并且互利双赢，才能形成一种符合我国当前政治经济发展阶段的，独特的与第三世界国家交往的模式；才能促进具有各自独特国情的广大第三世界国家脚踏实地的发展与进步。而这才是真正有利于自身、有利于对方、最终有利于国际社会的行为，才是用于担负自己应尽国际责任的体现，这才是有时代特色的国际正义。

欧盟对非发展援助中的"规范性"
导向分析[①]

陈水胜[②]

【内容提要】：冷战结束以来，面对国际形势的深刻变化，在一体化中取得巨大进展的欧盟开始尝试以"规范性力量"展现在国际舞台上，并以此设计和调整其对外关系。发展援助是欧盟对非政策的重要工具，对维系和发展欧非特殊关系具有重要意义，因而也就成为"规范性力量"所要左右的重点领域之一。"规范性"导向下的对非发展援助政策虽有所"收益"，但实际效果却并未如欧盟所期望的那样。其中的缘由值得欧盟进行总结和反思，以便在激烈竞争的国际舞台上用好"规范性力量"，更好地展现其作为特殊力量的特色和作用。

【关 键 词】：欧盟；规范性力量；非洲；发展援助

自欧盟成立以来，它是、可能是或者应当是怎样一支力量，是一个既关系到欧盟自身前途和命运，又关系到国际体系发展和国际秩序建构的重大问题，不仅令外界着迷而困惑，也是欧洲理论界长期探索的重要研究议

---

① 本文系外交学院 2013 年"中央高校基本科研业务费专项资金'学术研究中心创新项目'"——《冷战后欧盟对非政策的调整及趋势》（课题主持人：赵怀普教授）的阶段性成果。

② 外交学院国际关系专业博士研究生

题。① 但是，目前大家对此尚无一致的看法。因为，不同的理论范式对于
欧盟的解读有很大的不同，它有时被看作是一个力量中心，有时被看作为
一种模式或者一种制度，有时甚至仅仅被看成是一个地理概念。② 但是，
不管如何界定，有一个事实是清楚的，那就是：冷战结束以来，欧盟作为
国际关系中的一个特殊行为体，以更加积极的姿态和更为有效的方式广泛
参与到国际事务中来，成为当今国际政治舞台上一个重要的角色。在此过
程中，欧盟作为一种"规范性力量"的角色日渐清晰，成为欧盟对外关系
的一个重要特征。

　　鉴于欧非关系的特殊性和非洲的重要战略地位，非洲理所当然地成为
欧盟"规范性力量"施展的重要舞台。欧盟对非实施"规范性力量"时，
发展援助是其极为重要且运用得比较成熟的政策工具之一。③ 因此，通过
考察发展援助中的"规范性"导向，不仅是了解欧盟对非政策特点的有效
方法，还能增进对欧盟这个国际体系中特殊行为体的认识。

一、国际体系中作为规范性力量的欧盟

　　早在 20 世纪 30 年代，理想主义就已经将规范引入国际关系研究中，
探讨其对行为体活动的影响。70 年代以后，现实主义者和自由制度主义
者的研究中也开始关注国际规范作为国际关系的重要变量。到了 90 年代，
受社会组织学的影响，研究重心开始转向国际关系领域内的社会化和国际

---

① 张茗：《"规范性力量欧洲"：理论、现实或"乌托邦"？》，《欧洲研究》2008 年
第 5 期，第 1 页。
② 朱立群：《欧盟是个什么样的力量》，《世界经济与政治》2008 年第 4 期，第 16
页。
③ 由于偏好不同，不同援助主体所采用的指代术语也不尽相同。因此，在援助的
研究领域，"对外援助""发展援助""发展合作""官方发展援助"等几术语经常被交
叉使用。具体可参见周弘主编：《对外援助与国际关系》，北京：中国社会科学出版社
2002 年。根据欧盟国家的偏好，本文选用"发展援助"的提法。

规范扩散问题。①

关于欧盟是一种"规范性力量"则是由英国学者伊恩·曼纳斯于2000 年首次提出来的。② 之后,他又在《"规范力量的欧洲"——术语上的自相矛盾?》《对"规范性力量的欧洲"的重新考虑——越过十字路口》《欧盟的"规范性力量"及安全挑战》《欧盟的规范伦理学》等文章中对此进行了深入探讨。③ 伊恩·曼纳斯认为,冷战的终结更多的应归因于规范而非实力的崩溃,这为更好地反思欧盟在世界政治中的作用提供了很好的借鉴。由于"民事力量欧洲"过于紧密地与冷战的特殊背景和威斯特伐利亚体制下的民族国家、国家利益和物质力量等相联系,不恰当地把注意力集中于对欧盟物质力量的讨论以及把欧盟与国家相类比,因此,需要把关注的重点从经济、军事等物质力量引向原则、规范等观念力量,用更加广阔、更加适合的方法来考察欧盟及其在世界政治中的行为,以便反思它是什么、它做什么和应该做什么。④

伊恩·曼纳斯还总结出了欧盟的规范性原则主要包括五项核心规范,即和平、自由、民主、法制与人权;四项次要规范,即社会团结、反歧

① Daniela Sicurelli, "*The European Union's Africa Policies: Norms, Interests and Impact*", England: Ashgate Publishing Limited, 2010, p. 22.

② Ian Manners, "Normative Power Europe: A Contradiction in Terms?", *Copenhagen Peace Research Institute Working Paper*, No. 38, 2000. 转引自张茗:《"规范性力量欧洲":理论、现实或"乌托邦"?》,第 1 页。

③ Ian Manners, "Normative Power Europe: A Contradiction in Terms?", *Journal of Common Market Studies*, Vol. 40, No. 2, 2002, p. 235 - 258; "Normative Power Europe Reconsidered: Beyond the Crossroads", *Journal of European Public Policy*, Vol. 13, No. 2, 2006, p. 182 - 199; "European Union 'Normative Power' and Security Challenge", *European Security*, Vol. 15, No. 4, 2006, p. 405 - 421; "The Normative Ethics of the European Union", *International Affairs*, Vol. 84, No. 1, 2008, p. 45 - 60.

④ 张茗:《"规范性力量欧洲":理论、现实或"乌托邦"?》,第 3 页。

视、可持续发展和良治。① 这些规范原则的概括主要来源于欧盟的一系列法律条约、政策规定等，能在很大程度上反映出欧盟所倡导的理念。综上所述，所谓"规范性力量"，应该是指以整体实力为依托，综合运用各种力量与手段（包括经济力量、军事手段等），发挥思想观念、价值理念和制度设计在塑造其他行为体特质方面的主导作用，使对方"同质化"，进而实现自身利益的最大化。与"民事力量欧洲"不同，"规范性力量欧洲"关注欧盟的理念特征：其所秉持的共同原则及其摈弃威斯特伐利亚惯例的意愿。其核心内涵是：作为一个后威斯特伐利亚政体，欧盟具有一个与众不同的规范性基础，这个规范性基础既是欧盟的立身之本，也是其对外政策的目标。②

理性地看，在威斯特伐利亚主权体系中，尽管欧盟在某些方面具备了超国家性质，但目前还难以跳出"主权国家"这个基本范畴。因此，欧盟的"规范性力量"便具备了对内和对外两个维度。对内，一方面要通过这种"规范性力量"将成员国塑造为同一特质，以不断深化"一体化"。另一方面，还要对准成员国和入盟申请国按照欧盟标准进行改造，使其具备"欧盟特质"，达到"欧盟标准"；对外，要发挥综合实力，特别是思想观念、价值理念和制度设计方面的优势，着力影响和改造世界，以达成自身的战略目标。

既然视自己为"规范性力量"，那么欧盟在国际事务中就倾向于以规范性方式行动，注重用"规则改造世界"，而非美国式的"武力征服世界"。③ 于是，人们不禁会问："欧盟凭什么敢提出要用'规则改造世界'?"显然，靠的不是和平、自由、民主、法制、人权等这些"美丽外

---

① Ian Manners，"Normative Power Europe：A Contradiction in Terms?"，*Journal of Common Marker Studies*，Vol. 40，No. 2，2002，p. 235−258. 转引自张亚中：《欧盟的全球政治角色：目标与限制》，载《欧洲研究》2012 年第 3 期，第 32 页。
② 张茗：《"规范性力量欧洲"：理论、现实或"乌托邦"?》，第 3、4 页。
③ 周弘主编：《欧盟是怎样的力量——兼论欧洲一体化对世界多极化的影响》，北京：社会科学文献出版社 2008 年版，第 8、9 页。

衣",而是隐藏在里面的经济、政治和军事这三副大"支架"。否则,再漂亮的"外衣"也立不起来。

经济上,自从欧洲统一大市场建成和欧元启用后,欧盟就成为世界第一大经济体。欧盟拥有 28 个成员国,5.063 亿人口,国内生产总值达 16.84 万亿美元(2011 年)。① 欧盟发挥整体优势,一方面与其他国家(或国家集团)通过谈判达成双边贸易协议;另一方面,在世界贸易组织中积极致力于为全球贸易的多边制度建立规则。② 在激烈竞争的世界经济舞台上,欧盟具备了规模实力、规制优势和示范效应。这些突出优势相互叠加,奠定了它作为"经济巨人"的地位。

政治上,欧盟有 28 个成员国的丰富资源可以利用,特别是其中的英、法均为联合国安理会常任理事国和有核国家,德国更是迅速崛起为有重要影响的世界政治、经济大国。在 G20 和 NATO 中,欧盟及其成员国所占席位分别为 5 个、22 个。欧盟每年的自主财政预算约 1000 亿欧元以上(如,2013 年预算为 1509 亿欧元③),相对比较充裕;欧盟已同世界上 200 多个国家和国际组织建立了外交关系,与战略伙伴建有定期首脑会晤机制④;欧盟的外交决策机制不断完善,在决策效率、执行能力和实际效果等各方面都进步明显。通过日益"欧洲化",对国际事务施加整体影响,达到了单个或少数几个国家无法实现的外交效果。可见,欧盟已是多极化世界中重要的"一极"。

军事上,自 1999 年科隆首脑峰会上决定正式启动"欧洲安全与防务政策"之后,欧盟开始在完善机构设置、配备行动力量、加强军工联合、

---

① "欧盟概况",中华人民共和国外交部,http://www.fmprc.gov.cn/mfa_chn/gjhdq_603914/gj_603916/oz_606480/1206_607640/。
② 王鹤:《论欧盟的经济力量》,《欧洲研究》2008 年第 4 期,第 9 页。
③ "Budget 2013 in figures", European Commission, http://ec.europa.eu/budget/figures/2013/2013_en.cfm.
④ "欧盟概况",中华人民共和国外交部,http://www.fmprc.gov.cn/mfa_chn/gjhdq_603914/gj_603916/oz_606480/1206_607640/。

开展实践行动等各方面抓紧落实和完善该政策。比如，成立了欧盟政治和安全委员会、欧盟军事委员会、欧盟军事参谋部；组建了快速反应部队、作战部队、特种兵部队、警察部队等自主军事、民事力量；设立欧洲军备局、欧洲防务局等，加强军工合作，推动欧盟国防工业的一体化。欧洲安全与防务政策被认为是自 1999 年欧元启动之后，欧盟一体化最为积极和成功的项目。① 目前，欧盟已经初步形成了独立于北约之外的军事能力，改变了在国际安全事务中充当配角的地位，成为一种对世界安全具有重要影响的力量。②

综合看来，如今的欧盟已不再是以往那个所谓"经济的巨人、政治的矮子、军事的侏儒"了，而是"经济上有实力、政治上有影响、军事上有威慑"的一支特殊力量，这是考察和理解欧盟对外行为特征的出发点与落脚点，也是"规范性力量"提出的基础和施展的依托。

二、"规范性"导向下的欧盟对非发展援助

欧非关系可以追溯到殖民主义早期。欧盟的一些成员国曾统治着非洲大陆长达数百年。二战结束后，非洲殖民地国家相继取得独立。为了维持与殖民地的特殊关系，欧共体国家在 1954 年签订的《罗马条约》中就专门确定了与"海外国家和领地"的联系制度。之后，双方又经历了 2 个《雅温得协定》、4 个《洛美协定》和《科托努协定》等阶段。从建立联系制度开始，发展援助就一直是欧非关系中最重要的组成部分。历史经验告诉我们，发展援助的主要目的绝不是为了他人"发展"，而是为了获取自己的政治利益、经济利益等，而且这种充满着自身利益的目的往往在"援

---

① 张迎红：《欧盟共同安全与防务政策研究》，北京：时事出版社 2011 年，第 2 页。

② 周弘主编：《欧盟是怎样的力量——兼论欧洲一体化对世界多极化的影响》，第 8 页。

助"的光环下去争取达到。① 通过这一途径，欧盟不仅能够维护其在非洲的政治、经济和安全利益，同时也加强其价值理念、行为规范和发展模式等在非洲国家的传播和推广。②

冷战期间，基于东西方两大阵营对抗的现实，出于政治考虑和安全需要，欧盟对非洲国家的发展援助基本上不附加涉及国家内部事务的政治条件，多为单向优惠。随着冷战的结束，东西方两大阵营对立的紧张局面不再，非洲失去了左右逢源的机会，在欧盟中的战略地位一度有所下降。正如一位西方学者所言"冷战结束意味着欧洲重新定位其战略利益……不需要非洲充当东西方对抗中的马前卒。"③ 这使得欧盟放开手脚，调整其对非政策。虽然"规范性力量"是 2000 年才被提出来的，但其实从第四个《洛美协定》开始，欧盟对非发展援助政策中的"规范性"特征就已经开始显现了，并逐步得到加强。主要表现在以下三个方面：

（一）以协议为依托，将规范性原则"法律化"

第四个《洛美协定》之前的几个合作协议主要侧重于发展援助本身，并未对受援国的政治、社会、文化等作出规定。但是，从第四个《洛美协定》开始则发生了根本性转变。该协定的第 5 条强调受援国要促进人权和民主。之后，面对冷战结束后国际形势的激烈变化，欧盟认为第四个《洛美协定》已不适应新形势，便要求进行必要的修订。经过讨价还价，欧盟在 1995 年通过的第四个《洛美协定》修订版中如愿以偿地再次植入了一系列政治性条款，比如：首次将民主与人权问题与欧盟援助挂钩；规定非

① Roger C. Riddell， "*Does Foreign Aid Really Work* ?"，Oxford University，2007. 转引自李安山主编：《世界现代化历程·非洲卷》，南京：江苏人民出版社 2013 年，第 157 页。

② 王新影：《欧盟对援非政策的调整》，《亚非纵横》2009 年第 4 期，第 46 页。

③ Charles O. Kwarteng， "*Africa and the European Challenge：Survival in a Changing World* "，England：Avebury，1997，p. 10. 转引自周朋：《论冷战后欧盟对非政策的演变》（硕士学位论文），外交学院国际关系专业 2009 级，第 13 页。

加太国家获得援助的多寡取决于其经济运行状态；改变以往单纯发放贷款为直接参与制定援助项目，等等。这些政治性条款概括起来其实就是欧盟提出的"规范性原则"，即"民主""良治"和"人权"等。

1996 年，欧盟委员会发表了题为《21 世纪前夕欧盟与非加太国家关系的绿皮书》。"绿皮书"全面回顾了欧盟与非加太国家的关系，从欧盟的战略定位和战略利益出发，结合冷战结束后国际格局的深刻变化，提出了处理欧盟与非加太国家未来关系的指导性意见。1998 年起，双方就签订新的合作协议进行谈判。2000 年正式签署《科托努协定》。该协定对受援国提出了更为严格的政治性条款。例如，协定第 1 条就明确规定："加快推进非加太国家的经济、文化和社会发展，同时关注和平与安全，促进建立一个稳定和民主的政治环境。"第 9 条又将"良治"列入基本要素。①

第四个《洛美协定》及其修订案中，还只是将"民主""人权""良治"和"法制"等规范性理念与援助挂钩，而《科托努协定》则已经把这些规范性理念上升为执行该协定的原则，进一步突出它们的重要性和规范性。欧盟就是利用双方已有的合作框架，将其规范性理念逐步写入合作文件中，将它们"法律化"，为"规范性力量"的施展提供"法理"支撑。

（二）以援助为杠杆，撬动非洲的"民主化"进程

在欧盟、美国等西方力量的"诱压"下，20 世纪 90 年代非洲大陆掀起了一轮"民主化"改革浪潮。在短短的几年时间里，绝大多数非洲国家从一党制转变为了多党制，完成了（制）修宪、解除党禁、选举、领导人变更等一系列制度变革。据统计，在 1991—1994 年间，大约有 30 个非洲国家进行了多党民主的立法议会和总统大选。截止 1999 年底，有 22 个新生黑非洲民主国家举行了第二次多党选举。② 目前 54 个非洲国家中，已

①　周朋：《论冷战后欧盟对非政策的演变》（硕士学位论文），第 21 页。
②　贺文萍：《冷战后非洲政治民主化的发展与挑战》，中东非洲研究网，http：//waas. cass. cn/news/143335. htm。

有 50 个实行了多党制。西方多党政治体制在非洲已成政治常态。[①]

当然,对那些不符合"规范性"标准或者没有实施"规范性"改造的国家,欧盟会采取中断援助、采取限制性行动、发表共同声明等方式予以制裁。据统计,1990 年 1 月到 1996 年 1 月间,欧盟先后对布隆迪、赤道几内亚、莱索托、利比里亚、肯尼亚、马拉维、尼日利亚、卢旺达、塞拉利昂、索马里、苏丹、多哥、扎伊尔等 13 个国家采取了各种制裁措施。[②]

回头审视这场"民主化"改革浪潮时,固然有非洲内部长期堆积的原因,如"经济持续恶化、腐败成灾、人民普遍不满"等,但是,如果没有欧美等外部力量的强力推动,不太可能如此迅速地席卷整个非洲。1996 年欧盟公布的《21 世纪前夕欧盟与非加太国家关系的绿皮书》中更是毫不隐讳地将推进"民主化"进程视为其政治责任。"绿皮书"清楚地表示:"新的国际环境……要求欧盟承担起更多的与其规模相适应的责任。这些责任首先是政治性的:欧盟必须积极支持 20 世纪 80 年代中后期冷战进入尾声时即已开始的不断朝向更加开放的世界的种种发展趋势,尤其是需要稳定民主化进程,在许多非加太国家中民主化进程尚未开启。"[③]

(三)以"市场化"为由头,促进非洲的"自由化"

欧盟对非实行"单向优惠"贸易政策一直是《洛美协定》的原则,也是欧非援助关系的特色之一。根据这一原则,欧盟对来自非加太国家的大部分工农业产品都给予了单方面的贸易优惠。冷战结束以来,随着经济全

---

① 黎文涛:《非洲人为民主之路"破题"》,《世界知识》2011 年第 1 期,第 44 页。

② Gordon Grawford,"*Foreign Aid and Political Reform*",England:Antony Rowe Ltd,2001,p.170—173.

③ European Commission,"Green Paper on Relations between the European Union and the ACP Countries on the Eve of the 21st Century:Challenges and Options for a New Partnership",Brussels,20 November 1996. 转引自张凌:《欧盟的"民事力量"及其运行方式》,《欧盟是怎样的力量——兼论欧洲一体化对世界多极化的影响》,第 115 页。

球化进程的不断加速，这种特殊贸易安排与世贸组织所提倡的"促进世界贸易自由化"规则相抵触，因而遭到其他国家的不满和投诉，承受着一定的压力。"香蕉案"就是其中较为典型的案例。①

实施"单向优惠"贸易政策的初衷之一，是要帮助非加太国家加快发展，摆脱贫困。然而，实际效果并不理想。据欧盟公布的数据显示，非加太国家对欧盟的出口占欧盟总进口比重不升反降，从 1976 年的 6.7％下降为 2000 的 2.8％，其中占发展中国家对欧盟市场份额也从 14.8％降至6％。② 欧盟日益感觉到，单靠贸易优惠和资金援助，很难从根本上改变非洲的状况，而必须从非洲国家的经济、政治、社会等方面进行制度性、根本性的变革。所以，欧盟下决心改变这种"单向优惠"政策，谋求建立新的贸易安排，通过签订"经济合作伙伴协定"，提供有针对性、有差别的待遇，逐步将它们纳入自由贸易体系。于是，《科托努协定》的主要目标变成了通过贸易带动这些非加太国家更好地融入世界经济体系，尤其是遵守世界贸易组织确定的贸易规则。③ 这种新的贸易政策，看似属于经济问题，其实涉及政治、经济、社会等各个层面。因为，要想融入自由贸易体系，就需要对"上层建筑"进行深刻变革。欧盟希望抓住"市场化"这个由头，推动非洲国家的政治、经济、社会等各方面的综合性改革，借以实现所谓的"自由""民主"和"良治"。

---

① 欧盟根据《洛美协定》，在 1993 年生效的"香蕉共同市场政策"中，对非加太国家给予单方面优惠政策。不但给予单列的稳定配额，还实行市场准入免税。此举损害了中南美洲香蕉出口国的利益，引起它们的强烈不满。1996 年，美国、墨西哥、厄瓜多尔、洪都拉斯、危地马拉等 5 国告上 WTO。WTO 两次裁定欧盟败诉，并允许美国和厄瓜多尔对欧盟实施报复。

② 郑先武：《从洛美到科托努——欧盟—非加太贸易体制从特惠向互惠的历史性转变》，《对外经贸实务》2003 年第 3 期，第 29 页。

③ 张浚：《欧盟的"民事力量"及其运行方式》，《欧盟是怎样的力量——兼论欧洲一体化对世界多极化的影响》，第 116 页。

三、效果评价与问题分析

发展援助是维持欧非特殊关系的"纽带",对双方而言都具有重要意义。冷战结束以来,因应国际格局和非洲局势的新变化,欧盟在对非发展援助领域的"规范性力量"日益凸显。这种"规范性"导向虽有一定收效,但问题也不少,值得欧非双方认真总结与反思。

对非洲而言,因发展滞后,一直严重依赖于外援。有些国家,外援甚至能占到国民生产总值的近一半。所以,它们对欧盟的"规范性"条款可以说是又爱又恨。没有援助,国家运转和政权维持就很难持续。可是为了得到援助,它们又不得不尽量满足欧盟提出的各种条件,在推进民主、改善人权、实施良治等方面有所动作。客观讲,这的确促进了非洲的整个民主化进程,是历史的一种进步。而且,非洲也从中获益不少。以欧洲发展基金为例,从 1957 年《罗马条约》开始至 2007 年,欧盟及前身欧共体通过 9 期欧洲发展基金向非洲国家提供了总额达到 545.38 亿欧元的发展援助,根据欧盟 2007—2013 年财政预算案,第 10 期欧洲发展基金的预算达到了 227 亿欧元。[①]

但是,非洲人民也为此付出了惨痛的代价。毕竟,这种"西式民主"在非洲"水土不服"的现象也比较严重。因为"多党制"并未摆脱以族群为基础、以威权为轴心的非洲式政治运作方式。"部族政治""逢选易乱"和"无限任期"问题成为这种结构性矛盾的三大表现。非洲 2000 多个部族已延续了几百年甚至上千年,而国家的成立只有几十年,民众对部族的认同感远高于国家。群众在投票时,只看参选人是否来自自己的部族或地区。"多党制"让非洲的部族隔阂加深,多起军事政变和宪政危机也源于

---

① 王新影:《欧盟对援非政策的调整》,第 46 页。

此。① 可见，非洲的本土政治和"西式民主"间的结构性矛盾成为威胁非洲稳定的重要隐患。

对欧盟来说，实施"规范性"外交意在扬长避短，在多极化时代塑造新形象。但是，这种"规范性"外交却未在非洲这个"后院"取得预期效果。这一点可以从非洲国家的抱怨和抵制以及其他大国成功挺进非洲两方面加以印证。原定 2003 年召开的第二届欧非峰会，由于欧盟坚持不邀请津巴布韦总统穆加贝参加而遭到非洲国家的抵制。几经协商，欧盟不得不作出让步，同意邀请包括穆加贝总统在内的所有非洲国家首脑与会。可见，非洲有时并不买欧盟的"账"，欧盟这个"领导"也并能"事事如意"。在"民主化"问题上，非洲国家也多有抱怨。比如埃塞尔比亚总理梅莱斯·泽纳维就曾明确表示："我认为，西方人认为他们可以在非洲'购买'良治是错吴的。良治只能来自内部，它不可能从外部强加给非洲人。这一直都只是一种幻觉。中国人做的事情就是打破这种幻觉。中国绝对没有对非洲的良治和民主等改革造成危害，这是因为，只有土生土长的改革才能获得成功。"②

当欧盟执着于在非推行"规范性"外交的同时，中国、俄罗斯、日本、印度等国家纷纷挺进非洲，还颇受欢迎。以中非合作为例，2000 年成功召开的首次中非合作论坛标志着中非合作迈入了机制化、制度化的历史新阶段。在中非合作论坛框架下，中国不断加大对非的发展援助，陆续推出了一系列新举措，使双方的互利合作呈现出全方位、宽领域、深层次格局。中非合作激起了欧盟的强烈反应。一方面，如上所述，欧盟一直认为非洲是其"传统势力范围"，对于新兴力量在非洲影响力的增加，"面

---

① 黎文涛：《非洲人为民主之路"破题"》，第 45 页。

② William Wallis, "Ethiopia Looks East to Slip Reins of Western Orthodoxy", *The Financial Times*, February 6, 2007. 转引自张兴慧：《中国对非洲的援助：对欧盟的挑战？》，载由门镜、李杰明·巴顿主编的《中国、欧盟在非洲——欧中关系中的非洲因素》，北京：社会科学文献出版社 2011 年，第 301 页。

子"上不好接受;另一方面,由于中国对非政策模式与欧盟有很大不同,建立在尊重主权和不干涉内政原则基础上,与欧盟长期实行的"规范性"条款相比,更受非洲国家欢迎。有鉴于此,欧盟担心"中国模式"的非洲政策会对"欧盟模式"形成冲击,影响其"软实力"的发挥,削弱它在非洲的影响力;同时担心中国与非洲国家的能源合作对其能源安全战略构成威胁。①

为了应对这些变化,欧盟开始再次调整对非政策。此次调整的政策定位发生了显著变化,其核心在于构建平等互利的战略伙伴关系。2005年,欧盟发表了题为《欧盟与非洲:走向战略伙伴关系》的对非战略文件,这是欧盟首次在视非洲为平等政治伙伴的原则基础上,为未来的对非政策提供全面和长期的指导框架。② 2007年6月,欧盟委员会通过了《从开罗到里斯本:欧盟—非洲战略伙伴关系》文件。2007年12月,第二届欧盟—非洲首脑会议召开,通过了《非洲—欧盟战略伙伴关系——非欧联合战略》以及实施这一战略的《行动计划》,确立了构建新型的长期战略合作伙伴关系。2010年11月,第三届欧非峰会在利比亚首都的黎波里召开,欧盟下决心超越以往"施援国与受援国"关系,建立平等互利的新型伙伴关系。尽管如此,欧非关系还是很难在短期内摆脱"援助"与"被援助"的不对称状况,但毕竟迈开了实现真正平等的步伐,值得期待。

四、研究结论与思考

通过综合考察冷战后的欧盟对非发展援助政策,我们可以比较清晰地看出,关于欧盟是一种"规范性力量"的理论建构来源于其自身的外交实

---

① 金玲:《欧非关系转型——从"依附"到"平等"》,《国际问题研究》2008年第3期,第28页。

② 房乐宪:《欧盟对非战略的调整及趋势》,《亚非纵横》2009年第1期,第54页。

践，是对欧盟这个持殊行为体新时期对外活动特征的又一种理论总结，展现了欧盟希望通过一体化来"改变自己、影响世界"的美好愿望。的确，伴随着欧盟的成长和国际格局的调整，这种"规范性力量"在从规范性与合法性角度塑造全球秩序方面发挥着日益重要的影响。

然而，欧盟在实施"规范性力量"时，往往以自己为标准，将自己的观点、理念上升为具有普世价值的规范和原则，并把这些"普世性的规范置于它与成员国和外部世界关系的中心位置"，① 忽视了对方的感受与实际，容易引起对方的反感甚至抵制，效果也会大打折扣。所以，甚至有人认为，"规范性力量欧洲"更多地代表了一种"经验性观察"和"规范性期待"交汇的"欧托邦"（EUtopia）。② 理想与现实的差距表明，作为还在"成长中的力量"，欧盟需要继续从理论高度和实践层面探寻属于自己的角色定位。

---

① Ian Manners，"Normative Power Europe：A Contradiction in Terms？"，*Journal of Common Market Studies* ，Vol. 40，No. 2，2002，p. 238.

② "欧托邦"的说法最早是英国牛津大学学者妮柯莱迪丝和美国密歇根大学学者豪斯提出的，由"欧盟"（EU）和"乌托邦"（utopia）两个英文单词拼合而成。详见张茗：《"规范性力量欧洲"：理论、现实或"乌托邦"？》，第 15 页。

后　记

第六届"全国国际关系、国际政治专业博士生学术论坛"于2013年11月16日至17日在北京大学英杰交流中心召开。本届论坛的主题为"全球治理：保护的责任"。论坛由国务院学位委员会办公室和教育部学位管理与研究生教育司共同发起，北京大学国际关系学院和察哈尔学会联合主办，北京大学研究生院提供支持。

北京大学国际关系学院院长贾庆国教授，全国政协外事委员会副主任、察哈尔学会主席韩方明博士出席论坛并致辞。外交学院副院长郑启荣教授，中国国际问题研究所副所长阮宗泽教授，北京大学国际关系学院罗艳华教授、丁斗教授，对外经济贸易大学国际关系学院国际政治经济学系主任、外交学系主任檀有志副教授，中国社会科学院西亚非洲研究所袁武副研究员，察哈尔学会秘书长柯银斌等专家学者参加了论坛并对参会论文进行了深入细致的点评。人民网、新华网、光明网、中国网、凤凰网、中国社会科学报等多家媒体对论坛进行了报道。

贾庆国教授在论坛开幕式上表示，经过30多年的改革开放，无论是从维护中国国家利益的角度来看，还是从参与国际社会的角度来看，全球治理这一议题都值得我们加以关注。在应对各种全球性问题的过程中，国际社会围绕"保护的责任"和"对外援助"等热点问题形成了一些共识，但在如何落实这些共识上却仍然存在较大的分歧。深入探讨这些问题，对中国乃至整个世界而言，都具有十分重要的学术和现实意义。

韩方明主席在致辞指出，一个负责任的国家会努力让本国民众过上体面而有尊严的生活，会让国家沿着正确的道路有序发展，会维护国家在国际社会中的形象、地位与利益。世界各国首先要做对内和对外都负责任的国家，在开放的视野中做好自己的事情才是解决全球性问题的关键。中国作为负责任的大国，既要继续坚持走和平发展道路，促进合作共赢，同时也要适时地承担起与自身国家实力与发展需要密切相关的地区与国际责任，创造性地发展外交关系，树立起开放与包容的积极形象。

在历时近两天的论坛中，围绕"保护的责任：起源与理念""保护的责任：良心与现实""保护的责任：目标和手段""保护的责任：中国的作用""对国际发展援助的回顾与思考"等多个议题，来自全国各高校的博士生在会上发表了各自最新的研究成果并相互交换了看法。

经过本届论坛学术委员会的匿名评审，北京大学的顾炜凭借《"保护的责任"：俄罗斯的立场》一文获一等奖；吉林大学的金新和北京大学的张旗获二等奖；中国人民大学的王聪悦、北京大学的刘毅和复旦大学的燕玉叶获三等奖。所有参会论文按议题为序结集，在本书中呈献给读者。

"全国国际关系、国际政治专业博士生学术论坛"迄今已成功举办了六届。本届论坛在入选论文质量、现场讨论互动、媒体和社会关注度等方面，相比往年都取得了显著进步，这是集体协作的产物，更是共同智慧的结晶。在论坛筹办和论文出版的过程中，各位领导老师惠予了亲切关心和大力支持，尤其要感谢北京大学国际关系学院院长贾庆国教授和察哈尔学会主席韩方明博士给予的鼓励和帮助，还要感谢察哈尔学会秘书长柯银斌先生的启迪和教诲，使我们的工作得以做到尽可能的完备。北京大学国际关系学院国际项目办公室张春平主任、刘倩老师不辞辛苦，于繁忙的日常公务中拨冗，为本届论坛做了大量无私和关键的工作，论坛正是在他们的直接参与下完成的。各位专家学者在不同场合，通过不同方式对论坛提出了许多颇有价值的建议，在此一并致谢。

陈昌煦

2014 年 2 月